中国空间结构重塑
——市场规模的视角

ZHONGGUO KONGJIAN JIEGOU CHONGSU
——SHICHANG GUIMO DE SHIJIAO

梁巧玲 著

云南大学出版社
YUNNAN UNIVERSITY PRESS

图书在版编目（CIP）数据

中国空间结构重塑：市场规模的视角／梁巧玲著
. -- 昆明：云南大学出版社, 2022
ISBN 978-7-5482-4551-3

Ⅰ. ①中… Ⅱ. ①梁… Ⅲ. ①中国经济—区位经济学
—研究 Ⅳ. ①F12

中国版本图书馆CIP数据核字(2022)第034833号

责任编辑： 周　飞
封面设计： 王婳一

中国空间结构重塑
——市场规模的视角

ZHONGGUO KONGJIAN JIEGOU CHONGSU
——SHICHANG GUIMO DE SHIJIAO

梁巧玲 著

出版发行： 云南大学出版社
印　　装： 昆明瑆煋印务有限公司
开　　本： 787mm × 1092mm 1/16
印　　张： 15.625
字　　数： 265千
版　　次： 2022年3月第1版
印　　次： 2022年3月第1次印刷
书　　号： ISBN 978-7-5482-4551-3
定　　价： 45.00元

社　　址：昆明市一二一大街182号（云南大学东陆校区英华园内）
邮　　编：650091
发行电话：0871-65033244 65031071
网　　址：http://www.ynup.com
E - mail：market@ynup.com

若发现本书有印装质量问题，请与印厂联系调换，联系电话：0871 64167045。

前　言

中国的经济发展经历了从“农业文明”到“工业文明”、从“沿江经济”到“沿海经济”、从“计划经济”向“市场经济”的转变。与此同时，中国的“区域空间结构”也随之发生巨大变迁，而在这个“空间结构”变迁的背后存在一定历史背景和演变规律——初始集聚和市场的作用。例如，深圳发展成为经济中心，一方面是历史选择的结果；另一方面源于其区位优势、与巨大的海外市场的距离优势和政府给予的优惠政策。沿海地区的初始集聚在市场的作用下形成了“空间锁定效应”和“路径依赖”。随着“陆桥经济”时代的到来，以及国家实施的一系列区域均衡发展战略，内陆地区和沿边地区迎来了巨大的发展机遇。那么，在内陆、沿边地区能否形成一批次中心或多中心城市体系？40多年的改革开放，沿海地区已经形成一定的“区位惯性”；相比之下，内陆、沿边地区则面临“优势缺失”和“市场规模约束”问题。如何突破这种两难困境，是空间结构重塑的关键。

本书主要围绕空间经济学理论——空间区位、集聚和效率展开研究。空间“区位”“集聚”和“效率”提升，作为空间结构重塑的重要方面，在区位选址、集聚和空间结构演变之间存在一条理论逻辑。本书引入市场规模和政策冲击理论，形成政策冲击→初始集聚→市场规模提升→强化集聚→效率提升→空间结构演变的一条关联集聚和空间结构演变的理论逻辑。一方面，政策冲击或历史偶然因素能够使没有区位优势的地区形成初始集聚，而后在市场规模的循环累积效应下，强化集聚，最后在这个地区形成一种“路径依赖”和“空间惯性”；另一方面，自改革开放以来，经过40多年的经济建设，东部沿海地区已经形成强大的“空间锁定效应”，导致内陆、沿边地区在中国空间结构重塑方面面临“优势缺失”问题，还有沿边地区本身面临的本地市场规模约束、周边发展中国家的外部市场规模约束以及高边界效应等问题。所以，对此进行深入的探讨，具有重要的理论和现实意义。

如何突破“路径依赖”和“空间惯性”，使落后的欠发达地区跳出贫困陷阱？发展经济学家认为，政府有计划的大规模投资带来的政策冲击是关键。政策冲击能解决市场规模约束问题，形成初始集聚。本书结合空间经济学和发展经济学理论，提出并详细阐述了集聚、市场和空间结构演变之间的理论逻辑，揭示市场规模、政策冲击的作用机制；并引入中国工业企业微观数据、全球夜间卫星灯光数据、中国地级市城市数据，通过实证计量分析验证这条理论逻辑，并提出相应的政策建议。

目 录

第1章 导 论／ 1

1.1 相关文献回顾／ 5

1.1.1 空间结构重塑的现实依据／ 5

1.1.2 空间结构重塑的理论源泉／ 6

1.1.3 空间结构重塑：政策导向、市场规模／ 9

1.2 相关概念及范围的界定／ 16

1.2.1 市场规模的界定／ 16

1.2.2 空间结构重塑／ 17

1.3 研究的主要内容、思路及方法／ 18

1.3.1 研究的主要内容／ 18

1.3.2 研究思路及框架／ 20

1.3.3 主要研究方法／ 22

1.4 创新点／ 23

1.4.1 对CP模型和LS模型进行扩展／ 23

1.4.2 多维度数据选择／ 23

1.4.3 数值仿真模拟到经验实证分析方法的应用／ 23

第2章 市场规模与生产活动空间集聚的理论框架／ 25

2.1 市场规模的相关理论基础／ 27

2.1.1 市场范围假说／ 27

2.1.2 大推进理论／ 28

2.1.3 基础—乘数模型／ 28

2.1.4 市场潜力函数／ 30
2.1.5 本地市场效应／ 31
2.2 市场规模与企业区位：CP 模型的扩展／ 31
2.2.1 基本假设／ 31
2.2.2 短期均衡／ 32
2.2.3 长期均衡／ 40
2.2.4 稳定性分析／ 50
2.3 市场规模与企业生产率：LS 模型的扩展／ 52
2.3.1 基本假设／ 53
2.3.2 短期均衡／ 54
2.3.3 长期均衡／ 57
2.4 本章小结／ 62

第 3 章 市场规模与城市集聚中心的形成／ 65
3.1 特征性事实分析／ 67
3.2 实证模型构建及变量说明／ 69
3.2.1 实证模型构建／ 69
3.2.2 估计方法／ 70
3.2.3 变量选取及数据说明／ 71
3.2.4 市场规模与城市集聚的相关性分析／ 77
3.3 实证结果分析／ 79
3.3.1 市场规模与城市集聚：基准回归／ 79
3.3.2 市场规模与城市集聚：空间差异／ 83
3.3.3 中国—东盟自由贸易区全面降税的影响／ 86
3.3.4 稳健性检验／ 88
3.4 本章小结／ 93

第 4 章 交通基础设施、市场规模与企业区位选址／ 95
4.1 新增企业的空间分布特征／ 97
4.2 实证模型构建及变量说明／ 100
4.2.1 实证模型构建／ 100
4.2.2 估计方法／ 103
4.2.3 变量选取及数据描述／ 106
4.3 实证结果分析／ 110
4.3.1 交通基础设施与企业区位选址：基准回归／ 110
4.3.2 交通基础设施与企业区位选址：空间差异／ 116
4.3.3 交通基础设施与企业区位选址：行业差异／ 119
4.3.4 交通基础设施与企业区位选址：道路类型和等级差异／ 123
4.3.5 稳健性检验／ 131
4.4 本章小结／ 142

第 5 章 二重开放、市场规模与企业集聚／ 145
5.1 研究设计／ 147
5.1.1 实证模型构建与估计方法／ 147
5.1.2 变量选取及数据说明／ 148
5.2 实证结果分析／ 155
5.2.1 二重开放与企业集聚：基准回归／ 155
5.2.2 二重开放与企业集聚：空间差异／ 160
5.2.3 稳健性检验／ 167
5.3 本章小结／ 173

第6章　区位导向性产业政策、市场规模与企业生产率／　175

6.1　特征事实／　177

6.1.1　区位导向性产业政策的概述／　177

6.1.2　企业全要素生产率的演进分析／　180

6.1.3　区位导向性产业政策与企业全要素生产率的分布特征／　186

6.2　研究设计／　188

6.2.1　模型构建和估计方法／　188

6.2.2　变量选取和数据说明／　191

6.3　实证结果分析／　197

6.3.1　基准分析：开发区政策与企业全要素生产率／　197

6.3.2　PSM分析：开发区政策与企业全要素生产率／　205

6.3.3　稳健性分析／　213

6.4　本章小结／　216

第7章　主要结论、建议及展望／　219

7.1　主要结论／　221

7.1.1　理论规范研究的相关结论／　221

7.1.2　经验实证研究的相关结论／　221

7.1.3　空间结构重塑的经验总结／　224

7.2　政策建议／　225

7.3　研究不足与展望／　227

参考文献／　229

后　记／　240

第 1 章
导　论

1978年，中国开始实施改革开放政策，初期的国际贸易以海运为主，以海洋运输低成本，拉近了沿海地区与欧美发达国家巨大的外部市场的距离。在这种特定的历史背景下，国际国内产业、资本和廉价劳动力等生产要素不断在中国沿海地区集聚，中国制造业逐渐融入全球分工生产网络，成功地重塑了中国东部沿海地区空间结构，使其逐步发展成为中国经济增长中心。

中国经济崛起和空间结构变迁有其特定的历史背景。江河经济时代，中国空间经济结构是以沿长江及黄河流域地区为中心；计划经济时代，中央政府提倡区域均衡发展，在优先发展重工业战略以及"三线建设"背景下，工业大规模向西迁移，中国经济的空间结构暂时以"对称均衡"的形式存在。改革开放初期，恰逢全球经济经历滞胀，急需大量优质廉价劳动力，整合重塑全球制造业生产加工网络。中国实施了一系列对外开放政策，加上当时的海运成本价廉以及欧美发达国家的外部市场巨大，使得国际、国内的资本与廉价劳动力等生产要素不断向我国沿海地区聚集，导致原有的"对称均衡"结构被打破，逐步形成以东部沿海地区为中心的空间经济结构。改革开放以来，发生在东部沿海地区的这场"时空交汇"的空间结构重塑是来自空间"区位、距离、市场"下的产业集聚。

据统计，2020 年，中国东部地区 11 个省市的 GDP 总量达到 55 万亿，占中国 GDP 总量的 54.4%，人均 GDP 达到 9.7 万元；中部地区 8 个省的 GDP 总量约为 23 万亿，占中国 GDP 总量的 23.2%，人均 GDP 约 5.9 万元；而西部地区 13 个省(市、自治区)GDP 总量仅约 22 万亿，占中国 GDP 总量的 22.4%，人均 GDP 约 5.4 万元。东中西部地区经济发展差距巨大。在经济集聚趋势下，为了兼顾效率和空间的相对协调，中国在区域层面上选择全局发展与区域协调的发展道路。例如，改革开放以来，在区域层面上，中央政府实施了西部大开发、振兴东北老工业基地、中部崛起等一系列区域均衡发展政策，以期让沿海先富起来的地区带动内陆、沿边地区的发展，缩小地区发展差距，重塑中国内陆地区、沿边地区的空间经济结构。

同时，在对外开放方面，中国经济经历了从沿海特区试点开放向全方位多层次的对外开放模式转变，内陆和沿边地区的外部市场范围和市场规模也不断扩大。40 多年来，中国对外贸易发展迅速，年均增长率达到 14.5%。2020 年，中国进出口总额达到 4.6 万亿美元，成为全球外贸第一大国。其中东部地区进出口总额达到约 3.8 万亿美元，而中部地区和西部地区的进出口总额分别约 0.41 万亿美元和 0.45 万亿美元，中国对外贸易空间分布极不均衡。从改革进程和开放政策方面分析，中国对外开放大体经历了以下四个阶段：第一个阶段，初始对外开放阶段(1979—1991 年)。这个阶段先后在沿海地区建立了 4 个经济特区和开放 14 个港口城市；同时，新疆、云南、内蒙古等地边境地区也逐步恢复了边境线 20 千米以内经政府批准的开放点或指定的集市上的边境小额贸易和边民互市；并相继设立了长三角、珠三角、环渤海等沿海经济开发开放区、保税区和保税物流园区等，以及边境经济合作区、跨境经济合作区、内陆沿边国家级口岸以及省会开放城市。第二个阶段，加速开放阶段(1992—2000 年)。1992 年初邓小平南方谈话后，沿海沿边地区已全线开放，制造业开始全面利用外资。第三个阶段，加入世界贸易组织后的开放阶段(2001—2007 年)。这个阶段取消了多数非关税措施，大幅度降低关税，扩大外资的市场准入；从区域递进开放向普遍开放推进，从制造业开放向服务业开放推进；开放目标由有限范围和有限领域的对外开放，转变为多层次全方位的对外开放。例如，2004 年，中国与东盟签署的自由贸易区《货物贸易协定》使得货物贸易开始全面降税，中国与东盟国家的贸易进入稳定发展时期。第四个阶段，制度完善阶段(2008 年以后)。这个阶段开始自贸区试点；2010 年，中国—东盟自由贸易区正式建成后，中国与东盟的贸易量占到了世界贸易总额的 13%，是发展中国家最大的自由贸易区；2013 年 9 月 29 日中国(上海)自由贸易试验区正式成立；2014 年，随着"一带一路"倡议的提出，外部市场范围扩大到沿线 64 个国家，沿边地区获得了前所未有的发展机遇，中国经济空间结构进入重要的重组时期。全方位开放政策使得沿边地区逐渐形成要素跨境流动和内地厂商集聚的趋势，但由于沿边地区存在国内市场规模约束、国外市场需求小、边界效应高以及交通基础设施相对薄弱等问题，难以把握空间结构重塑的重大机遇，导致发展机遇与优势缺失并存的局面。

发展经济学的均衡发展理论认为，仅靠市场的力量无法解决内陆、沿边地区市场规模约束问题形成初始集聚，但在某些条件及政策冲击下，经济增长可能进入全新的增长模式，比如一些制度政策，这些政策能够降低市场分割，扩大市场规模。基于"大推进"的理论框架，政府有计划的大规模投资能够创造更大的市场需求，是落后经济体跳出"贫困陷阱"的关键(Paul Rosenstein - Rodan，1943[1]；Murphy et al.，1988[2])。世界银行(2009[3])也认为，有效的政策干预能够重塑落后地区的经济地理，包括公共制度、基础设施和激励措施，这些政策旨在缩小经济距离、降低分割和提高经济密度。过去40年，中国经济“增长奇迹”背后是一系列包括基础设施投资、特定开放区域的税费减免、开发区建设及配套政策等在内的区位导向性政策的实施，这些政策极大降低了企业生产及运输成本，扩大了国内外市场规模，成功地重塑了沿海地区的经济地理，比如深圳、东莞等地区一度跃升成为经济增长中心。“中国经验”值得学习，那么是否存在推广的可能乃至机制？比如，政府的作用。所以，本书研究的又一个核心问题是政策冲击能否破解内陆、沿边地区市场规模约束，形成初始集聚。这里的政策冲击，以大规模交通基础设施投资、二重开放政策以及以开发区建设为主的区位导向性产业政策为主。

综上所述，本书研究的核心问题是探讨市场规模影响空间结构重塑的作用机制，以及政策冲击所引致的交易成本降低对市场规模的调节作用。空间结构重塑主要表现为政策冲击对生产活动空间分布的影响，包括企业区位选址、企业集聚和生产效率提升。理论研究方面，在空间经济学DCI理论框架下，将CP模型和LS模型扩展至两国三地区（沿边地区、内陆地区和国外地区），并基于Matlab计算机数值模拟技术，揭示市场规模、交易成本对企业区位、企业集聚和企业生产率进步的作用机理。实证研究方面，基于全球夜间卫星灯光数据、中国工业企业数据以及中国地级市数据，对理论研究结果提出的理论命题逐一进行实证验证和扩展分析。本书从理论建模到实证检验，对市场规模与空间结构重塑展开系统的研究，具有重要的理论和现实意义。

1.1 相关文献回顾

1.1.1 空间结构重塑的现实依据

首先，沿海地区在先建优势下形成“空间结构惯性”。沿海地区天然的地理区位优势、巨大的市场规模、稀缺的优惠政策、不断完善的配套基础设施以及高技术人才支持，为沿海地区吸引了大量的外商直接投资企业在当地落户（Zhao and Zhu, 2000[4]; Liu and Wei, 2001[5]; Coughlin C, Segev E, 2000[6]; Cheng and Kwan, 2000[7]），使得劳动力、资本等生产要素不断流向沿海地区，使市场规模进一步扩大，首先形成了深圳、珠海、厦门等产业中心，并逐渐向长三角、珠三角及环渤海地区扩散，在本地市场效应和价格指数效应的双重循环累积机制作用下，形成空间结构惯性，而这种空间结构惯性主要来自微观企业的"区位惯性"。其次，沿边地区的空间结构重塑"优势缺失"。20 世纪 90 年代以后，沿边开放使得沿边地区对外贸易的市场范围逐步扩大，逐渐形成了要素跨境流动和内地厂商向沿边地区集聚的趋势，在中国与周边国家之间的国际区域经济一体化地区聚集效应更为明显（梁双陆，2008[8]；梁双陆，梁巧玲，2015[9]），使得沿边地区逐渐具备空间结构重塑可能性。但由于沿边地区的市场规模约束、交通基础设施不完善、经济结构单一、边界效应高、区域经济一体化程度低等方面问题又阻碍着生产活动的空间集聚（朱显平，邹向阳，2006[10]；孙圆圆，李光辉，2013[11]），沿边地区空间结构重塑的"优势缺失"明显。

从以上的研究可以总结出这样一个观点：政府开放政策、市场规模和到达市场的距离是影响生产活动空间集聚导致空间结构重塑的核心因素，而政府开放政策与到大市场的距离是通过影响交易成本①，对企业区位产生影响。市场规模、政策冲击和距离之间存在明显的交互效应。然而，已有的研究并未对政策、市场与企业区位之间的关系展开系统的研究，本书将从理论建模到实证研究进行系统研究。

1.1.2 空间结构重塑的理论源泉

空间结构重塑主要表现为生产活动的空间集聚和地区经济的长期增长，而市场规模和交易成本又被认为是影响经济增长和集聚的重要影响因素。

其一，市场规模的作用。亚当·斯密（1776[12]）最早提出市场规模决定劳动分工的程度，后面被总结为"市场范围假说"，即市场规模与劳动分工的互动会

① 贸易成本不仅包括运输成本，还包括获取生产要素的生产成本，以及区际市场分割、国家边界效应等带来的制度成本等。

导致经济长期增长。Young(1928)[13]将亚当·斯密的企业内分工扩展到企业间分工，认为长期增长的机制是“劳动分工很大程度上是由劳动分工决定的”，是一个“劳动分工—生产率提高—市场规模扩大—劳动分工”的自我持续过程。所以，劳动分工会带来生产率的提高从而扩大市场规模，市场规模扩张又会深化劳动分工程度(Stigler，1951[14]；Garicano and Hubbard，2003[15]；唐东波，2013[16])，这是一个自我持续的过程。“大推进理论”(Paul Rosenstein - Rodan，1961[1]；MSV，1988[2])认为，报酬递增技术的应用需要工业化产品的市场规模达到一定水平后，市场规模的扩张引致的市场需求效应是落后经济体跳出“贫困陷阱”的关键。“基础—乘数模型”(Pred，1966[17])认为，规模经济和内生性市场规模的相互作用会产生空间集聚的积累过程，以及“向外聚爆”和“向内聚爆”的临界值是不同的，即可能存在生产活动空间集聚“路径依赖”的锁定效应，即集聚一旦形成，即使是在一开始无法形成集聚的条件下，它也会继续存在。Harris(1954[18])在经典的市场潜力研究中提出“市场潜力函数”，认为一个地区的市场准入取决于市场和消费者的平均距离，其产生的生产集聚是一个自我强化的过程。

其二，交易成本的作用。杜能(1826[19])提出农业区位理论，解释了经济集聚的现象，认为低运输成本、工厂规模、分工、高技术人才支持、产业关联及溢出效应是形成集聚向心力的主要因素，其中工厂规模取决于市场对其产品的需求(即市场规模)。具体表述是这样的：“只有在大规模的工厂，安装节约劳动力的机器设备，才是有利可图的，因为这样可以节约手工劳动费用，从而进行更廉价更有效的生产……一个工厂的规模取决于市场上对其产品的需求……由于这些原因，许多工业部门的大型工厂只有建立在首都才是可行的；既然是用机器生产机器，不同工厂和车间的距离必须够近，从而协调生产。”杜能所说的集聚因素(运输成本、规模经济和市场规模)，与克鲁格曼(Krugman，1990[20]，1991[21])关于核心—边缘结构出现的解释基本是相对应的，杜能认为运输成本降低以及市场规模与产业区位的循环累积效应(即本地市场效应)是形成集聚的主要原因；这种“核心—边缘”格局的产生不仅有利于厂商实现规模效益，也有利于消费者追求更廉价更多样化的商品和服务，实现更大的效用(Krugman，1991[21]；Krugman &

Venable，1995[22]；Ottaviano & Puga，1998[23]）。以上这些理论均肯定了市场规模在经济长期增长和集聚中的基础性作用。由于经济活动的空间集聚与经济增长在经济发展过程中常常是内生地混合在一起的，因此，地区生产集聚可以认为是经济增长在地域上的对应（Fujita&Thisse，2003[24]）。

其三，空间集聚、经济增长与空间结构重塑。地理集聚主要从两个方面影响经济增长：一是区位优势，即地理、环境、历史对经济增长的影响；二是主要体现为本地市场效应的作用，即市场规模较大的地区，由于需求循环的累积因果关系的作用，会改变企业经济活动空间分布导致地理集聚，而地理集聚又会改变企业交易成本进而影响经济增长（梁琦，2009[25]，2010[26]）。同时，增长迅速的地区吸引大量的可流动要素，改变相对市场规模，导致地理集聚，从而达到重塑经济空间结构的目的。

本书主要对以下几个方面进行扩展和创新：第一，理论模型的扩展，将克鲁格曼（Krugman）的 CP 模型和鲍德温、马丁和奥塔维诺（Baldwin，R.，P. Martin and G. Ottaviano，2001[27]）的 LS 模型扩展至两国三地区（沿边地区、内陆地区和国外地区），来构建能够解释市场规模与生产活动空间集聚过程中企业行为的理论模型。许多学者针对国际及区际一体化对产业空间集聚的影响进行研究时，对于理论模型构建，最大的区别在于效用函数选择、投入要素构成以及运输成本的选择（Krugman P，Elizondo R L，1996[28]；Hu D，2002；Behrens et al.，2003[29]；Monfort and Nicolini，2000[30]；Paluzie，2001[31]；Crozet and Soubeyran，2004[32]；吴三忙，李善同，2011[33]；赵伟，张萃，2009；邓慧慧，2009[34]，2012[35]；安虎森，颜银根，2011[36][37]；黄玖立，2009[38]；颜银根，2013[39]；段春锦，范爱军，2014[40]）。赵伟（2009，2013）的研究发现，随着国内市场一体化水平的提高，对外开放会先促成制造业的集聚，而后又导致这个集聚模式被打破。第二，数据及研究方法创新，在实证研究中进行验证，主要基于 2001—2013 年全球夜间卫星灯光数据、中国工业企业数据和中国地级市数据三个层次的面板数据，数据时间跨度长，样本量大，数据质量可靠，验证理论模型得到的相关结论，并对其进一步延伸讨论，并比较分析沿边、沿海及内陆地区的空间差异。第三，本书将市场规模分为本地市场规模、邻近地区市场规模和国外市场规模三个层次，验证市场规模对城市集聚中心形成的影响。黄玖立等(2006，2008)从国内市场规模和国外市场规模两个层次，分别论述了市场规模对于地区经济增长和产业成长的作用。他认为对于具有规模报酬递增的工业部门，市场规模具有显著的增长效应，并得出这样一结论，国内及国外市场规模之间具有显著的替代效应，即巨大的国外市场规模可以解决国内市场规模的约束问题。但该研究只是基于省级面板数据针对中国东中西部的研究，在数据质量上还有待进一步提升。

1.1.3　空间结构重塑：政策导向、市场规模

经典理论已经论证了市场规模对于生产活动空间集聚的基础性作用(朱希伟，金祥荣，罗德明，2005[41]；黄玖立、李坤望，2006[42]；黄玖立、黄俊立，2008[43]；陈健生，李文宇，2012[44]；何雄浪、胡运禄、杨林，2013[45])，市场规模是空间结构重塑的主要力量，是东中西部发展差异的主要原因。一般而言，具有较大市场规模的区域，会因市场厚度的累积效应吸引企业进入，形成生产集聚。但许多研究也认为，政府政策会通过影响企业交易成本影响生产活动的空间集聚(张俊妮、陈玉宇，2006[46]；陈雪梅、李景海，2008[47]；丁建军，2011[48]；金煜、陈钊、陆铭，2006[49])。空间经济学将政策视为形成初始集聚(先建优势)的偶然因素，在本地市场效应以及价格指数效应的循环累积效应作用下，影响生产活动的空间分布。因此，本书在实证研究中引入能够影响企业生产和交易成本的政策变量集，包括交通基础设施、二重开放政策和区位导向型的开发区政策，分别研究这些政策冲击所导致的交易成本降低对企业区位选址、集聚和生产率提升的影响，并考虑政策冲击与市场规模之间的交互效应，即市场规模的调节作用。

1. 交通基础设施、市场规模与企业区位选址

企业区位选址是生产活动空间集聚最重要的微观基础。对企业区位选址的研究是政府制定招商引资政策，吸引新企业投资建厂的重要依据。新生企业的进入是地区生产率和就业机会增长的重要推动力，新生企业可以为本地区带入新思

想、新产品以及新技术，且会通过增强本地市场竞争程度等途径促进地区生产率提高和就业增长(刘修岩和张学良，2010[50])，而交通基础设施影响企业区位选址的微观机制在于影响企业传播速度及生产活力。

首先，市场规模作为企业区位的基础性因素，会影响企业的选址决策。丰田公司前主席曾说过："市场在哪儿，厂就在哪儿。"大市场能为企业带来更多的盈利机会，相比小市场而言，大市场会吸引更多企业。Klein 和 Crafts(2012[51])研究了市场潜力①对 1880—1920 年间美国制造业的选址的影响，认为市场潜力比要素禀赋更为重要。市场规模对于企业区位选址的作用，不仅具有"本地市场效应"，还有"市场竞争效应"：一方面，市场规模越大，越能增加企业的盈利空间，增强对新生企业的吸纳能力，即"本地市场效应"；另一方面，随着新企业的不断进入，由于巨大的竞争压力，现有单个企业市场占有率降低，企业平均成本变高，企业利润空间被压缩，阻碍新生企业的进入，即"市场竞争效应"。

其次，交通基础设施连通引致的运输成本降低有利于企业区位选址。企业的区位选址不仅是企业利润最大化的过程，也是成本最小化的过程。交通基础设施的改善会影响企业区位选址，进而导致生产活动的空间分布的变化。从杜能的农业区位论到克鲁格曼的 CP 模型，均肯定了运输成本对生产区位的影响。韦伯(1990)在《工业区位论》一书中分析企业通过选址来最小化运输成本时指出，如果一个市场的影响超过其他市场影响的加权之和，那么该市场就是企业的最优选址，其中影响权重被解释为运离和运抵该企业的数量乘以相应商品的运输率(Thisse and Beckmann，1986[52])。一方面，交通基础设施连通能够降低企业运输成本。据估计，从四川成都到上海的公路运输费用和从上海到美国加利福尼亚州的海运运输费用基本相同(黄玖立、冼国明，2012[53])。交通基础设施的改善可以缩短城市间的空间距离，提高区域的可达性，提高区域间要素流动性、产品运输效率，降低企业的运输成本和库存成本(Reinikka and Svensson，2002[54]；Dug-

---

① 市场潜力理论是由美国地理学家 Harris(1954)提出的，市场潜力被定义为以距离的倒数为权重的区域 GDP 的加权之和。

gal et al. , 1999[55]；Hulten et al. , 2006[56]；Agénor and Neanidis，2006[57]；刘秉镰、武鹏、刘玉海，2010[58]；刘峰、张忠军，2014[59]；王自锋、孙浦阳等，2014[60]；赖永剑，2013[61]；张学良，2012[62]）。另一方面，交通基础设施投资促进企业区位选址。Chandra 和 Thompson（2000[63]）的研究指出美国的新企业更多地选择在高速公路直接穿过的县落户。交通基础设施完善能够强化市场需求，扩大企业利润空间，增强对新企业的吸引力（刘学华、张学良、彭明明，2009[64]；周浩、余壮雄、杨铮，2015[65]）；可以使选址在相对“外围”地区的企业能以更低的成本获得来自“市中心”区域的生产要素，还能避免来自“市中心”的竞争压力。所以，处于两个“中心”之间的落后地区，常常可以通过制定降低凹陷的落后地区与两个凸起的发达地区之间运输成本的交通基础设施投资政策来吸引企业选址。

最后，良好的交通互通网络有利于本地市场效应发挥。交通基础设施能够通过降低省际的边界效应来促进中国区域经济一体化，有助于促进区域之间的贸易往来，深化区域分工，扩大市场规模（胡鞍钢、刘生龙，2009[66]；刘生龙、胡鞍钢（2011[67]），这与“市场范围假说”的观点基本一致。从工业化进程来看，交通运输条件的改善能够扩大市场规模（梁双陆、梁巧玲，2017[68]）。以集装箱运输为例，以集装箱为主的海运的兴起使得日本企业首先在北美市场具备了竞争力，随后又在欧洲地区占据了一定的市场份额；韩国和中国台湾地区也将制造业投资不断扩散到马来西亚及泰国等东南亚国家，接着又扩散到中国内地（世界银行，2009[3]）。

从以上的文献分析可以看出，已有关于交通基础设施和企业区位选址存在紧密的联系，通过“规模效应”和“成本效应”来影响企业区位和选址的研究成果。周浩、余壮雄、杨铮（2015[65]）从地区间的需求可达性和供给可达性两方面对新建企业选址展开研究，侧重于可达性对新建企业选址的影响。而本书的研究重点是交通基础设施以及交通基础设施与市场规模的交互效应对企业区位选址的影响。

2. 二重开放、市场规模与企业集聚

早期关于产业集聚的影响因素研究也强调了经济外部性、交易成本对企业集聚的影响(Marshall，2005[69]；韦伯，1990)，但这些研究是在完全竞争框架下构建的理论模型，忽视了规模经济的作用。20 世纪 80 年代后，藤田昌久(Fujita)、克鲁格曼(Krugman)等人将垄断竞争模型用于解释城市、区域与国际贸易问题，构建了核心—外围模型(CP 模型)、城市模型和国际模型，并引入规模报酬递增技术和冰山运输成本技术，突出了交易成本(运输成本和贸易壁垒)、市场潜力在集聚中的作用。改革开放以来，中国经济以年均近 10% 的速度保持快速增长，从而创造了“中国经济增长的奇迹”，而其中的内在逻辑却是“经济增长奇迹←市场规模扩大和分工深化←对外贸易和国内市场一体化”(盛斌、毛琪淋，2011[70])。而对外贸易规模的扩大和国内市场一体化程度的加深在政策层面主要表现为政府内外联动的开放政策(对内开放和对外开放)。赵伟等(2001[71]，2005[72]，2009[73])在研究中首次提出中国经济开放的“二重开放”特征——国际开放和区际开放；其中，国际开放主要体现在一国对外贸易的难易程度，一般通过对外开放政策的实施来实现，而区际开放则主要体现在国内省际的商品、人口以及资本的流通程度，一般通过交通基础设施投资、异地贷款、异地社会保障等来实现。

首先，对外开放能够降低国际间贸易壁垒，从而降低企业交易成本，促进产品和要素的自由流动，扩大外部市场规模，促进生产活动的空间聚集，进而重塑区域经济的空间结构。经济对外开放政策，加上大的外部市场规模，能够使一国(地区)经济跳出不发达和市场需求过低的恶性循环陷阱；这是因为开放导致国家间的互动频繁，使得技术传播更容易，生产的专业化分工更细致，提高企业规模经济效益，导致扩大市场规模，形成经济增长机制。对外开放能够提高边界地区市场潜力，降低市场准入成本，促进生产活动空间集聚(段春锦，范爱军，2014；邓慧慧，2012)，有利于发挥比较优势，优化区域经济空间结构(袁冬梅、魏后凯，2011[74]；王丽娟，2005[75]；冼国明、文东伟，2006[76]；刘军、徐康宁，2010[77])。对外开放使得墨西哥大量企业向墨美国边境集中，从而促进了墨西哥边界地区的经济发展(Hanson，1996[78]，1998[79]；Krugman and Hanson，1993[80])；在墨西哥实行对美国自由贸易政策之前，决定地区市场潜力的首要因素是该地区与墨西哥市的距离；但随着北美自由贸易区的成立，到美国的距离变得一样重要，使得墨西哥的华雷斯、墨西卡利、诺加莱斯和蒂华纳等边界地区的市场潜力得到大幅度提升；相比之下，墨西哥市的人口和制造业活动出现了一定程度的萎缩(世界银行，2009)。可见，在空间经济地理理论框架下，贸易可以导致内部经济地理的重新组织，它既在总体上促使制造业活动变得更加分散，同时又促使某些产业发生集聚。

区际开放在一定程度上可以缓解区际市场分割的问题，降低省际交易成本，加速人口、资本及商品流动，促进企业集聚。部分地方政府为了保护本地企业而对外地企业设置壁垒，提高企业进入成本(郑毓盛、李崇高，2003[81]；陆铭、陈钊，2009[82]；付强、乔岳，2011[83]；Young，2000[84])。市场分割使得市场规模被人为划小，企业发展的市场空间变的狭窄，规模经济难以实现，难以形成长期集聚。据估计，中国各省份之间的贸易存在障碍(Poncet，2002[85])。市场制度不健全是发展中国家向市场经济过渡中的常态(Hausmann and Rodrik，2003[86]；易先忠、欧阳晓、傅晓岚，2014[87])，可能导致国内市场的规模经济作用无法发挥，间接提高了企业市场进入成本。市场规模和市场进入成本又是企业是否进入市场的重要决策变量(安虎森、皮亚彬、博文广，2013[88]；Melitz，2003[89])。当企业生产率给定时，市场规模越大，市场进入成本越低，企业的销售收入和利润就越多，企业进入该市场的概率也就越大(Eaton et al.，2011[90])，形成企业集聚的概率就越大。

空间经济学理论框架下企业集聚的稳定性是运输成本与规模经济之间的结果。开放所引致的交易成本降低和集聚带来的规模经济之间的关联效应会影响经济活动空间分布(梁琦，2003[91])，即经济地理的重塑。对内和对外开放政策与市场规模的交互作用主要通过两个途径影响集聚：一是对外开放能够降低国际间贸易壁垒，扩大外部市场规模，吸引外商直接投资，放大本地市场效应，促进集聚和规模经济实现，并且，距离海外市场越近的地区，越有利于降低运输成本和贸易成本；二是区际开放通过逐步实现国内市场一体化打破区域间市场分割，缩小由市场分割带来的市场规模被人为划小产生的影响，通过促进资本积累、技术创新与扩散，加速人口、资本、商品流动，放大本地市场效应，促进集聚的形成。因此，伴随着对外开放、区际开放程度的加深，市场规模的扩大会更大限度地促进企业集聚；并且在国内市场规模较小的地区，对外开放和区际开放都可以有效地解决市场规模约束问题，扩大市场规模，促进企业集聚。

从以上的文献情况来看，不管是在理论研究方面还是在经验实证研究方法，关于对外开放、区际开放（或国内市场一体化）对企业集聚的影响的研究已经非常多。本书的关注的重点是市场规模对于企业集聚的作用，而对外开放和区际开放引致交易成本降低对市场规模有调节作用。所以，本书不仅要关注二重开放的企业集聚效应，更重要的是关注二重开放与市场规模的交互效应。首先，将 CP 模型扩展至两国三地区，构建市场规模与企业区位及集聚的理论模型，并考虑国际开放及区际开放引致的交易成本降低的影响。其次，基于 2001—2013 年中国工业企业数据构建企业集聚指标，验证二重开放对企业的集聚效应，及其与市场规模的交互作用对企业集聚的影响。

3. 区位导向性产业政策、市场规模与企业生产率

党的十九大报告指出，我国经济已由高速增长阶段转向高质量发展阶段，建设现代化经济体系，必须“优化存量资源配置，扩大优质增量供给，实现供需动态平衡”，提高全要素生产率。中国开发区政策是典型的区位导向性产业政策，是政府为了增加地区经济总量，均衡区域经济发展的重要手段；而且开发区选址并不是随机分布的，一般是建立在城市边缘区，因为城市边缘区土地租金相对便宜，并且大多数处于未开发状态，而边缘城市的兴起是城市内部空间结构重塑的直接表现形式。开发区政策是将一揽子政府政策集合，包括配套基础设施建设、税收减免、进出口配额限制等，可以降低企业生产和交易成本，并在政府政策的合理引导下会提升企业的生产效率（袁其刚、刘斌、朱学昌，2015）。首先，开发区能够降低企业生产及交易成本。区内较强的劳动力供给能力降低了企业用工成本，企业间的溢出效应和配套基础设施建设降低了企业的运营成本、搜寻成本等

交易成本(Ciccone and Antonio, 2002[94]；姜彩楼、徐康宁，2009[95])；相对于非开发区而言，开发区相关政策决定了区内企业具有相对较低的土地使用成本、税收成本、审批成本以及融资成本(袁其刚、刘斌、朱学昌，2015[96]；姜彩楼、徐康宁，2009[95])。其次，开发区建设能够提升企业生产率(Wang, 2013[97]；冯伟，2015[98])。中国开发区内特殊的土地、财政、经济等优惠政策可以吸引高生产率的制造业、服务业企业在边缘区聚集，企业和员工之间相互学习还可产生溢出效应(Duranton and Puga, 2004[99]；Gilbert et al., 2008[100])，包括生产和消费溢出效应，吸引企业工人定居，带动其他现代服务业的发展，刺激本地市场需求，提高企业全要素生产率，促进边缘区的兴起(Siqi Zheng, et al., 2015[101])。此外，国内外学者还针对不同类型的开发区的产业政策效果及其对区域经济发展的溢出效应展开相关研究(陈钊、熊瑞祥，2015[102]；毕占天，王万山，2009[103]；兰勇、郑传均、杜红梅，2006[104]；Greenstone, Hornbeck, Mooretti, 2010[105]；Lu, Wang and Zhu, 2015[106])。陈钊等人考察了国家级出口加工区在成立之初对所选择的“主导产业”的扶持政策的有效性，研究发现，一个城市出口加工区的出口鼓励政策使得受扶持的行业内企业的出口额提高了约11%，然而这些政策的有效性只是针对那些具有比较优势的企业。Lu, Wang and Zhu (2015[106])在全国范围内验证了开发区溢出效应，研究发现，开发区建设能够带来12%的企业就业增加，14.2%的产出增长，还能显著提升企业资本、资本劳动比以及劳动生产率。

但国内外很多学者对于区位导向性产业政策影响企业全要素生产率仍保持谨慎的态度，认为任何的政府干预均会扭曲市场机制对资源的配置。区位导向性产业政策可能导致资源要素错配，使得要素流动不充分，将经济活动从高效率的地方转移到低效率的地方。例如，在中西部地区实施的开发区政策，可能会导致资源空间错配，阻碍企业全要素生产率的提升。开发区建设是拉动地方经济增长的引擎，但必须以接近大市场为前提，如果远离大市场，就会带来物流、通勤和人员交流的成本加成，不仅无法显著提升企业生产率，不利于招商引资，还可能带来土地资源浪费(向宽虎，陆铭，2015[13]；陆铭，2019)。郑思齐教授(2016)认为，区位导向性产业政策能否发挥有效作用需要几个基础条件：第一是集聚经济，企业扎堆的集聚经济会带来高增长，逐渐形成累积的递增效应；第二是人力资源溢出，高技能劳动力在开发区内集聚，会产生溢出效应，人力资本水平提高会促进地区生产力的提升；第三是空间均衡的作用，开发区政策在一定程度上是空间均衡发展的区域政策。所以，开发区政策的企业生产率效应可能存在空间差异，对于落后地区，由于市场规模小，实施开发区政策可能会导致效率缺失，阻碍全要素生产率的提升。

关于区位导向性产业政策对企业生产率的研究相对较少，且无论是在深度还是在广度上都有待深入。袁其刚等在研究经济功能区影响企业生产率时，考虑了所有类型的开发区，而本书的研究主要选取以出口导向为主、扩大国外市场规模为主要目标的保税区、出口加工区和边境经济合作区三种开发区作为政策评估对象，主要是因为这些政策明确鼓励企业发展出口业务，有助于开拓企业的外部市场规模，对于探索区域经济空间结构重塑有直接影响。本书旨在探讨开发区政策对企业生产率的影响，并考虑市场规模的调节作用；在理论方面，首先对 LS 模型进行扩展，构建市场规模与企业生产率的理论模型，并通过交易成本降低来反映开发区政策带来的影响；此外，基于 2001—2013 年中国工业企业数据库，分别使用面板数据模型和 PSM 倾向匹配方法进行实证研究。

1.2 相关概念及范围的界定

1.2.1 市场规模的界定

相对市场范围是个地域概念，市场规模则是一个基于价值量的概念。市场规模是指在一定市场范围内的市场需求或市场容量，是反映一个地区平均购买力的主要指标，已有研究一般从三个维度对其进行分析，包括经济总量、人口规模、市场潜力。市场规模在经济长期增长和集聚中起到决定性作用，与规模经济的交互作用会产生集聚的积累过程（基础—乘数模型的基本观点），与企业区位、集聚和生产效率之间又均是一个自我循环的持续过程（本地市场效应和市场范围假说的基本观点)。本书进一步将市场规模细分为本地市场规模、邻近地区市场规模和国外市场规模;本地市场规模是指本地区居民或企业用于本地消费或服务支出的规模,反映的是本地区的平均购买力;邻近地区市场规模是指来自邻近地区的市场需求,是一个空间距离加权平均值,本书用地级市之间最短公路距离作为空间权重矩阵构建中国地级市的邻近地区市场规模指标,与邻近地区平均购买力成正比,与该地区到本地的最短公路距离成反比,其中,最短公路距离考虑到两点间实际交通状况,可以克服传统利用球面距离来测度两点间的距离可能导致准确性受到一定局限,所以区际开放会直接导致邻近地区市场规模的扩大;国外市场规模是指一个地区在国外市场的竞争力(或表达为贸易规模)。比如,对外开放直接导致地区对外贸易的市场范围扩大,进而导致该地区在国外市场的竞争力增强,出口的国外市场规模扩大。

1.2.2 空间结构重塑

空间结构,即经济的空间结构,是指微观层面的生产要素、宏观层面的经济发展水平及控制力、中观层面的产业结构三个层次在一定地域空间范围内的综合反映。本书从微观层面企业的生产活动的选址、区位和集聚出发进行研究。空间结构重塑,即经济地理的空间演化,是指政府政策作用下生产活动及生产要素在不同地区的空间集聚及演化过程,从企业的区位选址、集聚和生产效率提升三个方面进行分析。而基于中国宏观层面的空间结构重塑,是由于政策和市场的共同作用导致的中国在区域层面的经济地理的空间演化,即某些产业在一些地区的分散分布,以及其他部分产业在其他地区的集聚;空间结构重塑,也可称之为产业在地区间的重新组织。本书将我国的区域划分为沿海地区、沿边地区和内陆地区三大区域。其中,沿边地区包括广西壮族自治区、吉林省、黑龙江省、内蒙古自治区、云南省、甘肃省、新疆维吾尔自治区、四川省在内的8个省(自治区)(简称沿边地区);沿海地区包括北京市、天津市、上海市、河北省、江苏省、浙江省、福建省、山东省、广东省、海南省和辽宁省11个省(市)(简称沿海地区);其余的省(市、区)中有11个省市划为内陆地区。由于西藏自治区、台湾省、香港特别行政区、澳门特别行政区的数据缺失，在此次研究中没有被纳入。

1.3 研究的主要内容、思路及方法

1.3.1 研究的主要内容

本书旨在解释市场规模与空间结构重塑之间的作用机制，以及政策冲击引致交易成本降低与市场规模之间交互效应。在本地市场效应的循环累积效应作用下，市场规模与企业区位之间同向互动，经济体最终会形成稳定的核心—边缘结构。但由于沿边地区存在国内外市场需求下的市场规模约束问题，光靠市场的力量无法形成初始集聚，政策冲击作为一地区形成集聚的初始力量，能否解决沿边地区在初始时受到的市场规模约束问题形成初始集聚？本书的总体目标是在空间经济学DCI理论框架下，构建市场规模与空间结构重塑的理论模型，研究生产活动空间集聚过程中的企业行为，包括企业区位选址、集聚和生产效率提升，并进一步考虑政策冲击所导致的交易成本降低的影响，其中，本书的政策冲击主要表现为交通基础设施建设、二重开放和以开发区政策为主的区位导向性产业政策三种；最后，在经验实证研究中对理论结果进行逐一验证和扩展分析。围绕这一总体目标，本书沿着"理论梳理→理论模型构建→经验实证研究→政策建议"的技术路径展开。

1. 市场规模与空间结构重塑的理论基础

本书首先总结了空间结构重塑的现实依据和理论源泉，并总结政策冲击与市场规模对空间结构重塑的影响及其交互作用相关的国内外研究文献。然后，分别从"市场范围假说""大推进理论""基础—乘数"模型、"市场潜力函数"以及"本地市场效应"五个方面梳理了市场规模影响区域经济空间结构重塑的理论逻辑，这些理论均肯定了市场规模对于经济长期增长和集聚的基础性作用。

2. 市场规模与企业区位：理论建模

市场规模与企业区位之间的互动，被认为是"本地市场效应"的循环累积效应在发挥作用，认为生产活动的空间分布变化会引起区域相对市场规模的同向变

化，并且区域相对市场规模变化反过来又会导致生产活动的空间集聚。本书首先在空间经济学 DCI 理论框架下，将克鲁格曼（Krugman，1991）的核心—边缘模型（CP 模型）扩展为三地区模型，构建能够解释市场规模与企业区位选址和集聚之间内在逻辑关系的理论模型；并基于理论模型的推导结果，借助 Matla14.0 计算机数值模拟技术来解释市场规模的影响机制，以及交易成本降低对本地市场效应的调节作用。

3. 市场规模与企业生产率：理论建模

空间经济学的核心观点认为本地市场效应不仅能够导致企业集聚，还能促进企业生产率进步。据此，本书将 LS 模型扩展至两国三地区，并且允许资本在地区间流动，来构建市场规模、交易成本与企业生产率的理论模型，并应用数值模拟分析市场规模与交易成本的交互效应对企业生产率的影响。

4. 市场规模对城市集聚中心形成：实证分析

城市集聚中心形成是区域经济空间结构重塑最直接的表现形式。基于理论模型的推导结果，市场规模与企业区位的互动主要来自“本地市场效应”的作用，产生的集聚是一个自我强化的过程，最终会导致城市集聚中心的形成。本书基于 2001—2013 年的全球夜间卫星灯光数据和中国地级市数据，将市场规模分为本地市场规模、邻近地区市场规模和国外市场规模三个层次，检验市场规模对城市集聚中心形成的影响，并比较其空间差异。

5. 交通基础设施投资、市场规模与企业区位选址：实证分析

交通网络的互联互通可以缩短区域间的空间距离，降低市场分割，扩大市场规模，促进企业区位选址。本书基于 2013 年中国工业企业微观数据，构造 2001—2013 年企业区位选址指标（用新增企业数量表示），并应用零膨胀泊松回归估计方法验证交通基础设施完善引致的交易成本降低对企业区位选址决策的影响，并比较不同区域特征下企业区位选址决策的空间差异和行业差异。

6. 二重开放、市场规模和企业集聚：实证分析

企业集聚是生产空间集聚重要的企业行为，研究企业集聚的影响因素对于探

索中国经济空间结构重塑具有重要意义。本书基于 2001—2013 年中国工业企业数据和中国地级市数据构建区际开放、国际开放和用以衡量企业集聚的赫芬达指数，验证二重开放引致的交易成本降低对企业集聚的影响，并比较不同区域特征下企业集聚的空间差异。

7. 区位导向性产业政策、市场规模与企业生产率提升：实证分析

进一步在理论研究结果基础上检验交易成本对企业生产率提升的作用，以及市场规模和交易成本在企业生产率中的交互效应，即市场规模与交易成本之间相互增强的互补效应。研究数据选择 2001—2013 年中国工业企业数据库，根据开发区地理属性归纳筛选位于开发区内的企业样本，分别使用面板数据分析方法和 PSM 分析法分析中国开发区政策的企业生产率效应，并比较开发区政策效应的空间差异，以及国有和非国有、创新型和非创新型、出口和非出口企业的开发区政策效应差异。

1.3.2 研究思路及框架

本书首先从“市场潜力函数”“基础—乘数模型”“本地市场效应”“市场范围假说”和“大推进理论”五个方面总结对于经济长期增长和空间集聚的基础性作用，为区域经济空间结构重塑奠定坚实的理论基础。然后在空间经济学 DCI 理论框架下，通过扩展 CP 模型和 LS 模型揭示交易成本、市场规模影响生产活动的区位、空间集聚、生产率的作用机制。经济发展滞后地区在初始时普遍受到市场规模约束问题，光靠市场的力量无法形成初始集聚，政策干预作为一地区形成集聚的初始力量，能够解决经济发展滞后地区的发展难题，破解空间结构重塑机会与优势缺失并存的局面。因此，本书进一步考虑不同政策冲击引致交易成本降低对企业区位选址、集聚和生产效率的影响。借鉴沿海地区经济空间结构重塑的经验，考虑大规模交通基础设施投资、二重开放政策以及以开发区建设为主的区位导向性产业政策三种政策冲击的作用，本书从理论建模到实证检验系统研究中国的空间结构重塑。

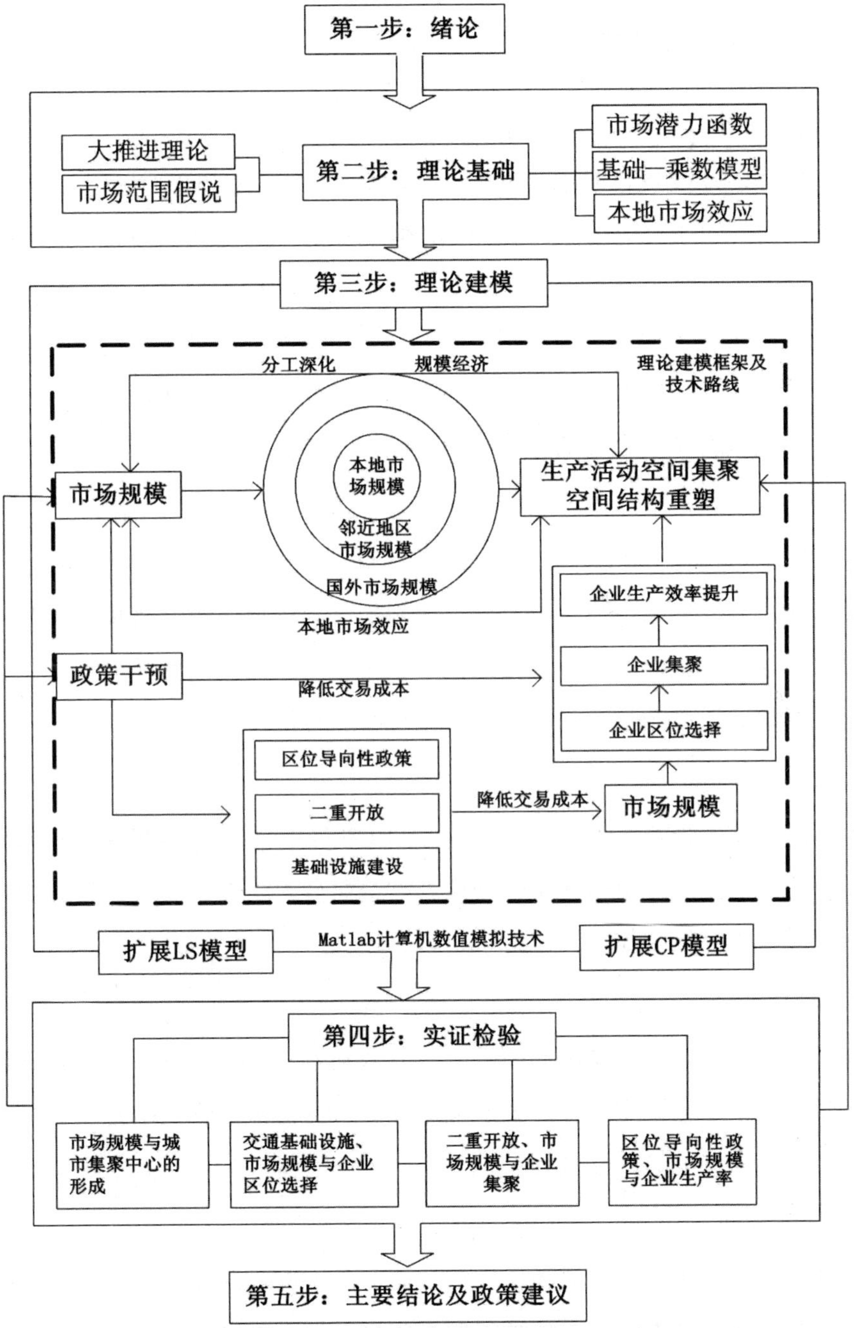

第一步：绪论
大推进理论
市场范围假说
第二步：理论基础
市场潜力函数
基础—乘数模型
本地市场效应
第三步：理论建模
分工深化
规模经济
理论建模框架及技术路线
市场规模
本地市场规模
邻近地区市场规模
国外市场规模
生产活动空间集聚
空间结构重塑
本地市场效应
企业生产效率提升
企业集聚
企业区位选择
政策干预
降低交易成本
区位导向性政策
二重开放
基础设施建设
降低交易成本
市场规模
扩展LS模型
Matlab计算机数值模拟技术
扩展CP模型
第四步：实证检验
市场规模与城市集聚中心的形成
交通基础设施、市场规模与企业区位选择
二重开放、市场规模与企业集聚
区位导向性政策、市场规模与企业生产率
第五步：主要结论及政策建议

图 1－1　研究路径

1.3.3 主要研究方法

1. 文献归纳法

对已有研究文献进行归纳和整理，分别从“市场范围假说”“大推进理论”“基础—乘数模型”“市场潜力函数”“本地市场效应”五个方面总结市场规模对于经济长期增长和集聚的基础性作用，使研究更符合空间结构重塑的基本逻辑。并通过评述空间结构重塑的现实依据和理论源泉，以及重塑中国经济空间结构过程中政策冲击和市场规模对企业区位选址、集聚和生产效率提升的作用等国内外相关研究文献，吸收其科学、合理的分析思路、模型构架、研究方法，形成本书的分析思路和建模思想。

2. 统计分析法

从全样本到分样本分析评价本地市场规模、邻近地区市场规模、国外市场规模和城市集聚的现状，并对交通基础设施、对外开放及区际开放的现状，以及开发区建设情况、新增企业数量、企业集聚现状进行描述。

3. 数学推理法

在空间经济学理论框架下，分别对 CP 模型和 LS 模型进行扩展，构建生产活动空间集聚及空间结构重塑中市场规模影响企业行为的理论模型，并分析政策冲击导致交易成本降低的作用。

4. 数值模拟法

基于理论模型结果，应用 Matlab14.0 计算机模拟技术，通过设定各参数的赋值，对目标变量与相关变量进行数值模拟分析，得到相关研究结论，为后面的经验实证研究提供重要的理论基础。

5. 实证分析法

实证分析法是依据现有的理论研究结果、经验事实以及已有的研究，构建计量经济学模型，来分析经济变量之间的相关关系，主要目的在于说明各种自变量与某一个因变量的关系。本书分别对市场规模影响城市集聚中心形成，交通基础设施、经济开放以及以开发区建设为主的区位导向性产业政策引致的交易成本降低及其与市场规模的交互效应对企业区位选址、集聚和生产效率的影响进行实证分析。

1.4　创新点

1.4.1　对 CP 模型和 LS 模型进行扩展

理论上将空间经济学的 CP 模型和 LS 模型扩展至两国三地区（国外地区、内陆地区和边缘区），以此分析生产活动空间集聚中市场规模和交易成本企业的区位选址、集聚和生产效率提升，为空间结构重塑奠定坚实的理论基础。

1.4.2　多维度数据选择

本书在实证研究中的经验数据主要来自 2001—2013 年全球夜间卫星灯光数据、中国工业企业数据库和中国地级市数据三个层次，数据准确，时间跨度长，样本量大，这对于中国经济空间结构重塑的研究，无疑是个比较大的创新。

1.4.3　数值仿真模拟到经验实证研究分析方法的应用

本书理论模型构建是基于空间经济学 DCI 理论框架下进行的，由于得到的均衡方程组无法得到显性解，因此本书尝试借助于 Matlab 计算机数值模拟技术，通过对部分参数的赋值以及无限逼近估算方法，解释市场规模、交易成本及其交互效应的影响，以此作为经验实证研究的理论基础。在经验实证研究中，采取较为新颖的零膨胀泊松回归估计方法来研究交通基础设施的企业区位选址效应，并应用 PMS 分析研究开发区政策的生产率效应。

第 2 章

市场规模与生产活动空间集聚的理论框架

本章主要基于空间经济学对本地市场效应的阐述，构建市场规模与生产活动空间集聚的理论模型。本地市场效应可能导致生产集聚，而生产集聚又会进一步强化本地市场效应，进而通过影响贸易模式来影响空间经济结构；此外，生产集聚、本地市场效应和企业生产率提升之间还存在逻辑关系，即生产集聚经济的存在会进一步促进企业生产率进步，而生产率较高的企业由于空间选择效应和集聚效应，选址也趋向于集聚。本地市场效应是一种基于需求关联的循环累积效应，相对产业份额与区域相对市场规模呈现同向变化趋势，“生产活动空间集聚→消费相对市场规模扩大→生产活动空间集聚”，这是一个自我强化的过程；另外，“生产活动空间集聚→企业生产率进步→生产活动空间集聚”之间也存在紧密的逻辑关系。本章是在空间经济学理论框架下，分析市场规模与空间结构重塑的理论机制。首先，梳理了市场规模促进长期增长和集聚的相关理论基础；其次，在CP模型基础上建立了一个两国三地区模型来解释市场规模和交易成本变化对企业长期区位和集聚的作用机制；最后，将LS模型扩展至两国三地区，并且允许资本在地区间流动，以此揭示市场规模、交易成本与企业生产率提升之间的作用机制。

2.1　市场规模的相关理论基础

本节主要从亚当·斯密(1776)的"市场范围假说"、罗丹等人(Paul Rosenstein－Rodan，1961；MSV，1988)的"大推进理论"、普雷德(Pred，1966)的"基础—乘数模型"、哈里斯(Harris，1954)的"市场潜力函数"以及空间经济学的"本地市场效应"五个方面总结市场规模影响经济长期增长和集聚的理论基础。

2.1.1　市场范围假说

亚当·斯密(1776)最早指出市场规模的大小决定劳动分工的程度，随着市场规模的扩大，即使没有研发，也会实现企业内分工。后面被总结为亚当·斯密的"市场范围假说"，即劳动分工受制于市场规模约束，某一时刻的市场规模既影响了企业的规模，也决定着社会分工的程度，同时分工越细致，生产率越高，边际成本越低。Young et al. (1928[13])将亚当·斯密的企业内分工扩展到企业间分工，认为长期增长的机制是一个"劳动分工→生产效率提高→市场规模扩大→劳动分工"的循环累积自我持续的过程。郑东雄(2015)[107]以 Young et al. (1928[13])的思想为起点，对其思想进一步进行总结和思考。以汽车生产为例，当市场规模扩大，原本汽车的生产只是由一家企业完成，现在由于市场规模的扩大出现了许多生产汽车零部件(轮胎、配饰、发动机等)的企业，这些企业共同完成汽车的生产和组装，这就是市场规模的扩大引致的分工深化。Young(1928)在阐述市场规模及企业间分工促进经济长期增长时，将生产函数设定为 $Y = L^{\frac{1}{\sigma}} m^{\frac{1}{\sigma}} X$ ，$X = mx$，$x = kL$，$k > 1$，其中 m 表示中间品种类，x 为中间品产量(市场规模)，σ 表示中间品替代弹性，σ 越小，说明中间品专用性越强，专业化程度越高，分工深化会带来人均产出的增加。中间品促进厂商的利润为 $\pi = \frac{1}{\sigma} px$ ，利润大小取决于市场规模的大小；利润贴现和固定投入是影响一个潜在中间品厂商的选址决策的关键因素，即 $V_{tj} = \int_t^{\infty} e^{-(R_\tau - R_t)} \pi_{\tau j} d\tau = m_t F$ ，即市场规模决定了劳动分工的程度，这与亚当·斯密的观点是一致的。从上面的表达式可以看出，行业分工程度加深，使得中间品部门的生产率提高，就会使得最终产品部门使用越来越多中间品，从而提高最终品部门的生产率。所以，如果假设不存在范围经济，每个企业生产一种差异化最终制成品，企业数量越多，说明劳动分工越细致，生产率越高，市场规模就越大，市场规模扩大又进一步加深劳动分工的程度，在劳动分工与市场规模不断深化的自我持续的过程中最终实现地区经济长期增长。

2.1.2 大推进理论

英国著名发展经济学家罗森斯坦—罗丹(Paul Rosenstein - Rodan，1961)在《东欧和东南欧国家工业化的若干问题》一文中最早提出“大推进”思想。核心观点是有计划的大规模投资才能创造更大的市场需求，扩大市场规模，只有当市场规模达到一定程度时才能使发展中国家摆脱贫困和落后，缩小与发达国家的差距，属于一种区域均衡发展策略。Murphy 等(MSV，1988)基于罗丹“大推进”思想，重新构建了适用于发展中国家的“大推进”理论模型，在理论模型中引入报酬递增技术，认为只有当工业品的市场需求达到一定水平以后，规模报酬递增技术才能得到有效发挥，市场需求所引致的循环累积效应才能使落后经济体跳出“贫困陷阱”。所以，工业化的实现主要在于市场需求，而一个地区的市场需求主要来自于三个方面——本地的市场需求、国内其他地区的市场需求和出口需求。然而，发展中国家或欠发达国家(地区)在工业化初期普遍存在市场规模约束问题，国内外市场需求小，边界效应高，出口规模也无法扩张，导致规模报酬递增技术无法被采用，制约着这些国家(地区)的经济发展，使其在空间结构重塑中优势缺失。大推进理论明确了政府政策冲击对于扩大市场需求的作用，是空间结构重塑的重要手段，为本书的研究提供重要的理论基础。

2.1.3 基础—乘数模型

基础—乘数模型的分析基础是一个地区的经济活动包括两种类型：一是用于满足除本地区外其他地区的居民或企业生产生活需求的经济活动，被称为“出口活动”或“经济基础”；二是用于满足当地居民需求的经济活动，为当地居民提供商品和服务，被称为“非基础”活动，非基础部门发展会因为经济基础部门而出现增长或者萎缩。根据基础—乘数模型的基本观点：随着一个地区的经济发展和集聚的出现，本地市场规模会大到足以支撑一个大规模企业来发展出口业务，出口活动增加，随之进一步促进本地市场规模的扩大，又促进了地区经济发展。可以总结其线性表达式为 $Y = X/(1-\alpha)$ ，Y 表示地区收入，X 为出口部门收入，α 是收入中用于消费本地非基础部门产品的固定份额。出口部门的直接收入 X 由于部分收入在当地支出而产生第二轮收入 αX ，循环往复，αX 中又有一部分用于当地支出，从而产生第三轮收入 $\alpha^2 X$ 等。

普雷德(Pred，1966)认为收入中用于当地支出的份额是取决于本地市场规模，不是固定不变的常数 α 。随着经济扩张，乘数更大(α 变大)，Y 会进一步增长，进而形成循环的累积过程。假定 α 是前期 Y 的增函数，直至达到某个极大值 $\bar{\alpha}$ ，即 $\alpha_t = \min[\alpha Y_{t-1}, \bar{\alpha}]$ 。所以得到 Y 的两个表达式为：

$$Y = \frac{X}{1-\alpha Y}, Y = \frac{X}{1-\bar{\alpha}}$$

第一个方程式 Y 的均衡值为 $Y = (1 \pm \sqrt{1-4\alpha X})/2\alpha$ ，绘制基础—乘数模型的均衡图解如图 2－1 所示。

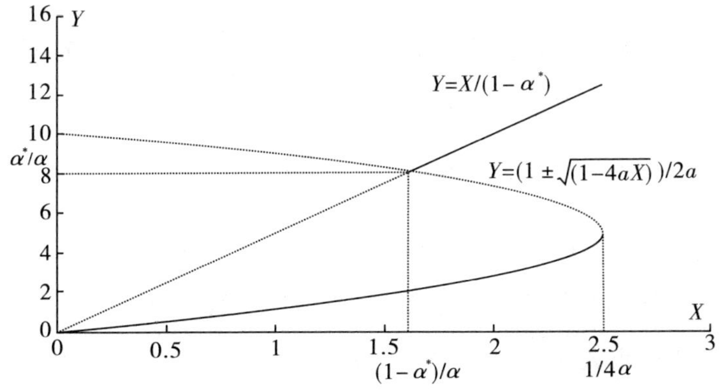

图 2－1　基础—乘数模型的均衡①

① 图形是根据 $\alpha = 0.1, \bar{\alpha} = 0.8$ 计算得到的。

所以，由图2－1可知，当 $\frac{\bar{\alpha}(1-\bar{\alpha})}{\alpha} < X < \frac{1}{4\alpha}$ 时，Y 有三个均衡，即 $Y = (1-\sqrt{1-4\alpha X})/2\alpha$ 的稳定均衡，$Y = (1+\sqrt{1-4\alpha X})/2\alpha$ 的一个解和 $Y = X/(1-\bar{\alpha})$ 的一个较高均衡；当 $X > \frac{1}{4\alpha}$ 时，$Y = X/(1-\bar{\alpha})$ 给出了唯一的均衡解。以上分析结果得出基础—乘数模型的两个基本观点：第一，规模经济和内生性市场规模的相互作用会产生集聚的积累过程（超过某个临界值）。第二，朝一个方向变化的临界值往往与朝另一个方向的临界值不同，如图2－1所示，当 $X>2.5$ 时"向外聚爆"，当 $X<1.6$ 时"向内聚爆"，说明生产活动的空间集聚可能存在"路径依赖"的锁定效应，也可能理解为"空间结构惯性"。

2.1.4 市场潜力函数

哈里斯（Harris，1954）构造了"市场潜力函数"，用以解释美国制造业企业区位选址问题。研究发现市场潜力高的地区往往工业化进程也很快。所以，在其他条件相同的情况下，企业厂商显然偏好选址在接近消费市场规模较大的地区。此后，"市场潜力函数"得到广泛的应用，常被用于刻画企业区位选址时市场邻近性优势。r 地区的市场潜力函数是用所有邻近地区购买力的加权平均数来衡量，其中权数是距离的减函数，与邻近地区购买力成正比，与距离成反比。所以，地区 r 的市场潜力表达式为

$$M_r = \sum_s \frac{1}{D_{rs}} P_s$$

其中，D_{rs} 是地区 r 到地区 s 的距离，P_s 是地区 s 的购买力。所以一个地区的市场潜力取决于市场和消费者的距离以及邻近的地区购买力。市场潜力函数得出的这个结论与基础—乘数模型的分析结果基本一致：一方面，厂商常常选址在距离大市场较近的地区生产，因为接近大市场的地区市场潜力也较大；另一方面，厂商聚集越多的地区购买力越高，购买力高市场潜力就大，市场潜力大的地区市场准入性就好。

2.1.5　本地市场效应

在空间经济学的一般均衡理论模型中，聚集力和分散力的权衡影响空间长期均衡区位的稳定性，前者来自本地市场效应和价格指数效应，后者来自市场竞争效应。市场竞争效应的存在是因为当企业集聚程度很高时，市场竞争强度大，企业盈利能力下降，会导致企业分散分布。本地市场效应是一种基于需求关系的循环累积效应，也被称为后向联系，与基于供给关系的价格指数效应共同构成企业聚集的聚集力，反映的是市场规模与企业生产分布之间相互作用，即生产活动空间集聚会扩大该地区相对消费市场规模，而区域相对消费市场规模扩大又会进一步促进生产活动的空间集聚。相对市场规模较大地区因为市场厚度带来循环累积效应，逐步扩大产业份额，逐渐成为生产中心。政策冲击使得企业逐渐向政策实施地集中，导致该地区消费市场扩张，使得地区实际工资提高，吸引了越来越多工人向该地区集中，因为劳动力供给能力不断增强，越来越多的企业向该地区聚集。“本地市场效应”的存在，意味着本地市场需求较大的地区能够成功吸引不完全竞争产业的企业，区域内企业占行业的比例大于需求所占的比例。由于利润最大化的企业要最小化产品交易成本，因此交易成本的调节作用会影响企业的区位选址。

2.2　市场规模与企业区位：CP 模型的扩展

本章将空间经济学的核心—边缘模型（CP 模型）扩展为三地区模型，来构建市场规模和企业区位的理论模型，揭示交易成本、市场规模与企业选址和集聚的作用机制。

2.2.1　基本假设

本章构建一个两国三地区的空间经济学一般均衡模型，三地区包括国内两地区（沿边地区 1 和内陆地区 2）和国外地区 0。模型假设三地区均存在包括制造业部门 M 和农业部门 A。垄断竞争的制造业部门和完全竞争的农业部门均使用劳动力作为唯一投入要素；其中，制造业部门使用工业劳动力 H 进行生产，并且工业劳动力在国内两地区可以自由流动，但不可以跨国界流动；农业部门生产同质的农产品，规模报酬不变，农业劳动力 L 在地区间均匀分布，不可以跨地区和国界流动；制造业部门生产差异化工业品，规模报酬递增，厂商可以在国内两个区域进行选址，收入在劳动力流入地区支出；每个制造业企业生产一种类型的差异化工业品，所以工业品种类数量等于工业企业数量。

假设农产品贸易不存在运输成本，工业品在本地销售无运输成本，但运到国内其他地区销售或出口到国外均需要运输成本。因为国内两地区所处的区位条件不同，所以其区际交易成本并不等于国际贸易成本。假设要在国内其他地区销售1单位产品或向国外地区出口1单位产品，分别需要从本地运出 t 和 τ 单位产品（$t \geqslant 1, \tau \geqslant 1$），其中 t 表示沿边地区和内陆地区之间的区际交易成本，τ 表示沿边地区和国外地区之间的国际贸易成本。由于内陆地区和国外地区之间有沿边地区隔着，所以假设内陆地区和国外地区之间的贸易成本等于区际交易成本和国际贸易成本的乘积，即 $t\tau$。这里的 t 和 τ 并不只是指交通运输成本，还包括区际贸易及国际贸易过程中发生的一系列交易成本。

关于工业企业产品定价问题，假设沿边地区企业在沿边地区市场售价为 p_1，那么为了弥补运输成本，在内陆市场售价和国外市场售价（出口价格）就会分别被设定为 tp_1 和 τp_1。同理，假设内陆地区企业在内陆市场的定价为 p_2，那么在沿边地区市场和国外市场的定价分别为 tp_2 和 $t\tau p_2$。同样，如果国外企业在本国的定价为 p_0，那么在沿边地区市场和内陆市场的定价就分别会被设定为 τp_0 和 $t\tau p_0$。

2.2.2 短期均衡

1. 消费者行为

假设所有消费者使用相同的效应函数，即每个消费者的偏好都相同。为不失一般性，假设消费者效用函数由两个层次构成。第一个层次是消费者将总支出用于农产品和制成品消费时所获得的效用，是不同支出比例的农产品和制成品构成的柯布道格拉斯效用函数。第二层效用函数是一系列差异化的制成品消费组合构成的不变替代弹性效用函数。因此，得到代表性消费者的效用函数形式如下：

$$U = C_M^{\mu} C_A^{1-\mu}, \mu < 1 \tag{2.1}$$

$$C_M = \left[\int_{i=0}^{n^w} c_i^{\rho} di\right]^{\frac{1}{\rho}}, \rho = (\sigma - 1)/\sigma < 1 \tag{2.2}$$

$$\therefore C_M = \left[\int_{i=0}^{n^w} c_i^{\frac{\sigma-1}{\sigma}} di\right]^{\frac{\sigma}{(\sigma-1)}}, \sigma > 1 \tag{2.3}$$

其中，C_M 表示消费者对差异化制成品组合的消费，C_A 表示消费者对同质型的农产品的消费，μ 表述制成品支出份额。第二层效用函数中 ρ 表示消费者多样性偏好，$\rho \to 0$ 表示消费者多样化偏好强度越强，$\rho \to 1$ 表示消费者多样化偏好强度越弱，σ 表示不变替代弹性效用函数中两种差异化制成品间的替代弹性。这里的 n^w 表示整个经济体中差异化工业品的种类，即 $n^w = n_0 + n_1 + n_2$，n_0、n_1 和 n_2 分别表示国外地区、沿边地区和内陆地区企业生产的差异化工业品总数。因为前面假设每个企业只生产一种差异化工业品，所以 n^w 也表示整个经济体中企业总数，同理，n_0、n_1 和 n_2 分别表示国外地区、沿边地区和内陆地区企业数量。

消费者行为要解决的是均衡时消费者效用最大化问题，设定消费者预算约束条件为：

$$\int_{i=0}^{n^w} p_i c_i di + p_A C_A = I \tag{2.4}$$

其中，I 为消费者总支出，这里假设消费者将所有收入在当期支出，所以总支出等于总收入。p_A 表示农产品价格，p_i 表示第 i 种差异化工业品的价格。

消费者效用最大化来自于两个方面，一方面是最小化工业品集合 C_M 的支出成本；另一方面是确定农产品和工业品之间消费比例，使得效用达到最大化。所以，第一步，确定消费者对第 i 种工业品的消费量 c_i，使得其对工业品集合 C_M 的支出最小，即：

$$\min_{c_i} \int_{i=0}^{n^w} p_i c_i di$$

$$s.t.\ C_M = \left[\int_{i=0}^{n^w} c_i^{\frac{\sigma-1}{\sigma}} di\right]^{\frac{\sigma}{(\sigma-1)}}$$

进而，构造拉格朗日函数 $L = \int_{i=0}^{nw} p_i c_i di - \gamma \left[\left[\int_{i=0}^{nw} c_i^{\frac{\sigma-1}{\sigma}} di \right]^{\frac{\sigma}{(\sigma-1)}} - C_M \right]$ (2.5)，并分别对 c_i 和 c_j 求导，则可以得到支出最小化问题的一阶条件，即边际替代率等于价格比率，表示为：

$$\frac{p_i}{p_j} = \frac{c_i^{-\frac{1}{\sigma}}}{c_j^{-\frac{1}{\sigma}}} \tag{2.6}$$

代入成本最小化约束式中，得到消费者需求函数

$$c_i = (p_i/P_M)^{-\sigma} C_M \text{ , } P_M = \left[\int_{i=0}^{nw} p_i^{1-\sigma} di \right]^{\frac{1}{1-\sigma}} \tag{2.7}$$

其中，P_M 表示工业品价格指数。可以看出，工业品价格指数对工业品种类的敏感程度取决于不同种类工业品之间的替代弹性 σ（或消费者多样化的偏好强度 ρ）①，σ 越小，产品种类增加导致工业品价格指数下降程度越大。

第二步是确定消费者在农产品和工业品之间消费组合，以达到总效用的最大化，即：

$$\max U = \max_{C_M, C_A} C_M^{\mu} C_A^{1-\mu}$$

$$s.t.\ P_M C_M + p_A C_A = I$$

最大化的解，可以写成：

$$C_M = \mu I / P_M, C_A = (1 - \mu) I / p_A \tag{2.8}$$

代入前面消费者需求函数，得到消费者需求函数的最终表达式为：

$$c_i = \mu I \frac{p_i^{-\sigma}}{P_M^{1-\sigma}} \tag{2.9}$$

由于没有储蓄假定，消费者收入等于支出，即 $I = E$，所以消费者需求函数也可以表达为：

$$c_i = \mu E \frac{p_i^{-\sigma}}{P_M^{1-\sigma}} \tag{2.10}$$

最后，通过间接效用函数得到全部消费品的价格指数表达式。间接效用函数

---

① 不同种类工业品之间的替代弹性 σ 和消费者多样化的偏好强度 ρ 同方向变动，σ 越小，ρ 也越小，即不同种类工业品之间的差异性越大，消费者多样化偏好强度越强。

表达式为：

$$U_{\max} = (\mu I/P_M)^{\mu}[(1-\mu)I/p_A]^{1-\mu} \quad (2.11)$$

所以，可以得到全部消费品价格指数为 $G = P_M^{\mu} p_A^{1-\mu}$（2.12）。假设消费者的收入仅来自于工资收入 w，那么消费者的实际工资 ω 就等于名义工资收入除以全部消费者价格指数，即 $\omega = w/G$（2.13）。

从式(2.10)和式(2.11)可以看出，价格指数 G 会因为工业品种类 n 的增加而下降，消费者效用水平也会随着提高。但是产品种类增加，即新产品进入市场，会增加产品市场竞争强度，导致消费者对原有各种工业品的需求曲线向下移动，并使得这些产品的销售量下降。

2. 生产者行为

(1)农业部门

完全竞争的农业部门，假设在区际贸易和国际贸易中均不存在运输成本，所以三个地区的农产品价格相同。假设两国的农业劳动力禀赋相同，其中国内农民在国内两地区均匀分布，分别用 L_0 、L_1 、L_2 和 L_w 表示国外地区、国内沿边地区和内陆地区以及整个经济系统的农业劳动力禀赋，则 $L = L_1 + L_2$，$L_1 = L_2 = \frac{L}{2}$，$L_w = L + L_0$，$L = L_0$ 。

$$p_1^A = w_{L_1} a_A, \ p_2^A = w_{L_2} a_A, \ p_0^A = w_{L_0} a_A \quad (2.14)$$

其中，p_1^A、p_2^A、p_0^A 分别表示沿边地区、内陆地区和国外地区的农产品价格，w_{L_1}、w_{L_2}、w_{L_0} 分别表示沿边地区、内陆地区和国外地区的农业劳动力工资，a_A 表示每单位农产品产出需要的农业劳动力数量。由于 $p_1^A = p_2^A = p_0^A = p_A$ ，所以这三个区域农业劳动力工资水平相等，即 $w_{L_1} = w_{L_2} = w_{L_0}$ 。

根据前文消费者的需求函数，沿边地区、内陆地区和国外地区对农产品的需求函数分别可以表达为：

$$C_1^A = (1-\mu)E_1/p_1^A, \ C_2^A = (1-\mu)E_2/p_2^A, \ C_0^A = (1-\mu)E_0/p_0^A \quad (2.15)$$

其中，E_1、E_2、E_0 分别表示沿边地区、内陆地区和国外地区的总支出。一方面，整个经济体的农业劳动力禀赋 L_w ，而生产一单位农产品需要 a_A 单位农业劳动力，所以农业总产出就等于 L_w/a_A 。另一方面，经济系统用于农产品的支出份额为 $(1-\mu)E_w$ ，而同质型农产品价格 p_A ，所以消费能够消费的农产品总量就等于 $(1-\mu)E_w/p_A$ 。所以，均衡时农产品市场出清条件为：

$$\frac{(1-\mu)(E_1+E_2+E_0)}{p_A}=\frac{(1-\mu)E_w}{p_A}=\frac{L_w}{a_A} \tag{2.16}$$

(2)工业部门

在垄断竞争市场结构下，规模报酬递增的工业部门生产的是差异化工业品。假定每个企业使用相同成本函数，设定单个企业的成本函数为：

$$c=w(F+a_m x) \tag{2.17}$$

企业生产1单位工业品的固定投入为 F 单位工业劳动力，可变投入为 a_m 单位劳动力，w 为工人工资水平，x 为工业品产出量。

a. 产品定价及生产活动空间分布

D-S 垄断竞争框架下的工业企业，规模均较小，企业无法进行差别定价。前面假设每个企业都生产一种差异化工业品，因为有许多潜在厂商进入，所以企业均采取边际成本不变的加成定价，并且均衡时每个厂商的利润为零。所以，构建生产第 i 种差异化产品的企业利润函数为：

$$\pi_i=p_i x_i-w(F+a_m x_i) \tag{2.18}$$

$$x_i=c_i=\mu E\frac{p_i^{-\sigma}}{P_M^{1-\sigma}} \tag{2.19}$$

其中，E 为整个经济系统的总支出，令 $k=\mu E/P_M^{1-\sigma}$ ，对于第 i 种产品需求而言，k 是常数。所以，利润最大化下第 i 种产品的价格为：

$$p=\sigma w a_m/(\sigma-1) \tag{2.20}$$

将产品价格代入利润函数，可以得到均衡时企业的产出量为：

$$x=\frac{(\sigma-1)F}{a_m} \tag{2.21}$$

$$F+a_m x=\sigma F \tag{2.22}$$

不难看出，均衡时企业的产品价格和产出量均相同，与产品种类无关。式

(2.22)说明均衡时每个地区生产一种工业品需要工业劳动力相同，为 σF 。假设经济体拥有工业劳动力总量为 H_w ，那么整个经济系统的工业品种类总数就等于工业劳动力禀赋除以一种差异化工业品所需的劳动力数量，即 $n_w = H_w/\sigma F$ 。因为每个企业只生产一种差异化工业品，所以工业品种类等于企业数量。那么，均衡时沿边地区、内陆地区和国外地区企业数量分别为：

$$n_1 = \frac{H_1}{\sigma F},\ n_2 = \frac{H_2}{\sigma F},\ n_0 = \frac{H_0}{\sigma F} \tag{2.23}$$

其中，H_1、H_2、H_0 分别表示沿边地区、内陆地区和国外地区企业的工业劳动力禀赋。上式的产品价格为企业在当地的售价，但如果销售到其他市场，企业会通过更高的售价来弥补产品在运输成本。所以，沿边地区企业在沿边、内陆和国外市场的售价分别为：

$$p_1 = \sigma w a_m/(\sigma - 1) \tag{2.24}$$

$$p_{12} = tp_1 = t\sigma w a_m/(\sigma - 1) \tag{2.25}$$

$$p_{10} = \tau p_1 = \tau\sigma w a_m/(\sigma - 1) \tag{2.26}$$

同样，内陆地区企业在当地、沿边和国外市场售价分别为：

$$p_2 = \sigma w a_m/(\sigma - 1) \tag{2.27}$$

$$p_{21} = tp_2 = t\sigma w a_m/(\sigma - 1) \tag{2.28}$$

$$p_{20} = \tau tp_2 = \tau t\sigma w a_m/(\sigma - 1) \tag{2.29}$$

同理，国外地区企业在当地、沿边和内地市场售价分别为：

$$p_0 = \sigma w a_m/(\sigma - 1) \tag{2.30}$$

$$p_{01} = tp_0 = \tau\sigma w a_m/(\sigma - 1) \tag{2.31}$$

$$p_{02} = \tau tp_0 = \tau t\sigma w a_m/(\sigma - 1) \tag{2.32}$$

b. 企业区位和集聚的条件

劳动力作为厂商的唯一投入要素，劳动力流动意味着企业区位的变化。实际工资水平 ω 的高低决定了一个地区工人禀赋。工人实际工资水平等于工人名义工资水平除以全部消费品价格指数。因为均衡时企业的全部收益用于支付工人工资，为 $\sigma F w$ 。所以，沿边、内陆和国外地区的企业支付给工人的工资总量分别

为 $\sigma F w_1$ 、 $\sigma F w_2$ 和 $\sigma F w_0$ 。

在市场出清条件下，沿边地区的企业收益为 $R_1 = p_1 x_1$ ，x_1 为企业的产出量，p_1 为产品的出厂价格(等于当地售价)。市场出清时企业所有的产出会在沿边地区、内陆地区或国外地区全部销售出去，即 $x_1 = c_{11} + tc_{12} + \tau c_{10}$ 。其中，c_{11}、c_{12}、c_{10} 分别表示沿边地区企业产品在沿边地区、内陆地区或国外地区市场的销售量，因为存在区域间运输成本，所以实际供应量分别为 c_{11}、tc_{12}、τc_{10} 。均衡时沿边地区企业收益为 $R_1 = p_1(c_{11} + tc_{12} + \tau c_{10}) = p_1 c_{11} + p_{12} c_{12} + p_{10} c_{10}$ 。

其中，$c_{11} = \mu E_1 \frac{p_1^{-\sigma}}{P_{M_1}^{1-\sigma}}$，$c_{12} = \mu E_2 \frac{p_{12}^{-\sigma}}{P_{M_2}^{1-\sigma}}$，$c_{10} = \mu E_0 \frac{p_{10}^{-\sigma}}{P_{M_0}^{1-\sigma}}$ 。

$$\therefore R_1 = \mu E_1 \frac{p_1^{1-\sigma}}{P_{M_1}^{1-\sigma}} + \mu E_2 \frac{p_{12}^{1-\sigma}}{P_{M_2}^{1-\sigma}} + \mu E_0 \frac{p_{10}^{1-\sigma}}{P_{M_0}^{1-\sigma}} = \mu E_1 \frac{p_1^{1-\sigma}}{P_{M_1}^{1-\sigma}} + \mu E_2 \frac{(tp_1)^{1-\sigma}}{P_{M_2}^{1-\sigma}} + \mu E_0 \frac{(\tau p_1)^{1-\sigma}}{P_{M_0}^{1-\sigma}} \tag{2.33}$$

其中，P_{M_1}、P_{M_2} 和 P_{M_0} 分别表示沿边地区、内陆地区和国外地区的工业品价格指数，令 $\theta = (t)^{1-\sigma}$，$\varphi = (\tau)^{1-\sigma}$ ， φ、δ 分别表示区际贸易自由度和国际贸易自由度。根据定义：

$$P_{M_1}^{1-\sigma} = \int_{i=0}^{n^w} p_i^{1-\sigma} di = n_1 p_1 + n_2 p_{21} + n_0 p_{01}$$

$$= \frac{\sigma a_m}{(\sigma - 1)}^{1-\sigma} [n_1 w_1^{1-\sigma} + \theta n_2 w_2^{1-\sigma} + \varphi n_0 w_0^{1-\sigma}] \tag{2.34}$$

$$P_{M_2}^{1-\sigma} = \int_{i=0}^{n^w} p_i^{1-\sigma} di = n_1 p_{12} + n_2 p_2 + n_0 p_{02}$$

$$= \frac{\sigma a_m}{(\sigma - 1)}^{1-\sigma} [\theta n_1 w_1^{1-\sigma} + n_2 w_2^{1-\sigma} + \theta\varphi n_0 w_0^{1-\sigma}] \tag{2.35}$$

$$P_{M_0}^{1-\sigma} = \int_{i=0}^{n^w} p_i^{1-\sigma} di = n_1 p_{10} + n_2 p_{20} + n_0 p_0$$

$$= \frac{\sigma a_m}{(\sigma - 1)}^{1-\sigma} [\varphi n_1 w_1^{1-\sigma} + \theta\varphi n_2 w_2^{1-\sigma} + n_0 w_0^{1-\sigma}] \tag{2.36}$$

并且，令 $S_{E_1} = \frac{E_1}{E_w}$，$S_{E_2} = \frac{E_2}{E_w}$，$S_{E_0} = \frac{E_0}{E_w}$，$S_{n_1} = \frac{n_1}{n_w}$，$S_{n_2} = \frac{n_2}{n_w}$，$S_{n_0} = \frac{n_0}{n_w}$ 。

$$R_1 = \mu w_1^{1-\sigma} \frac{E_w}{n_w}\left[\frac{S_{E_1}}{S_{n_1}w_1^{1-\sigma} + \theta S_{n_2}w_2^{1-\sigma} + \varphi S_{n_0}w_0^{1-\sigma}} + \frac{\theta S_{E_2}}{\theta S_{n_1}w_1^{1-\sigma} + S_{n_2}w_2^{1-\sigma} + \theta\varphi S_{n_0}w_0^{1-\sigma}} + \frac{\varphi S_{E_0}}{\varphi S_{n_1}w_1^{1-\sigma} + \theta\varphi S_{n_2}w_2^{1-\sigma} + S_{n_0}w_0^{1-\sigma}}\right] \quad (2.37)$$

同理，可以得到内陆地区和国外地区企业的收益表达式，分别为：

$$R_2 = \mu w_2^{1-\sigma} \frac{E_w}{n_w}\left[\frac{\theta S_{E_1}}{S_{n_1}w_1^{1-\sigma} + \theta S_{n_2}w_2^{1-\sigma} + \varphi S_{n_0}w_0^{1-\sigma}} + \frac{S_{E_2}}{\theta S_{n_1}w_1^{1-\sigma} + S_{n_2}w_2^{1-\sigma} + \theta\varphi S_{n_0}w_0^{1-\sigma}} + \frac{\theta\varphi S_{E_0}}{\varphi S_{n_1}w_1^{1-\sigma} + \theta\varphi S_{n_2}w_2^{1-\sigma} + S_{n_0}w_0^{1-\sigma}}\right] \quad (2.38)$$

$$R_0 = \mu w_0^{1-\sigma} \frac{E_w}{n_w}\left[\frac{\varphi S_{E_1}}{S_{n_1}w_1^{1-\sigma} + \theta S_{n_2}w_2^{1-\sigma} + \varphi S_{n_0}w_0^{1-\sigma}} + \frac{\theta\varphi S_{E_2}}{\theta S_{n_1}w_1^{1-\sigma} + S_{n_2}w_2^{1-\sigma} + \theta\varphi S_{n_0}w_0^{1-\sigma}} + \frac{S_{E_0}}{\varphi S_{n_1}w_1^{1-\sigma} + \theta\varphi S_{n_2}w_2^{1-\sigma} + S_{n_0}w_0^{1-\sigma}}\right] \quad (2.39)$$

令 $$B_1 = \frac{S_{E_1}}{S_{n_1}w_1^{1-\sigma} + \theta S_{n_2}w_2^{1-\sigma} + \varphi S_{n_0}w_0^{1-\sigma}} + \frac{\theta S_{E_2}}{\theta S_{n_1}w_1^{1-\sigma} + S_{n_2}w_2^{1-\sigma} + \theta\varphi S_{n_0}w_0^{1-\sigma}} + \frac{\varphi S_{E_0}}{\varphi S_{n_1}w_1^{1-\sigma} + \theta\varphi S_{n_2}w_2^{1-\sigma} + S_{n_0}w_0^{1-\sigma}} \quad (2.40)$$

$$B_2 = \frac{\theta S_{E_1}}{S_{n_1}w_1^{1-\sigma} + \theta S_{n_2}w_2^{1-\sigma} + \varphi S_{n_0}w_0^{1-\sigma}} + \frac{S_{E_2}}{\theta S_{n_1}w_1^{1-\sigma} + S_{n_2}w_2^{1-\sigma} + \theta\varphi S_{n_0}w_0^{1-\sigma}} + \frac{\theta\varphi S_{E_0}}{\varphi S_{n_1}w_1^{1-\sigma} + \theta\varphi S_{n_2}w_2^{1-\sigma} + S_{n_0}w_0^{1-\sigma}} \quad (2.41)$$

$$B_0 = \frac{\varphi S_{E_1}}{S_{n_1}w_1^{1-\sigma} + \theta S_{n_2}w_2^{1-\sigma} + \varphi S_{n_0}w_0^{1-\sigma}} + \frac{\theta\varphi S_{E_2}}{\theta S_{n_1}w_1^{1-\sigma} + S_{n_2}w_2^{1-\sigma} + \theta\varphi S_{n_0}w_0^{1-\sigma}} + \frac{S_{E_0}}{\varphi S_{n_1}w_1^{1-\sigma} + \theta\varphi S_{n_2}w_2^{1-\sigma} + S_{n_0}w_0^{1-\sigma}} \quad (2.42)$$

所以，$R_1 = \mu w_1^{1-\sigma}\frac{E_w}{n_w}B_1$，$R_2 = \mu w_2^{1-\sigma}\frac{E_w}{n_w}B_2$，$R_0 = \mu w_0^{1-\sigma}\frac{E_w}{n_w}B_0$。所以，工人的工资水平分别为：

$$w_1^{\sigma} = \mu\frac{E_w}{\sigma F n_w}B_1,\ w_2^{\sigma} = \mu\frac{E_w}{\sigma F n_w}B_2,\ w_0^{\sigma} = \mu\frac{E_w}{\sigma F n_w}B_0 \quad (2.44)$$

进而可以得到工人的实际工资水平的表达式：

$$\omega_1 = \frac{w_1}{G_1} = \frac{w_1}{P_{M_1}{}^{\mu} p_A{}^{1-\mu}} \tag{2.45}$$

$$\omega_2 = \frac{w_2}{G_2} = \frac{w_2}{P_{M_2}{}^{\mu} p_A{}^{1-\mu}} \tag{2.46}$$

$$\omega_0 = \frac{w_0}{G_0} = \frac{w_0}{P_{M_0}{}^{\mu} p_A{}^{1-\mu}} \tag{2.47}$$

c. 企业的相对市场规模

沿边地区的总支出（总收入）水平：$E_1 = w_{L_1}L_1 + w_1H_1 = w_{L_1}S_{L_1}L_w + w_1S_{H1}H_w$；

内陆地区的总支出（总收入）水平：$E_2 = w_{L_2}L_2 + w_2H_2$；

国外地区的总支出（总收入）水平：$E_0 = w_{L_0}L_0 + w_0H_0$；

加总得到整个经济系统的总支出水平：$E_w = w_LL_w + w_1H_1 + w_2H_2 + w_0H_0$；其中，$w_1H_1 + w_2H_2 + w_0H_0 = \mu E_w$；所以 $w_LL_w = (1-\mu)E_w$。

所以，$S_{E_1} = \frac{E_1}{E_w} = \frac{(w_{L_1}S_{L_1}L_w + w_1S_{H_1}H_w)(1-\mu)}{w_LL_w}$

$$\therefore S_{E_1} = (1-\mu)\left[S_{L_1} + \frac{w_1H_w}{w_LL_w}S_{H_1}\right] \tag{2.48}$$

$$S_{E_2} = (1-\mu)\left[S_{L_2} + \frac{w_2H_w}{w_LL_w}S_{H_2}\right] \tag{2.49}$$

$$S_{E_0} = (1-\mu)\left[S_{L_0} + \frac{w_0H_w}{w_LL_w}S_{H_0}\right] \tag{2.50}$$

从式（2.48）－（2.50）可以看出，各地区相对市场规模等于该地区农业劳动力禀赋和工业劳动力禀赋的加权平均值，权重为工人工资和农民工资；相对工业劳动力份额变化会导致相对市场规模的同向变动，其中相对工业劳动力份额变化又意味着企业空间分布变化。

2.2.3 长期均衡

1. 长期均衡条件及模型简化

短期时，工业劳动力的空间分布是固定的；而长期时，实际工资差异会导致工人在地区间流动。由于企业的同质性假定，每个企业使用相同的成本函数，雇佣相同数量的工人。因此，工人的空间分布决定了企业的空间分布。因为本书假设工人不能跨国界流动，但可以在区域间流动，所以工人的空间流动方程为：

$$\dot{s}_{H_1} = (\omega_1 - \omega_2) S_{H_1}(1 - S_{H_1}) \quad (2.51)$$

由上式可以看出，存在两类长期均衡解：(1)内点解($0 < S_{H_1} < 1$)，两个地区工人的实际工资水平相同($\omega_1 = \omega_2$)，享受的实际效用水平一致；(2)核心—边缘解($S_{H_1} = 0$ 或 $S_{H_1} = 1$)，工人的空间分布集中在一个地区。这里将不会发生工人空间流动的条件称为长期均衡条件。

为了方便后面的数值模拟，对模型进行简化处理。首先，假设 $a_A = 1$ ，即单位农产品产出投入为 1 单位农业劳动力，那么根据式(2.14)可以得到沿边地区、内陆地区和国外地区的农产品价格和农民工资水平均为 1，即 $p_{A_1} = p_{A_2} = p_{A_0} = p_A = w_{L_1} = w_{L_2} = w_{L_0} = w_L = 1$。

其次，假定每单位差异化工业品所需工业劳动力投入 $a_m = 1 - 1/\sigma$ ，所以可以得到不同地区企业在不同市场的售价分别为 $p_1 = w_1$，$p_{12} = tw_1$，$p_{10} = \tau w_1$；$p_2 = w_2$，$p_{21} = tw_2$，$p_{20} = t\tau w_2$；$p_0 = w_0$，$p_{01} = \tau w_0$，$p_{02} = t\tau w_0$ 。均衡时所有企业产出均为 $\bar{x} = \sigma F$ ，令 $F = \frac{1}{\sigma}$ ，$\bar{x} = 1$ 。那么，根据式(2.23)可以得到均衡时三个地区的企业数量等于其劳动力禀赋分别为 $n_1 = H_1$，$n_2 = H_2$，$n_0 = H_0$ ，$n_w = H_w$ 。所以，劳动力的空间分布等于产业的空间分布，即 $S_{H_1} = S_{n_1}$，$S_{H_2} = S_{n_2}$，$S_{H_0} = S_{n_0}$ 。

最后，假定两国的农业劳动力和工业劳动力禀赋相同，即 $H = H_0 = 1/2$，$H_w = H + H_0 = 1$，$L = L_0$，$L_w = L + L_0$ 。并假设农业劳动力在国内两地区均匀分布，即 $L_1 = L_2$ 。工业劳动力在地区间自由流动，沿边地区的工业劳动力份额为 α ，那么内陆地区的工业劳动力份额为 $1 - \alpha$ ，即 $H_1 = \alpha$，$H_2 = (1/2 - \alpha)$ 。那么，沿边地区和内陆地区农业劳动力份额是总劳动力禀赋的 1/4，国外地区的农业劳动力份额为 1/2，即 $S_{L_1} = \frac{L_1}{L_w} = \frac{1}{4} = S_{L_2}$，$S_{L_0} = \frac{1}{2}$ ；三地区的工业劳动力份额分别为：$S_{H_1} = \frac{H_1}{H_w} = \alpha$，$S_{H_2} = \frac{H_2}{H_w} = \frac{1}{2} - \alpha$，$S_{H_0} = \frac{H_0}{H_w} = \frac{1}{2}$ 。假设 $L_w = \frac{(1 - \mu)}{\mu}$ ，

$L = L_0 = \frac{(1-\mu)}{2\mu}$，$L_1 = L_2 = \frac{(1-\mu)}{4\mu}$，因为 $E_w = (w_L L_w)/(1-\mu)$，所以 $E_w = \frac{1}{\mu}$，$E = E_0 = \frac{1}{2\mu}$。

因此，得到简化的模型方程式如下：

$$S_{H_1} = \frac{H_1}{H_w} = \alpha \tag{2.52}$$

$$S_{H_2} = \frac{H_2}{H_w} = \frac{1}{2} - \alpha \tag{2.53}$$

$$S_{H_0} = \frac{H_0}{H_w} = \frac{1}{2} \tag{2.54}$$

$$S_{E_1} = \frac{(1-\mu)}{4} + \mu(1-\mu)S_{H_1}w_1 \tag{2.55}$$

$$S_{E_2} = \frac{(1-\mu)}{4} + \mu(1-\mu)S_{H_2}w_2 \tag{2.56}$$

$$S_{E_0} = \frac{(1-\mu)}{2} + \mu(1-\mu)S_{H_0}w_0 \tag{2.57}$$

$$w_1^{\sigma} = \frac{S_{E_1}}{S_{n_1}w_1^{1-\sigma} + \theta S_{n_2}w_2^{1-\sigma} + \varphi S_{n_0}w_0^{1-\sigma}} + \frac{\theta S_{E_2}}{\theta S_{n_1}w_1^{1-\sigma} + S_{n_2}w_2^{1-\sigma} + \theta\varphi S_{n_0}w_0^{1-\sigma}} + \frac{\varphi S_{E_0}}{\varphi S_{n_1}w_1^{1-\sigma} + \theta\varphi S_{n_2}w_2^{1-\sigma} + S_{n_0}w_0^{1-\sigma}} \tag{2.58}$$

$$w_2^{\sigma} = \frac{\theta S_{E_1}}{S_{n_1}w_1^{1-\sigma} + \theta S_{n_2}w_2^{1-\sigma} + \varphi S_{n_0}w_0^{1-\sigma}} + \frac{S_{E_2}}{\theta S_{n_1}w_1^{1-\sigma} + S_{n_2}w_2^{1-\sigma} + \theta\varphi S_{n_0}w_0^{1-\sigma}} + \frac{\theta\varphi S_{E_0}}{\varphi S_{n_1}w_1^{1-\sigma} + \theta\varphi S_{n_2}w_2^{1-\sigma} + S_{n_0}w_0^{1-\sigma}} \tag{2.59}$$

$$w_0^{\sigma} = \frac{\varphi S_{E_1}}{S_{n_1}w_1^{1-\sigma} + \theta S_{n_2}w_2^{1-\sigma} + \varphi S_{n_0}w_0^{1-\sigma}} + \frac{\theta\varphi S_{E_2}}{\theta S_{n_1}w_1^{1-\sigma} + S_{n_2}w_2^{1-\sigma} + \theta\varphi S_{n_0}w_0^{1-\sigma}} + \frac{S_{E_0}}{\varphi S_{n_1}w_1^{1-\sigma} + \theta\varphi S_{n_2}w_2^{1-\sigma} + S_{n_0}w_0^{1-\sigma}} \tag{2.60}$$

$$P_{M_1}^{1-\sigma} = [S_{n_1}w_1^{1-\sigma} + \theta S_{n_2}w_2^{1-\sigma} + \varphi S_{n_0}w_0^{1-\sigma}] \tag{2.61}$$

$$P_{M_2}^{1-\sigma} = [\theta S_{n_1} w_1^{1-\sigma} + S_{n_2} w_2^{1-\sigma} + \theta\varphi S_{n_0} w_0^{1-\sigma}] \tag{2.62}$$

$$P_{M_0}^{1-\sigma} = [\varphi S_{n_1} w_1^{1-\sigma} + \theta\varphi S_{n_2} w_2^{1-\sigma} + S_{n_0} w_0^{1-\sigma}] \tag{2.63}$$

$$\omega_1 = \frac{w_1}{G_1} = \frac{w_1}{{P_{M_1}}^{\mu} {p_A}^{1-\mu}} = \frac{w_1}{{P_{M_1}}^{\mu}} \tag{2.64}$$

$$\omega_2 = \frac{w_2}{G_2} = \frac{w_2}{{P_{M_2}}^{\mu} {p_A}^{1-\mu}} = \frac{w_2}{{P_{M_2}}^{\mu}} \tag{2.65}$$

$$\omega_0 = \frac{w_0}{G_0} = \frac{w_0}{{P_{M_0}}^{\mu} {p_A}^{1-\mu}} = \frac{w_0}{{P_{M_0}}^{\mu}} \tag{2.66}$$

由于方程组(2.52) - (2.66)的非线性性特征，无法确切地解析出显性解。因此，本章借助于计算机数值模拟技术，通过对 μ 、σ 、t、τ 参数赋值①，运用迭代法计算出各地区工人实际工资水平，并分析运输成本和市场规模影响企业长期区位和集聚，进而影响沿边地区空间结构重塑的机制。

2. 交易成本与企业长期区位

(1) 区际交易成本降低的影响

改革开放以来，区域间国内市场一体化程度大幅度提升（刘瑞明，2012[108]）。但相对而言，我国大部分沿边地区交通基础设施水平仍然较为薄弱，以及高速公路的高收费，所以省际的市场分割不可忽略。本章首先在国内市场完全分割条件下，研究沿边开放对企业区位长期均衡区位的影响。此时国内区际交易成本 t 非常大，以至于可能就没有区际贸易。数值模拟结果显示，完全市场分割下，经济体始终存在唯一长期稳定的近似对称均衡结构，但随着沿边开放程度的加深（国际贸易成本降低），稳定均衡点向右移动，沿边地区均衡时企业份额逐渐增加（见图 2 - 2）。

---

① 模拟时令参数 $\sigma = 5(\rho = 0.8)$，$\mu = 0.4$，$\mu < 0.5$ 可以保证消费者对制成品的需求足够小，使得所有工业企业均能聚集到一个地区，并根据实际对外贸易中企业出口规模占总产出的平均比重，将国外企业份额固定为 0.4。

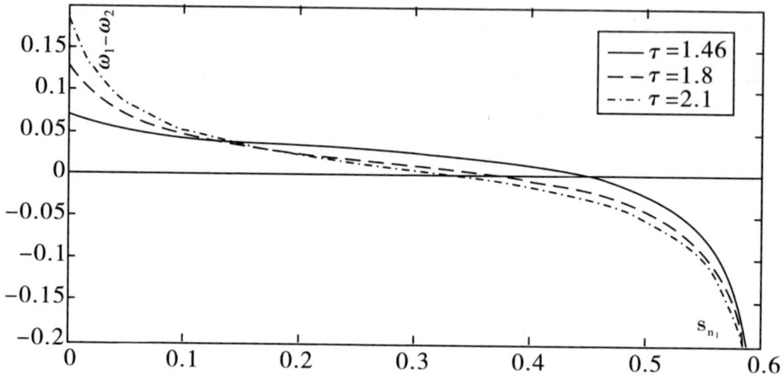

图 2-2　完全市场分割与企业区位(t = 18)

进一步探讨在不同区际交易成本下($t=1.1$，1.46，1.8，2.1)，沿边开放程度加深对企业区位的影响。数值模拟结果显示，当区际交易成本相对较低的情况下($t=1.1$ 或 $t=1.46$)，企业区位与实际工资差距始终呈现单调递增关系，沿边地区实际工资越高，越有利于该地区的企业空间集聚，并且沿边开放程度越高，越容易形成以沿边地区为核心的核心—边缘结构。当区际交易成本相对较高时，国际贸易成本增加会使企业在区域间分散分布。

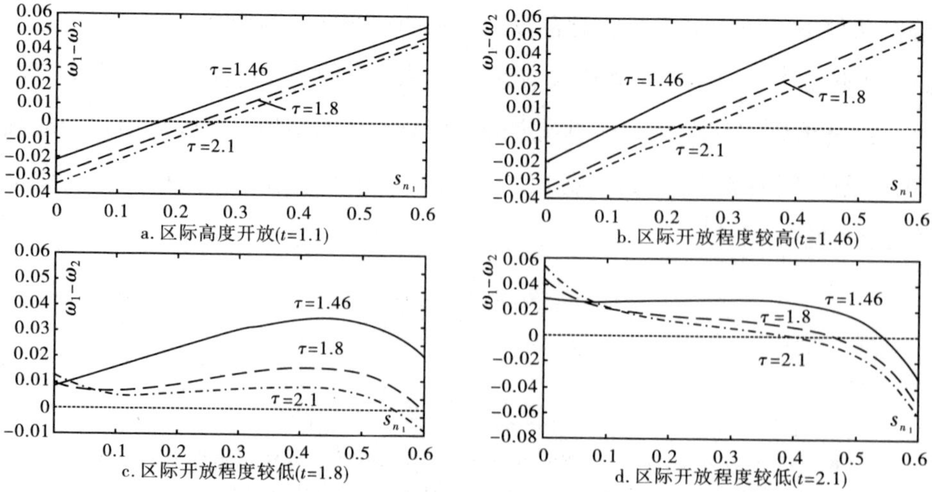

图 2-3　区际开放与企业区位

(2)国际交易成本降低的影响

当经济体相对封闭时，国外地区的生产活动不会对国内地区的产业的空间分布产生影响。所以，首先探讨封闭经济条件下，区际交易成本降低对企业长期区位和集聚的影响。数值模拟结果显示，当区际交易成本很高时，经济体存在一个长期稳定的对称均衡结构；但随着区际交易成本的降低，经济体由对称均衡结构转变为长期稳定的核心—边缘结构，在对称均衡处，一旦受到政策冲击，制造业企业就会向政策实施地迁移，而且这种迁移的趋势会被进一步强化，最后形成以政策实施地为核心的长期稳定的核心—边缘结构。这种转变是基于需求关联的本地市场效应和基于供给关联的价格指数效应两种关联效应作用的结果。一方面，就本地市场效应而言，一个地区的制造业企业越多，相对消费市场需求就越大，企业利润空间就随之增加，进一步增强了对新企业的吸引力(后向关联)；另一方面，就价格指数效应而言，一个地区制造业企业越多，当地生产的制成品种类就越多，导致制成品价格指数降低(前向关联)，工人的实际工资水平提高，进而增强对新企业吸引力。

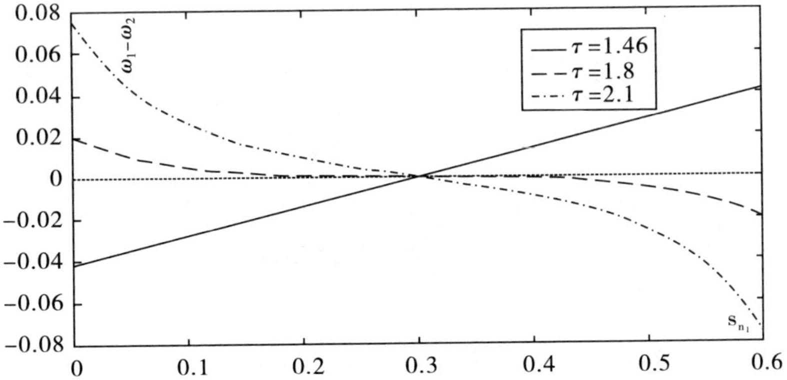

图 2－4　封闭经济中的企业区位选择(τ ＝ 18)

其次，考察不同沿边开放程度下(τ ＝ 1.1 , 1.46 , 1.8 , 2.1)，区际交易成本降低对企业区位的影响。模拟结果显示，当沿边地区高度开放时，即当 τ 的取值为 1.1 时，沿边地区的工人实际工资始终要高于内陆地区，存在唯一稳定的核心—边缘结构。当沿边开放程度相对较高时（τ = 1.46），区际交易成本也相对较低时，只要沿边地区企业份额略高于0.13，企业就会不断向沿边地区涌入，直至形成稳定的核心—边缘结构。当沿边开放水平相对较低时（τ = 1.8），如果此时区际交易成本也相对较低，只要沿边地区的企业份额略高于0.2，就会形成稳定的核心—边缘结构。当国际贸易成本进一步提高（τ = 2.1），此时企业区位的长期均衡结构有点类似封闭经济体的长期均衡结构。所以，随着沿边开放及区际开放程度的加深，沿边地区就形成较强的要素聚集力，导致生产要素及企业向该地区集聚，使得一向处于区位劣势的沿边地区容易形成我国对外贸易及生产的中心。

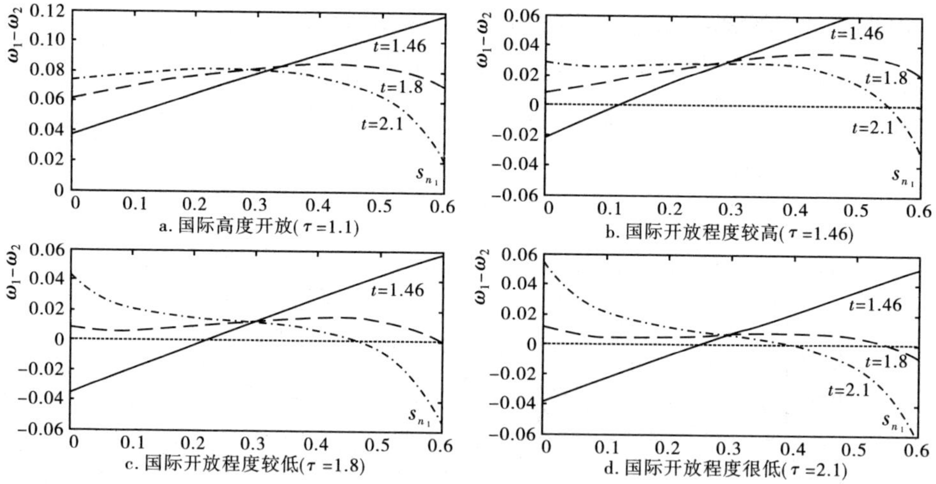

图2－5　沿边开放与企业区位

综合上述数值模拟分析的结果，可以得到如下的研究结论：

命题1：当沿边地区经济相对封闭时，地区间市场分割会导致生产活动的分散分布，不利于生产活动的空间集聚；区际开放或沿边开放程度越高，越有利于生产活动空间集聚，以及空间经济结构重塑。

命题2：随着区际开放程度的加深，沿边开放更容易形成沿边地区生产活动的空间聚集，即区际开放与沿边开放之间存在明显的交互效应。

命题 3：交通基础越完善，区际交易成本越低，越有利于企业区位选址；交通基础设施的互联互通使得沿边开放容易吸引新企业到沿边地区选址落户；交通基础设施与区际开放和沿边开放之间存在明显的交互效应。

3. 市场规模与企业区位

(1)本地市场效应与价格指数效应

市场规模与企业区位之间相互作用主要在于“本地市场效应”的作用。生产活动空间分布的变化会引起区域相对消费支出规模的同向变化，而区域相对消费支出的变化也会导致生产活动的进一步集中。沿边地区企业收益表达式(2.37)和沿边地区市场规模表达式(2.48)可以解释接近市场聚集力的自我强化效应，以及区域相对市场规模与相对产业份额之间的相互作用。在对称均衡处，如果发生劳动力从内陆向沿边地区转移，就会导致沿边地区市场规模的扩大，而内陆地区市场规模就会缩小，这是因为通常假设工人劳动收入在工作地支出。在同质性企业的假设下，即每个企业拥有相同的生产效率和边际成本，当存在区域间交易成本时，任何企业都会倾向于选址在市场需求较大的地区进行生产，因此，生产活动的转移会导致劳动力转移，劳动力转移又会导致消费支出转移，而消费支出转移又进一步促进了企业生产活动转移。这是一个在本地市场效应作用下的自我强化的过程，企业从内陆地区向沿边地区转移，使得沿边地区劳动力供给能力增强，进一步刺激消费需求。此时，假设工人劳动力工资不变，那么沿边地区生产扩大的规模必须大于消费支出转移的规模，也就是说相对产业份额增加幅度必须超过相对市场规模增加的幅度，才能满足企业短期均衡时的零利润条件，这就是式(2.48)所反映的本地市场效应结果。这种由本地市场效应引致的循环累积效应，也被称为需求关联的循环累积因果关系(后向联系)。这里“循环累积”是指劳动力转移导致消费支出转移，使得企业利润空间增加，进而导致生产活动转移，生产活动转移导致区域对劳动力需求超过本地劳动力供给能力，所以又进一步刺激劳动力向该地区转移。

由式 2.12、2.13、2.23 和 2.51 可以解释导致企业长期区位的另一种聚集力，即基于成本关联的生活成本效应。在对称均衡处，如果发生了人口从内陆地区向沿边地区的转移，那么沿边地区的劳动力供给增加，内陆地区劳动力供给就降低。在市场出清条件下，由式 2.23 可以看出，伴随着劳动力的转移，沿边地区企业生产的差异化工业品种类增加，相对产业份额随之提高。由式 2.12 给出的完全价格指数方程，企业生产的产品种类增加将导致价格指数大幅度下降使得沿边地区消费者的生活成本降低，并且产品差异性越大，价格指数下降的幅度越大，生活成本下降的幅度也就越大，所以相对内陆地区而言，沿边地区工人实际工资就相对提高了，这就促使劳动力进一步向沿边地区聚集，劳动力相对份额变化也就意味产业相对份额的变化，进一步提高了沿边地区企业生产产品种类的份额。这种机制也被称为成本关联的循环累积效应，是劳动力转移导致生产活动转移，生产活动转移导致产品种类增加，使得消费者完全价格指数下降，工人实际工资水平相对提高，这又进一步刺激了劳动力转移，也被称为“前向联系”机制。

(2)交易成本与市场规模之间的交互效应

首先，探讨区际交易成本降低对本地市场效应发挥的影响，包括区际交易成本对市场规模的调节作用。图 2-6 描述了在不同市场规模和国际交易成本下，区际交易成本降低(区际贸易自由度提高)对企业区位和集聚的影响；其中，x 轴为区际贸易自由度，y 轴为沿边地区与内陆地区工人实际工资差距，度量的是劳动力或企业向沿边地区聚集的倾向。当 $\omega_1 - \omega_2 > 0$，且斜率为正时，当前产业分布模式不稳定，将发生人口向边缘地区转移的趋势，使得市场规模不断扩大；当 $\omega_1 - \omega_2 > 0$，且斜率为负时，随着贸易自由度的提高，实际工资差距越来越小；当 $\omega_1 - \omega_2 = 0$ 时，对应贸易自由度是维持该产业分布模式的最低贸易自由度。从图 2-6 模拟的结果可以看出，国际贸易成本越低，越有利于沿边地区空间结构重塑；沿边地区市场规模与生产活动的空间集聚力呈现先上升后下降的非线性关系。

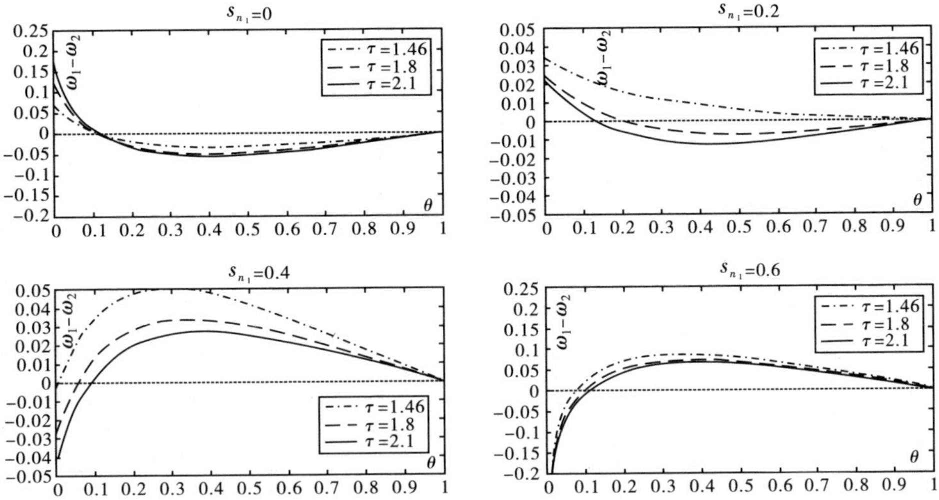

图 2－6　区际开放、市场规模与企业区位

进一步探讨国际交易成本降低对本地市场效应的影响，包括国际交易成本对市场规模的调节作用。图 2－7 呈现了在不同市场规模和区际交易成本下，国际交易成本降低(国际贸易自由度提高)对企业区位和集聚的影响；其中，x 轴为国际贸易自由度，y 轴为沿边地区和内陆地区工人实际工资差距，度量的是劳动力或企业向沿边地区聚集的倾向。从图 2－7 模拟的结果可以看出，区际交易成本越低，越有利于沿边地区空间结构重塑；随着区际交易成本相对较低时市场规模的扩大，沿边地区空间结构重塑的国际贸易自由度均衡点向左移动，即沿边地区的对生产活动的空间聚集力逐渐增强；而在区际交易成本相对较高的情况下，随着市场规模的扩大，沿边地区空间结构重塑的国际贸易自由度均衡点向右移动，沿边地区的对生产活动的空间聚集力则逐渐降低。

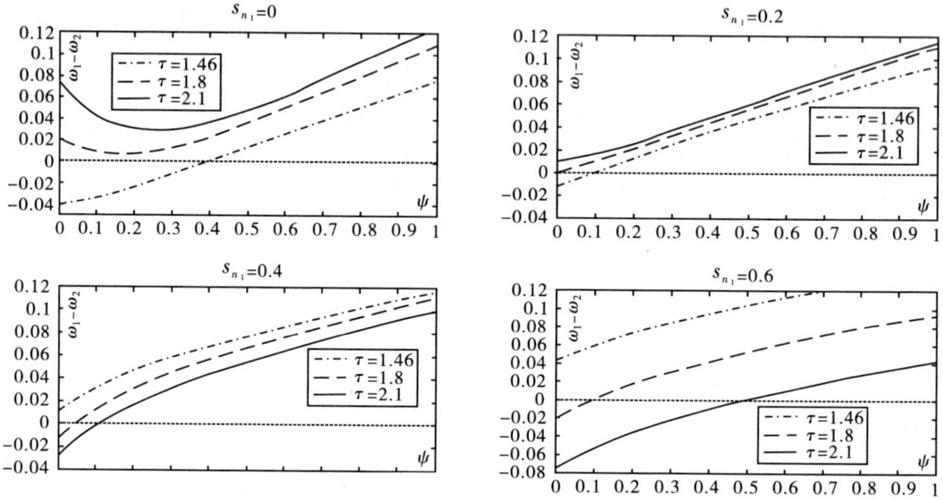

图 2－7　沿边开放、市场规模与企业区位

综合上述数值模拟分析的结果，得到如下的研究命题：

命题 4：市场规模与生产活动的空间集聚力呈现先上升后下降的非线性关系；市场规模大不一定有利于沿边地区空间结构重塑，这取决于聚集力和分散力之间的权衡。

命题 5：区际和国际交易成本与市场规模之间均存在明显的交互效应；并且，随着交易成本的降低，会从替代效应向互补效应转变。

这里区际交易成本降低反映的是区际开放程度的提高，综合反映在区域间交通基础设施网络、区域间人口、商品和资本流通程度等方面。而国际交易成本的降低则反映的是沿边开放程度的提高，会促进国外市场规模扩大。

2.2.4　稳定性分析

1. 突破点

对称均衡分布被打破时的贸易自由度临界值被称为突破点，表达式为：$\frac{d(\omega_1-\omega_2)}{dS_{n_1}}|_{sym}=0$。

如果在对称分布的长期均衡点，实际工资差异对 S_{n_1} 的导数为负，经济系统内存在负反馈机制，对称分布是稳定的；如果该导数为正，则经济系统存在正反馈机制，对称分布不稳定；当该导数等于 0 时，则达到对称分布被打破的临界点。因此，先假设经济体处于对称分布的长期均衡点，即 $S_{n_1} = S_{n_2} = 0.3$，$S_{n_0} = 0.4$，$w_0 = w_1 = w_2 = 1$；然后，根据长期均衡方程组，应用 Mablab14.0a 软件对边缘地区产业份额 S_{n_1} 求导，得到 $\omega_1 - \omega_2$ 与 S_{n_1} 的一阶导数；最后，模拟区际贸易自由度 θ、国际贸易自由度 φ 与 $\omega_1 - \omega_2$ 和 S_{n_1} 的一阶导数 $\frac{d(\omega_1 - \omega_2)}{dS_{n_1}}$ 曲线①。当 $\frac{d(\omega_1 - \omega_2)}{dS_{n_1}} > 0$ 时，对称均衡不稳定；当 $\frac{d(\omega_1 - \omega_2)}{dS_{n_1}} = 0$ 时，对称均衡分布是稳定的；当 $\frac{d(\omega_1 - \omega_2)}{dS_{n_1}} = 0$ 时，图 2－8 标出的 $\varphi(B)$ 和 $\theta(B)$ 分别为突破点对应的国际贸易自由度和区际贸易自由度。从图 2－8 可看出，随着区际交易成本的降低，对称分布被打破的临界点向左移动，突破点的国际贸易自由度降低；同理，随着国际贸易成本的降低，对称均衡的突破点向左移动，突破点所需的区际贸易自由度逐渐降低。

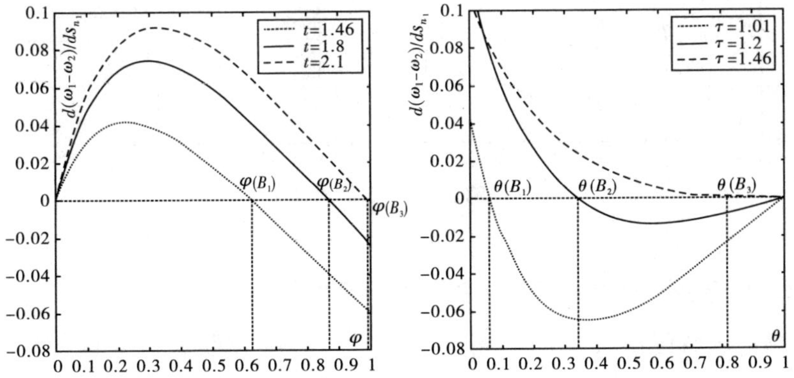

图 2－8　突破点

① 模拟突变点和支撑点曲线时，同前面一样，假设满足非黑洞条件，即 $\mu < \rho$，模拟时取 $\mu = 0.4$，$\rho = 0.8(\sigma = 5)$。

2. 支撑点

集聚一旦形成，就会持续存在，当已形成的集聚无法再持续的贸易自由度临界值被称为持续点。假设经济体处于中心—外围的长期均衡结构，模拟维持这种中心—外围的支撑点（如图2－9所示）；左图横坐标为区际贸易自由度 θ ，右图横坐标为国际贸易自由度 φ ，图中标出的 $\varphi(S)$ 和 $\theta(S)$ 分别为支撑点对应的国际贸易自由度和区际贸易自由度。当 $\omega_1 - \omega_2 > 0$ 时，核心—边缘结构是稳定的；而 $\omega_1 - \omega_2 < 0$ 时，核心—边缘结构会被打破，最终形成稳定的对称均衡结构；当 $\omega_1 - \omega_2 = 0$ 时，是维持中心—外围结构的最低贸易自由度。从图2－9可以看出，随着国际贸易成本的降低，维持中心－外围结构的区际贸易自由度取值范围逐渐增大；然而，随着区际交易成本的降低，支撑中心—外围结构的最低国际贸易自由度均衡点向右移动，最低国际贸易自由度增加。

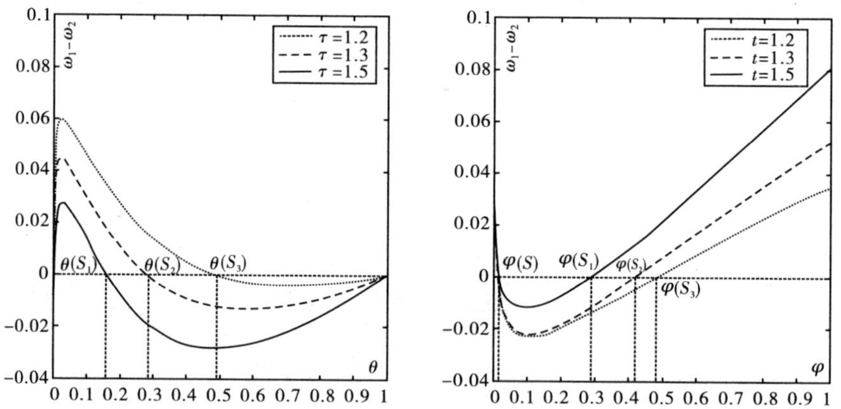

图2－9　支撑点

根据对模型稳定性分析的结果得到如下命题：

命题6：区域经济的空间结构存在惯性，即存在明显企业区位的"锁定效应"。

2.3　市场规模与企业生产率：LS模型的扩展

进一步将LS模型扩展至两国三地区，假设资本可以在地区间流动，以此揭示交易成本、市场规模与企业生产率提升之间的作用机制，并考虑两者的交互效应的影响。

2. 3. 1　基本假设

与 CP 模型扩展的基本假设不同的是，LS 模型扩展假设存在三部门(农业部门 A、工业部门 M 和资本创造部门 I)。工业部门使用两种要素(资本 K 和劳动力 L)，生产每种差异化工业品使用 1 单位固定资本投入，所以地区资本总量就是该地区企业总数；生产 1 单位差异化工业品的可变成本投入为 a_m 单位劳动，劳动力工资用 w 表示；假设初始时两国劳动禀赋一样，本国内部劳动力在两区域均匀分布。新资本形成依靠的是完全竞争的资本创造部门，劳动力作为形成新资本的投入要素。新创造的资本一方面用于弥补资本折旧，资本折旧率为 δ；另一方面用于资本积累促进经济长期增长。假设资本可以地区间流动，生产活动转移，即资本转移，受制于资本回报率、资本形成效率(或称企业生产率)和经济长期增长率。

1. 企业生产率决定方程

资本创造部门在完全竞争市场结构下，可以通过创造新资本来弥补资本折旧和资本积累促进经济长期增长。新资本形成的成本函数为 $F_i = w_i a_{I_i}$；其中，w_i 表示劳动力工资；a_{I_i} 表示地区 i 创新部门 I 生产 1 单位新资本(物质资本和专利)的劳动需求，受学习曲线的约束，即创造单位资本所需的劳动量随着资本积累增加和生产效率提升而减少(学习效应)；$a_{I_i} = 1/(A_i K_W), i = 0,1,2$，$A_i$ 表示 i 地区企业资本形成效率(企业生产率)，A_i 越大，新资本形成成本就越低；K_W 表示世界资本存量，世界资本存量等于两国资本存量之和，即 $K_W = K_0 + K_R$，本国资本 $K_R = K_W = K_1 + K_2$；那么，区域 i 的资本禀赋用 S_{Ki} 表示，即 $S_{Ki} = K_i/K_W$。

假设企业生产率 A_i 取决于本地区的资本禀赋条件(或称为本地原始资本积累情况)和技术溢出的难易程度(或接受新技术的能力)，即资本积累越多，接受新技术能力越强，企业生产率越高。设定区域 i 企业生产率表达式为：

$$A_i = s_{Ki} + \gamma(s_{Kj} + s_{Kf}), i \neq j \neq f = 0,1,2 \tag{2.67}$$

其中，γ 表示技术溢出难易程度（或新技术接受的难易程度），γ 越大，技术溢出越容易；假设 γ 是个常数，$\gamma \in [0,1]$，$\gamma = 1$ 技术完全自由传播，$\gamma = 0$ 技术不能传播。所以，沿边地区资本形成成本函数为：$A_1 = s_{K_1} + \gamma(s_{K_2} + s_{K_0})$。

2. 跨期效用函数与支出

假设消费者拥有相同的效用函数，效用函数仍由 C－D 函数和不变替代弹性函数给出，不同的是消费者是通过最优跨期决策来实现效用最大化，并假设消费者跨期替代弹性为 1。所以，代表性消费者的效用函数表达式为：

$$U = \int_{t=0}^{\infty} e^{-\rho t} ln(C_M^{\mu} C_A^{1-\mu}) dt \text{ , } C_M = \left[\int_{i=0}^{n^w} c_i^{\frac{\sigma-1}{\sigma}} di\right]^{\frac{\sigma}{(\sigma-1)}} \tag{2.68}$$

式中，ρ 为消费者的时间偏好率（效用折现率），C_M 和 C_A 分别表示工业品的消费总量和农产品的消费总量。当跨期支出的边际成本等于边际收益，为代表性消费者最优跨期决策，即 $\frac{\dot{E}}{E} + \rho = r$；其中，等式左边为跨期支出的边际成本，等于边际效用随时间递减的减少量 $\frac{\dot{E}}{E}$ 及其随时间递减速率 ρ 的和，等式右边为边际收益，等于持有有价证券的利率 r。短期均衡时，消费者实现效用最大化。设定 t 期消费者预算约束条件为：

$$\int_{i=0}^{n^w} p_i c_i di + p_A C_A = E(t) \tag{2.69}$$

其中，E 为消费者总支出，p_A 表示农产品价格，p_i 表示第 i 种差异化工业品的价格。

2.3.2 短期均衡

短期均衡条件下，地区资本存量是给定的，当市场完全出清时，消费者实现效用最大化，而企业实现利润最大化。

1. 消费短期均衡

联立消费者的效用函数和消费预算约束，经过处理可得消费者需求函数

$$c_i = \mu E \frac{p_i^{-\sigma}}{P_M^{1-\sigma}} \text{ , } P_M = \left[\int_{i=0}^{n^w} p_i^{1-\sigma} di\right]^{\frac{1}{1-\sigma}} \tag{2.70}$$

其中，P_M 为工业品综合价格指数。可以看出，工业品综合价格指数对工业品种类的敏感程度取决于不同种类工业品之间的替代弹性 σ ，σ 越小，产品种类增加导致工业品价格指数下降程度越大。产品种类增加，表示新产品进入市场，会加剧产品市场竞争强度，导致消费者对原有各种工业品的需求曲线向下移动，并使得这些产品的销售量下降，除非此时这些企业发生技术突破。

2. 生产短期均衡

假设企业进行国内贸易和国际贸易存在运输成本 $t(t \geqslant 1)$ 和通关成本 $\tau(\tau \geqslant 1)$ 两种类型成本，均遵循冰山交易技术；运输成本受制于区际交通运输条件，通关成本与贸易便利化程度有关。出口导向型开发区一般设立在沿海、沿边等地区。为了简化分析，假设区内企业参与国际贸易的交易成本仅有通关成本，而非开发区内的企业参与国际贸易的交易成本由区际的运输成本和通关成本两个部分构成，等于运输成本 t 和通关成本 τ 的乘积，一般高于区内企业参与国际贸易的交易成本。

为不失一般性，假设农业部门在完全竞争市场结构下生产和销售，规模报酬不变，劳动为唯一投入要素，且农产品贸易不存在交易成本。为了简化模型，假设均衡时农产品价格 $p_{A_1} = p_{A_2} = p_{A_0} = p_A = w_1 = w_2 = w_0 = 1$ 。假设工业部门是在垄断竞争市场结构下生产和销售，规模报酬递增，且每个工业企业只生产 1 种差异化工业品。工业部门，产品生产函数为 $y = k + wa_m$ ，即每单位工业品生产需要 1 单位资本的固定投入和 a_m 单位劳动的可变成本。工业部门产品定价是根据交易成本实行差异化定价原则。假设均衡时不同地区企业生产的工业品的出产价格相等，即 $p_{11} = p_{22} = p_{00} = 1$ ，那么在其他市场售价则是根据交易成本进行差别定价，分别为 $p_{12} = p_{21} = t$，$p_{01} = p_{10} = \tau$，$p_{20} = p_{02} = t\tau$ 。

本节放宽了 LS 模型中资本短期不可以流动的假设，假设资本可以在开发区和非开发区间自由流动，且受制于资本回报率和经济长期增长率。这是因为企业进入开发区进行生产和贸易会伴随着资本流动，并产生技术的溢出效应。短期均衡时，企业经营利润等于资本收益率，均衡时，开放经济体中各区域的资本收益率分别为：

$$\pi_1 = bB_1\frac{E_W}{K_W},\ \pi_2 = bB_2\frac{E_W}{K_W},\ \pi_0 = bB_0\frac{E_W}{K_W},\ b = \frac{\mu}{\sigma} \tag{2.71}$$

其中，$B_1 = \frac{S_{E_1}}{\Delta_1} + \theta\frac{S_{E_2}}{\Delta_2} + \varphi\frac{S_{E_0}}{\Delta_0}$，$B_2 = \theta\frac{S_{E_1}}{\Delta_1} + \frac{S_{E_2}}{\Delta_2} + \theta\varphi\frac{S_{E_0}}{\Delta_0}$，$B_0 = \varphi\frac{S_{E_1}}{\Delta_1} + \theta\varphi\frac{S_{E_2}}{\Delta_2} + \frac{S_{E_0}}{\Delta_0}$；$\Delta_1 = S_{n_1} + \theta S_{n_2} + \varphi S_{n_0}$，$\Delta_2 = \theta S_{n_1} + S_{n_2} + \theta\varphi S_{n_0}$，$\Delta_0 = \varphi S_{n_1} + \theta\varphi S_{n_2} + S_{n_0}$；$\varphi = \tau^{1-\sigma}$ 表示国际贸易自由度，$\theta = t^{1-\sigma}$ 表示区际贸易自由度，$(\theta,\varphi) \in [0,1]$；$E_W$ 和 K_W 分别为世界总支出和世界资本总量。$S_{n_i} = \frac{n_i}{n_W}$，$S_{K_i} = \frac{K_i}{K_W}$，$i=0,\ 1,\ 2$；因为前文假定了资本跨地区流动，并且一国资本存量等于企业数量，即 $S_{n_R} = S_{K_R}, S_{n_0} = S_{K_0}$；此外，两国具有相同的利率水平。

因为整个经济体的总支出等于要素的总收入减去在新资本上的支出，所以，整个经济系统的总支出表达式为 $E_W = [L_W - (g+\delta)K_W a_I]/(1-b)$。那么可以得到沿边、内陆及国外地区的总支出表达式分别为：

$$E_1 = S_{L_1}L_W + S_{K_1}bB_1E_W - (g+\delta)K_1a_{I_1} \tag{2.72}$$

$$E_2 = S_{L_2}L_W + S_{K_2}bB_2E_W - (g+\delta)K_2a_{I_2} \tag{2.73}$$

$$E_0 = S_{L_0}L_W + S_{K_0}bB_0E_W - (g+\delta)K_0a_{I_0} \tag{2.74}$$

将上述三个地区的总支出加总①可以得到整个经济系统的总支出为

$$\begin{aligned} E_W &= L_W + bE_W - (g+\delta)(K_1a_{I_1} + K_2a_{I_2} + K_0a_{I_0}) \\ &= \frac{L_W - (g+\delta)(\frac{S_{K_1}}{A_1} + \frac{S_{K_2}}{A_2} + \frac{S_{K_0}}{A_0})}{1-b} \end{aligned} \tag{2.75}$$

所以，沿边、内陆及国外地区的相对市场规模分别可以表示为：$S_{E_1} = \frac{E_1}{E_W}$，$S_{E_2} = \frac{E_2}{E_W}$，$S_{E_0} = \frac{E_0}{E_W}$。

---

① $S_{L_1} + S_{L_2} + S_{L_0} = 1$；$S_{K_1}B_1 + S_{K_2}B_2 + S_{K_0}B_0 = 1$。

2.3.3　长期均衡

1. 长期均衡条件及区位

长期均衡时，资本可以跨区域流动，以追逐更高的投资回报率。资本流动意味着生产活动的转移，而资本在地区间流动性强弱取决于地区间资本回报率差异，当区际投资回报率相等时，资本则不再流动。假设国内工业品总数 n_R 等于国内两地区工业品种类数量之和，即 $n_R = n_1 + n_2$；同理，世界工业品总量 n_W 等于两国工业品总量之和，即 $n_W = n_0 + n_R$。那么，产业空间分布系数 S_{n_i} 就可以表示为 $\frac{n_i}{n_W}$（i = 0，1，2）。长期资本空间流动（产业空间分布）方程为：

$$\dot{s}_{n_R} = (\pi_R - \pi_0) S_{n_R}(1 - S_{n_R}) \tag{2.76}$$

在长期，产业空间分布可能存在多重均衡：$\pi_R = \pi_0$ 可得到的内点解和 $S_{n_R} = 0$ 或 $S_{n_0} = 1$ 得到的两个解。由 $\pi_R = \pi_0$，$\pi_1 = \pi_2$，可以求解得到相对市场规模和产业空间分布之间的关系式（nn 曲线）：

$$S_{n_1} = \frac{(1 + \varphi) + (\varphi - \theta) S_{E_2} - \varphi(1 - \theta)}{(1 - \varphi) * (1 - \theta)} \tag{2.77}$$

$$S_{n_2} = \frac{\theta(1 + \varphi) S_{E_1} + (\varphi\theta - 1) S_{E_2}}{(\varphi\theta - 1) * (\theta - 1)} \tag{2.78}$$

因为每个企业只生产 1 种差异化工业品，而每单位工业品的生产需要 1 单位资本投入，所以产业空间分布系数 S_{n_i} 等于该地区资本禀赋 S_{K_i}。两国通过资本折旧和资本创造来改变资本存量的相对份额，新资本创造效率（企业生产率）会影响资本的空间分布。长期均衡时，每个地区的资本收益率相同，资本价值 V 等于资本创造成本 F，它们之间的比率等于托宾 q 值，此时托宾 q 值等于 1（$q = V/F$）。其中，资本价值 $v_i = \frac{\pi_i}{\rho + \delta + g}$，资本创造成本 $F_i = \frac{1}{A_i K_W}$，$i = 1,2,0$。长期均衡时，资本收益率相等，即 $\pi_i = b\frac{E_W}{K_W}$。所以，长期均衡时各地区相对市场规模为：

$$E_i = L_i + (\rho + g + \delta) F_i K_i - (g + \delta) F_i K_i = L_i + \rho F_i K_i = \frac{L_W}{3} + \rho \frac{S_{K_i}}{A_i} \quad (2.79)$$

$$S_{Ei} = \frac{\frac{L_W}{3} + \rho \frac{S_{K_i}}{A_i}}{L_W + \rho \sum \frac{S_{K_i}}{A_i}}, i = 0,1,2 \quad (2.80)$$

将式(2.80)的相对市场规模表达式代入式(2.77)和式(2.78)(nn 曲线),可以得到产业空间分布与资本空间分布的关系式:

$$S_{n_1} = \frac{(1+\varphi)\left(\frac{L_W}{3} + \frac{\rho S_{K_1}}{S_{K_1} - \gamma(S_{K_1} - 1)}\right) + (\varphi - \theta)\left(\frac{L_W}{3} + \frac{\rho S_{K_2}}{S_{K_2} - \gamma(S_{K_2} - 1)}\right) - \varphi(1 - \theta)}{(\varphi - 1)(\theta - 1)\left[L_W + \rho\left(\frac{S_{K_1}}{S_{K_1} - \gamma(S_{K_1} - 1)} + \frac{S_{K_2}}{S_{K_2} - \gamma(S_{K_2} - 1)} + \frac{S_{K_0}}{S_{K_0} - \gamma(S_{K_1} + S_{K_2})}\right)\right]} \quad (2.81)$$

$$S_{n_2} = \frac{\theta(1+\varphi)\left(\frac{L_W}{3} + \frac{\rho S_{K_1}}{S_{K_1} - \gamma(S_{K_1} - 1)}\right) + (\varphi\theta - 1)\left(\frac{L_W}{3} + \frac{\rho S_{K_2}}{S_{K_2} - \gamma(S_{K_2} - 1)}\right)}{(\varphi\theta - 1)(\theta - 1)\left[L_W + \rho\left(\frac{S_{K_1}}{S_{K_1} - \gamma(S_{K_1} - 1)} + \frac{S_{K_2}}{S_{K_2} - \gamma(S_{K_2} - 1)} + \frac{S_{K_0}}{S_{K_0} - \gamma(S_{K_1} + S_{K_2})}\right)\right]} \quad (2.82)$$

2. 长期均衡生产率

两国通过资本折旧和资本形成来改变资本存量的相对份额,新资本创造效率(企业生产率)会影响资本的空间分布。假设两国资本增长率分别为 g_R 和 g_0,长期均衡时,每个地区的资本回报率相同,长期资本价值等于资本创造成本,它们之间的比率等于托宾 q 值,此时托宾 q 值等于 1,即 $q_R = \frac{V_R}{F_R} = 1$,$q_0 = \frac{V_0}{F_0} = 1$,$0 < S_{K_R} < 1$ 或 $q_R = 1$,$q_0 < 1$,$S_{K_R} = 1$。可以得到长期资本份额转移方程为:

$$\dot{s}_{K_R} = (g_R - g_0) S_{K_R} (1 - S_{K_R}) \quad (2.83)$$

其中,$v_i = \frac{\pi_i}{\rho + \delta + g}$,$F_i = \frac{1}{A_i K_W}$,$i = 1,2,0$;长期均衡时,资本收益率相等,即 $\pi_i = b\frac{E_W}{K_W}$。可以计算得到资本积累增长率,并由此比较不同经济体长期均衡结构下企业资本创造效率。均衡时资本积累增长率为:

$$g = \frac{(b-1)(\delta + \rho) + bA_1\left[L_W - \delta\left(\frac{S_{K_1}}{A_1} + \frac{S_{K_2}}{A_2} + \frac{S_{K_0}}{A_0}\right)\right]}{bA_1\left(\frac{S_{K_1}}{A_1} + \frac{S_{K_2}}{A_2} + \frac{S_{K_0}}{A_0}\right) - (b - 1)} \quad (2.84)$$

当经济体对称分布时，即 $S_{K_1} = S_{K_2} = S_{K_0} = 1/3$，各地区创新效率相等，与均衡时资本积累增长率成正比：

$$A = \frac{\sigma[g + \delta + \rho(1 - \mu/\sigma)]}{\mu L_W} \tag{2.85}$$

当经济体处于以本国为核心的核心—边缘结构时，$A_0 = \gamma$，$A_1 = S_{K_1} + \gamma S_{K_2}$，$A_1 = S_{K_2} + \gamma S_{K_1}$，此时国内两地区生产率以两地区产业分布和地区间溢出效应的大小有关；而当经济体处于以国外地区为核心的核心—边缘结构时，$A_0 = 1$，$A_1 = A_2 = \gamma$，本国的企业生产率小于国外地区企业生产率，国内两地区企业生产率大小取决于地区间技术的溢出效应。

3. 交易成本、市场规模与企业生产率

为解释运输成本和市场规模之间的交互效应对企业生产率的影响，首先，将 A_0、A_1、A_2 企业资本生产效率表达式代入各地区资本份额（S_{K_1}、S_{K_2} 和 S_{K_0}）表达式中，最后得到三个地区的资本空间分布表达式分别为：

$$S_{K_1} = -\frac{(1 + \gamma)A_1 - \gamma(A_0 + A_2)}{(2\gamma + 1)(\gamma - 1)} \tag{2.86}$$

$$S_{K_2} = -\frac{(1 + \gamma)A_2 - \gamma(A_0 + A_1)}{(2\gamma + 1)(\gamma - 1)} \tag{2.87}$$

$$S_{K_0} = -\frac{(1 + \gamma)A_0 - \gamma(A_2 + A_1)}{(2\gamma + 1)(\gamma - 1)} \tag{2.88}$$

其次，将式(2.86)－(2.88)的资本空间分布表达式代入前文长期均衡时得到的产业空间分布表达式(2.81－2.82)。由于前文假定地区资本总数等于该地区企业总数，即 $S_{K_1} = S_{n_1}$，$S_{K_2} = S_{n_2}$，$S_{K_0} = S_{n_0}$，因此可以得到由市场规模和贸易自由度构成的国外、沿边和内陆地的企业生产率表达式分别为：

$$A_0 = \gamma + \frac{(\gamma - 1)[2S_{E_1} - (1 - \theta)(1 - S_{E_2})]}{(\varphi - 1)(\theta - 1)} - \frac{S_{E_1}(\gamma - 1)(\theta + 1)}{(\varphi\theta - 1)(\theta - 1)} \tag{2.89}$$

$$A_1 = \frac{(1 - \gamma)(S_{E_1} + S_{E_2})}{\theta - 1} - \frac{(\gamma - 1)[2S_{E_1} + (1 - \theta)(S_{E_2} - 1)]}{(\varphi - 1)(\theta - 1)} + 1 \tag{2.90}$$

$$A_2 = \gamma + \frac{(\gamma - 1)(S_{E_1} + S_{E_2})}{\theta - 1} + \frac{S_{E_1}(\gamma - 1)(\theta + 1)}{(\varphi\theta - 1)(\theta - 1)} \tag{2.91}$$

其中，θ 和 φ 分别表示区际贸易自由度和国际贸易自由度，与前文一致，表达式分别为 $\theta = t^{1-\sigma}$ 和 $\varphi = \tau^{1-\sigma}$ ，$(\theta,\varphi) \in [0,1]$ ，式中 σ 表示两种工业品之间的替代弹性，σ 越小，产品的差异化程度越大；γ 表示区域间技术传播的难易程度，$\gamma \in [0,1]$ ，$\gamma = 1$ 技术完全自由传播，$\gamma = 0$ 技术不能传播。为解释市场规模与运输成本之间的交互效率对企业生产率的影响，对沿边地区企业生产率表达式进行数值模拟分析。同样地，令 $\sigma = 5$ ，t 和 τ 分别表示区际贸易和国际贸易的冰山运输成本，均大于等于1，等于1时表示完全自由贸易；令 $\gamma = 0.5$ ，区域间技术传播难易程度适中。首先，分析在不同的区际开放程度背景下，沿边开放与市场规模的交互作用对沿边地区企业生产率的影响；分别对 t = [1.01，1.46，1.80，2.1] 四种情形进行模拟，当 t = 1.01 时，区际贸易接近完全自由贸易，当 t = 1.46 时，区际交易成本较低，当 t = 1.8 时，区际交易成本处于中等水平，当 t = 2.1 时，区际交易成本很高。如图 2 - 10 的模拟结果显示，沿边开放程度与本地市场规模是相互促进的；随着沿边开放程度的加深，本地市场规模的扩大对企业生产率的促进程度越来越大；在区域间交易成本很高的情况下，比如区域间的交通基础设施非常薄弱或地区间严重的市场分割等，再加上当地市场规模又很小，此时沿边开放不仅无法促进地区企业生产率的提升甚至还会产生阻碍作用；也就是说，只有在市场规模逐步扩大的情况下，沿边开放对企业生产率的提升才是有效的。

其次，分析在不同沿边开放背景下，区际交易成本与市场规模之间的交互作用对沿边地区企业生产率的影响。分别对 τ = [1.01，1.46，1.80，2.1] 四种情形进行模拟，当 τ = 1.01 时，国际贸易接近完全自由贸易；当 τ = 1.46 时，国际贸易成本较低；当 τ = 1.8 时，国际贸易成本处于中等水平；当 τ = 2.1 时，国际贸易成本很高。如图 2 - 11 所示的模拟结果显示，区际贸易自由度与本地市场规模是相互增强的过程，即伴随着区际交通基础设施的互联互通以及国内市场一体化程度的加深，本地市场规模的扩大对企业生产率提升的促进作用越来越大；并且，伴随着国际交易成本的降低，以及市场规模的扩大，沿边地区企业生产率得到大幅度提升；而在沿边开放程度非常低的情况下，加之该地区又存在市场需求小的问题，此时大规模的交通基础设施建设可能会对沿边地区造成逆集聚现象，并不利于企业生产率的提升。

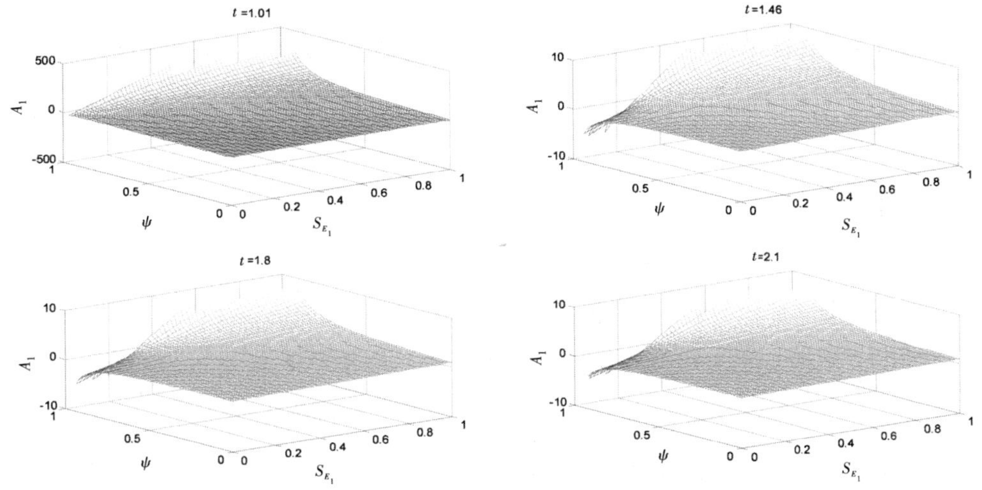

图 2－10 沿边开放、市场规模与企业生产率(沿边地区)

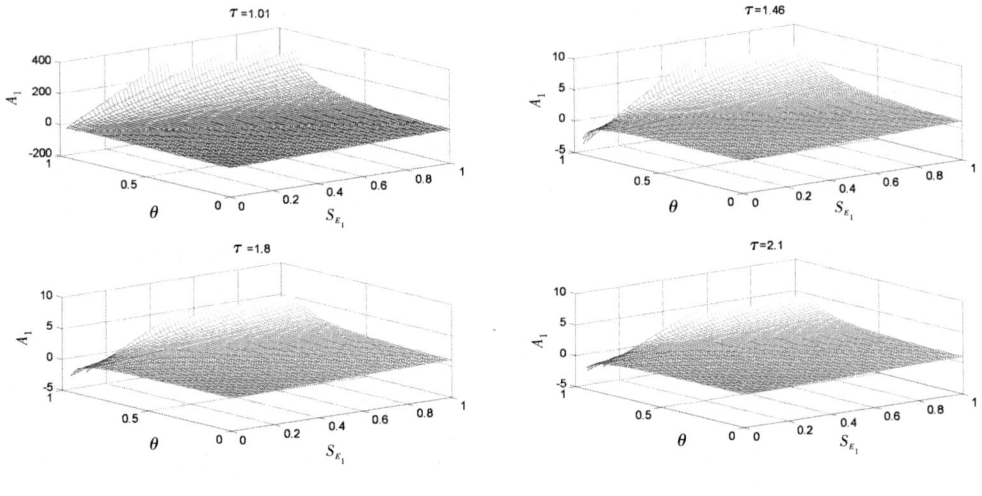

图 2－11 区际开放、市场规模与企业生产率(沿边地区)

因此，综合前面数值模拟的结果，得到以下的研究命题：

命题7：沿边开放导致的贸易成本降低和区际开放带来的交易成本降低，均有利于企业生产率提高；并且，市场规模与交易成本和贸易成本之间存在明显的交互效应。

命题8：只有在市场初具规模时，沿边地区的开放政策和交通基础设施连通的区际开放政策对生产率的提升才有效；且随着市场规模的扩大，政策效应越来越大。

2.4 本章小结

本章首先分别用“市场范围假说”“大推进理论”“基础—乘数”模型“市场潜力函数”以及“本地市场效应”梳理了市场规模与经济增长和集聚相关的理论基础，这些理论均肯定了市场规模对于经济增长和集聚的基础性作用。

其次，本章将空间经济学的核心—边缘模型（CP模型）扩展为三地区模型，以此构建市场规模和企业区位的理论模型，并通过数值模拟技术解释市场规模和运输成本影响企业区位的路径机制。模拟结果显示：

第一，在国内市场完全分割条件下，经济体均只存在唯一的长期稳定的对称均衡结构，但随着沿边开放程度的加深，对称均衡点向右移动，沿边地区均衡时企业份额逐渐增加；当区际贸易成本相对较低的情况下，沿边地区企业份额与实际工资差距始终呈现单调递增关系，并且随着国际贸易成本的降低，更容易形成以沿边地区为核心内陆地区为外围的核心—边缘结构的临界点向左迁移。

第二，当经济体相对封闭时，随着区际交易成本的降低，经济体由一个长期稳定的对称均衡结构向两个稳定的核心—边缘结构转变；当区际贸易充分自由时，在对称均衡处，一旦受到一点政策冲击，制造业企业就会向政策实施地迁移，而且这种迁移的趋势会进一步被本地市场效应和价格指数效应强化，最终形成稳定的核心—边缘结构；随着沿边开放进程的深入，再加上国内区域间交通基础建设降低了区际交易成本，在沿边地区形成较强的要素聚集力，促进生产要素及企业向沿边地区流动，使得一向处于区位劣势的沿边地区就有可能成为国家生产和贸易的中心。

第三，“本地市场效应”的存在使得对称均衡处生产活动的空间集聚会导致相对市场规模扩大，并且相对市场规模的扩大又会进一步促进生产活动的空间集聚，进而导致沿边地区空间结构重塑；并且，伴随着交易成本从低到高（区际交易成本和国际贸易成本），市场规模的扩大使得沿边地区对生产活动的空间聚集力呈现先上升后下降的倒“U”型结构。

最后，本章还将 LS 模型扩展至两国三地区来构建交易成本、市场规模与企业生产率进步的理论模型，并解释市场规模与交易成本的交互作用的影响。模拟结果显示：

第一，沿边开放和区际开放与本地市场规模之间均是相互促进的。即随着沿边开放和区际开放程度的加深，本地市场规模的扩大对企业生产率提高的促进程度越来越大。

第二，在区域间贸易成本很高的情况下，比如区域间的交通基础设施非常薄弱或地区间严重的市场分割等，如果该地区再受到严重的市场规模约束，沿边开放不仅无法提升企业生产率甚至还会产生阻碍作用；也就是说，只有在市场规模逐步扩大的情况下，沿边开放对企业生产率的提升才是有效的。

第三，在沿边开放程度很低的情况下，沿边地区市场规模约束使得区际大规模交通基础设施投资会阻碍企业生产率的提升。

第3章

市场规模与城市集聚中心的形成

本书从理论上推导了市场规模及交易成本影响企业区位和生产效率的作用机制，市场规模与企业区位的互动主要来自“本地市场效应”作用的发挥。市场规模在本地市场效应作用下影响企业区位，进而影响城市集聚中心的形成，是空间结构重塑的重要基础。本章将市场规模分为本地市场规模、邻近地区市场规模和国外市场规模三个层次，基于2001—2013年的全球夜间卫星灯光数据和中国地级市数据，进行实证检验。

3.1　特征性事实分析

40 多年来，中国经济在追赶发达国家的过程中最大的优势就在于它的大市场，大市场带来的规模经济创造了中国经济的“增长奇迹”。其中，最直观的感觉就是中国城市越来越亮了。夜间灯光亮度（DN 值）[①]能够客观地反映人类社会的工业生产、商业活动和能源消费情况，可用于度量地区经济发展水平；同时也可以利用夜间灯光亮度直观地观察到一个地区市场规模的大小，亮度越高，意味着生产活动空间分布越密集，市场规模越大。夜间灯光高亮度的地区主要集中在以长三角、珠三角及环渤海为主的沿海地区，内陆和沿边地区的平均灯光亮度值均非常低[②]（如图 3－1 所示）。夜间灯光亮度的变化更直观反映了地区经济活动空间分布的变迁，也在一定程度反映了这个地区经济发展的变化趋势；可以直观的观测到沿海地区经济活动进一步集中，并且伴随着西部大开发、中部崛起、全方位对外开放等政策的实施，经济活动逐渐向沿边地区、内陆地区集聚，且增长迅速；沿海地区、内陆地区和沿边地区的平均灯光亮度 DN 值均在逐年增加；经初步测算，这三大区域自 2001 年到 2013 年间，地区平均灯光亮度 DN 值的年平均增速分别为 5.13%、7.41% 和 7.01%（如图 3－2 所示）。

---

① 夜间灯光亮度的 DN 值数据来自美国国家海洋和大气管理局（NOAA）防卫性气象卫星计划（DMSP）中 OLS 传感器（简称 DMSP/OLS）采集得到的全球夜间卫星稳定灯光数据处理得到。夜间灯光数据包括无云观测频率影像、平均灯光影像和稳定灯光影像；其中，稳定灯光影像数据包含了城市和村镇中相对稳定的灯光，应用最为广泛，也是本章实证研究的基础数据。下载地址：https：//www.ngdc.noaa.gov/eog/dmsp/downloadV4composites.html.

② 本书从地域空间的视角，将全国 31 个省、市、自治区划分为沿海地区、沿边地区和内陆地区；沿海地区包含上海市、天津市、北京市、江苏省、山东省、浙江省、广东省、河北省、辽宁省、福建省、海南省；内陆地区包含河南省、安徽省、山西省、陕西省、宁夏回族自治区、湖北省、重庆市、江西省、湖南省、贵州省、四川省、青海省；沿边地区包含吉林省、黑龙江省、广西壮族自治区、云南省、甘肃省、内蒙古自治区、新疆维吾尔自治区、西藏自治区。

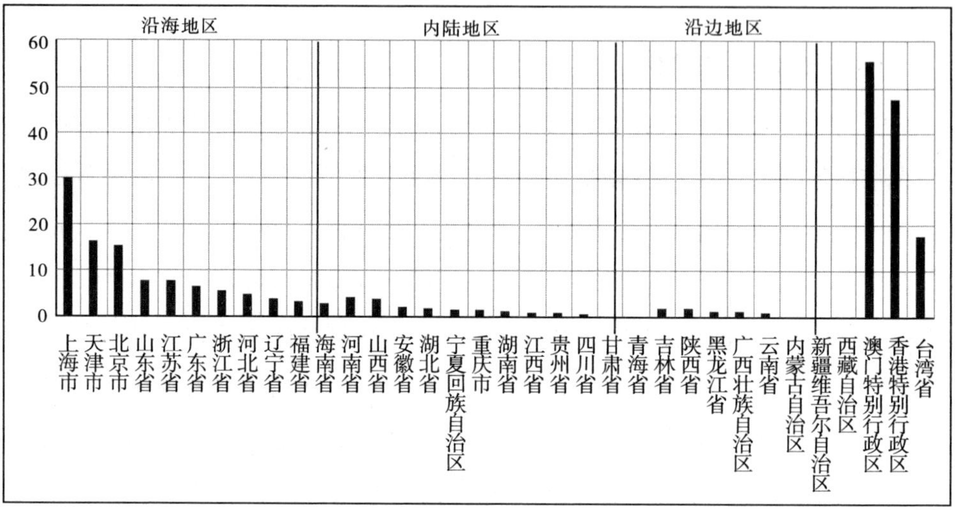

图 3－1　2001 年中国各地区稳定灯光数据平均 DN 值分布

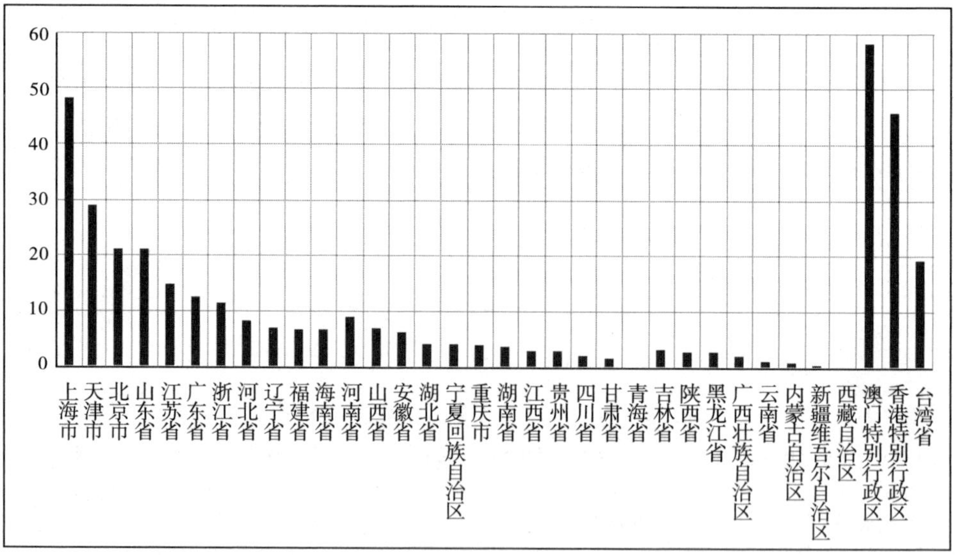

图 3－2　2013 年中国各地区稳定灯光数据平均 DN 值分布

3.2 实证模型构建及变量说明

3.2.1 实证模型构建

本章分析的是市场规模对城市集聚水平的影响，设定了如下的实证检验的估计模型。首先，构建一个市场规模影响城市集聚水平的线性回归模型：

$$Concentration_{i,t} = \alpha_1 + \alpha_2 RMS_{i,t} + \alpha_3 NMS_{i,t} + \alpha_4 FMS_{i,t} + \alpha_5 X_{i,t} + \lambda_i + \mu_t + \varepsilon_{i,t}$$

模型(1)

其中，λ_i 和 μ_t 分别表示地区和年份固定效应；$Concentration_{i,t}$ 为被解释变量——城市集聚，表示为第 i 地区第 t 年的城市集聚水平；$RMS_{i,t}$ 、$NMS_{i,t}$ 和 $FMS_{i,t}$ 均为解释变量，分别表示本地市场规模、邻近地区市场规模和国外市场规模；$X_{i,t}$ 为可能影响城市集聚的控制变量集，包括人口规模、交通基础设施、工资水平、外资开放度和公共财政支出。

其次，考虑到不同层面的市场规模可能存在交互效应，构建一个非线性的多元回归模型(2)和(3)，在线性回归模型中引入本地市场规模、邻近地区市场规模和国外市场规模的两两交互项，并分别引入平方项。

$$Concentration_{i,t} = \alpha_1 + \alpha_2 RMS_{i,t} + \alpha_3 NMS_{i,t} + \alpha_4 FMS_{i,t} + \alpha_4 RMS_{i,t} \times NMS_{i,t} + \alpha_5 RMS_{i,t} \times FMS_{i,t} + \alpha_6 FMS_{i,t} \times NMS_{i,t} + \alpha_7 X_{i,t} + \lambda_i + \mu_t + \varepsilon_{i,t}$$

模型(2)

估计模型(2)是在线性回归模型(1)基础上引入本地市场规模、邻近地区市场规模和国外市场规模的两两交互项，考察三种类型市场规模之间的交互效应对城市集聚的影响。如果交互项的系数为正，表示这两种市场规模存在互补效应，反之则为替代效应。

$$Concentration_{i,t} = \alpha_1 + \alpha_2 RMS_{i,t} + \alpha_3 NMS_{i,t} + \alpha_4 FMS_{i,t} + \alpha_4 RMS_{i,t} \times NMS_{i,t} + \alpha_5 RMS_{i,t} \times FMS_{i,t} + \alpha_6 FMS_{i,t} \times NMS_{i,t} + \alpha_7 RMS_{i,t}^2 + \alpha_8 NMS_{i,t}^2 + \alpha_9 FMS_{i,t}^2 + \alpha_{10} X_{i,t} + \lambda_i + \mu_t + \varepsilon_{i,t}$$

模型(3)

估计模型(3)同时引入市场规模的交互效应和平方项，用以考察市场规模与城市集聚水平之间的非线性关系。如果平方项的系数为正则表示存在正“U”型关系，反之则为倒“U”型关系。

最后，2004年11月29日，中国与东盟签署了《中国—东盟全面经济合作框架协议货物贸易协议》，中国—东盟自由贸易区于2005年7月正式步入降税进程，根据沿边地区国外市场规模大幅度扩张对城市集聚产生的影响，在线性回归模型中引入国外市场规模与中国—东盟自由贸易区降税年度虚拟变量的交互项进行分析，建立了实证估计模型(4)。

$$Concentration_{i,t} = \alpha_1 + \alpha_2 RMS_{i,t} + \alpha_3 NMS_{i,t} + \alpha_4 FMS_{i,t} + \alpha_5 FMS_{i,t} \times Year2006 + \alpha_6 X_{i,t} + \lambda_i + \mu_t + \varepsilon_{i,t} \quad \text{模型(4)}$$

其中，$Year2006$为东盟自由贸易区降税的年度虚拟变量，2006年以后(包括2006年)设定为1，2006年以前设定为0；$\alpha_4 + \alpha_5$表示中国与东盟自由贸易区降税以来，国外市场规模对城市集聚水平的偏效应；α_4表示东盟自由贸易区还未全面降税时，国外市场规模对城市集聚的偏效应。

3.2.2 估计方法

本章采用2001年和2013年的276个中国地级市面板数据作为研究依据。面板数据可以解决由不可观测的个体差异造成的遗漏变量的问题，特别是不随时间而改变的个体差异；还可以克服时间序列数据中常见的多重共线性问题，从而有利于提高模型估计的精度和有效性；面板数据同时拥有横截面和时间两个维度，样本量大，可以增加估计过程中的自由度，提供更多的个体动态行为信息，提高估计的精确度。关于面板数据的估计方法，常用有混合回归模型、随机效应模型和固定效应模型估计三种。混合回归模型要求样本中每个个体都拥有完全相同的回归方程，忽略了个体间的不可观测和被遗漏的“异质性”。另一种较为极端的估计方法是每个个体都有单独的回归方程，但这种“异质性”可能与解释变量相关，使得估计结果不一致。多数已有的研究，基本上都采用较为折中的“个体固定效应”模型，每个个体的回归方程拥有相同的斜率，但可以用不同的截距项来衡量“异质性”，表达式为：

$$y_{it} = x'_{it}\beta + z'_i\delta + \mu_i + \varepsilon_{it}$$

其中，i 表示地区个体，t 表示时间，z_i 表示不随时间而变的个体特征，x_{it} 表示随时间而改变的变量集，扰动项由 μ_i 和 ε_{it} 两部分构成，称为复合扰动项，μ_i 表示个体异质性的截距项。如果 μ_i 与解释变量相关，被称为固定效应模型；如果 μ_i 与解释变量不相关，则被称为随机效应模型。现有的研究中使用的基本是固定效应模型，也可以通过 hausman 检验来选择是使用固定效应模型还是随机效应模型。

个体固定效应模型可以解决不随时间而改变的遗漏变量问题，但在研究中还可能存在不随个体而变的遗漏变量问题，即时间维度产生的遗漏变化。所以需要在模型中引入时间固定效应。时间固定效应模型表达式为：

$$y_{it}x'_{it}\beta + z'_i\delta + \gamma_t + \mu_i + \varepsilon_{it}$$

其中，引入的 γ_t 被称为时间固定效应。本章在估计中采用的是双向固定效应模型，同时引入个体固定效应和时间固定效应，不仅可以解决随个体而异的遗漏变量问题，还可以解决随时间而变的遗漏变量问题。

3.2.3　变量选取及数据说明

1. 被解释变量——城市集聚水平(Concentration)

本章用中国地级层面的城市集中度(Concentration)指标来衡量地区城市集聚水平，等于城市总人口与地级市总人口的比重。由于1990年以来，中国大量地级行政区划均发生了较大的调整和改变，导致一些地级市人口统计数据的准确性受到质疑。随着全球夜间卫星灯光数据的应用，国内外许多学者开始将其作为经济增长、人口分布、城市化水平及能源消费等的代理变量来研究问题，大量研究证实了城市人口规模与该地区灯光亮度高度正相关(Elvidge, et al., 1997[110], 2007[111]；Amaral S, Monteiro A M V, et al., 2006[112]；曹丽琴、李平湘、张良培，2009[113]。比如，Elvidge et al.(1997, 2007)的研究证实了国家灯光亮度与地区人口规模的正相关性；Amaral, Monteiro et al.(2006)的相关研究发现城市人口与灯光总亮度之间的相关系数在0.81以上，部分年份的相关系数甚至达到0.9；曹丽琴、李平湘、张良培(2009)研究发现城市人口与灯光总亮度之间的吻合度高达94%以上。鉴于此，本章以地区夜间灯光总亮度作为城市人口规模的代理指标，用灯光总亮度除以地区总人口数计算得到城市集中度（刘修岩、刘茜，2015[114]）来衡量地级市城市集聚水平，表示为Concentration；以276个地级市作为研究个体，计算了2001年到2013年的276个地级市的城市集中度指标；地级市总人口数据来自中国区域统计年鉴。

全球夜间卫星灯光数据由美国国家海洋和大气管理局（National Oceanic and Atmospheric Administration，NOAA）防卫性气象卫星计划（Defense Meteorological Satellite Program，DMSP）中OLS（Operational Linescan System）传感器（简称DMSP/OLS）采集得到，包括平均可见灯光、稳定灯光、能观察的无云层覆盖以及平均灯光四种。本章使用的是稳定灯光数据，也是目前使用最为广泛。数据与来源于美国国家地球物理数据中心（National Geophysical Data Center，NGDC）经去除夜间云层、短暂火光、极光、闪电等一系列的噪声处理后，再对一年的数据进行平均化处理后得到。本书应用Arcmap 10.2软件，将在美国国家海洋和大气管理局下载得到的稳定灯光数据图片与中国国家基础地理信息中心提供的国家矢量栅格图叠加进行边界裁剪后得到中国的年度平均灯光亮度图片，再将平均灯光亮度转换成亮度灰度值（DN，0≤DN≤63），得到的灰度值是栅格数据，再将栅格数据与中国县级行政区划矢量图叠加后转换成具有行政区代码对应的点灯光亮度数据，并以此计算2001—2013年中国各地级市的灯光亮度。由于NOAA公布的全球夜间灯光数据分别由六个卫星（F10、F12、F14、F15、F16、F18）观测得到，从1997—2007年间的灯光数据均由两个卫星提供，卫星所在位置角度和使用年限问题导致这个两个卫星观测到的夜间灯光可能存在一定差异。因此，需要对两个卫星得到夜间灯光数据进行同年份综合修正（Liu Z，He C，Zhang Q，2012[115]），综合两个卫星的夜间灯光数据得到一个更具准确性的数据。另外，还有学者认为灯光亮度还可能存在取值上限问题，因为栅格点的灯光灰度值取值范围为0～63，所以可能存在某些高度发达地区的灯光亮度有可能超过63，但本书认为这个问题可能出现在发达国家部分地区，对中国这样的发展中国家可以暂时不予考虑。

2. 解释变量——市场规模

市场规模是指在一定市场范围内的市场需求或市场容量，用以反应一个地区的平均购买力，一般从经济总量、人口规模、市场潜力三个维度对其进行刻画。关于市场规模的衡量，Harris(1954)通过构造市场潜力函数来解释美国制造业企业的区位选择，基于地理空间距离权重，用加权平均的本地区和邻近地区的购买力之和来表示一个地区的市场规模。现有的研究中关于市场规模的衡量，有直接用人口规模和国内生产总值来衡量各国国内市场规模的大小(Alesinaet et al., 1997[109])，也有借鉴 Harris(1954)的研究，采用新经济地理学的市场潜力(Market Potential)指标(黄玖立、李坤望，2006[42]；黄玖立、黄俊立，2008[43])。一个地区的市场需求不仅来自本地区的市场需求，还来自其他邻近地区的市场需求和国外地区的市场需求(出口规模)。本章用本地市场规模、邻近地区市场规模和国外市场规模三个层次的市场规模来综合反映该地区的市场规模大小，分别表示为本地市场规模(RMS)、邻近地区市场规模(NMS)和国外市场规模(FMS)。

(1)本地市场规模。本地市场规模是指本地区的市场容量或市场需求，表示该地区对消费品的平均购买力。本章选取了 276 个地级市①，用人均实际 GDP 来衡量本地市场规模，即用剔除不同地区人口规模差异的经济总量来衡量本地市场规模的大小。分别计算了各地级市以 2001 年为基期 2001 年到 2013 年的人均实际 GDP，并对其取对数，表示为 RMS_ pgdp。。

(2)邻近地区市场规模。对于邻近地区市场规模的测度，本章借鉴 Harris(1954)的研究和新经济地理学市场潜力函数构建邻近地区市场规模指标。由于传统利用球面距离来测度两点间的距离没有考虑到两点间实际交通状况可能导致准确性受到一定局限，考虑到公路运输作为目前最主要的运输方式，本章引入了一个 276 个地级市最短公路距离的空间权重矩阵，并剔除本地因素，将本地内部距离设定为 0。并且，通过最短公路距离模型构建的交通网络可达性指数可以刻画

① 为了保证数据的可靠性和连续性，本书选取了中国 30 个省 276 个地级市作为研究个体，西藏自治区由于数据缺失，本研究没有纳入。

交通网络中各节点间经济的互动程度（周浩，余壮雄，杨铮，2015[65]）。因此，本章用276个地级市之间最短公路距离的空间权重矩阵来构建中国地级市的邻近地区市场规模指标。邻近地区市场规模是一个邻近地区购买力与空间距离加权平均值，与邻近地区人均实际GDP成正比，与到本地区最短公路距离成反比。那么，第i地区在t时期的邻近地区市场规模（NMS）的计算表达式为$NMS_{it}=\sum_{i\neq j}(Y_{jt}/D_{ij})$。其中，$Y_{jt}$表示$j$地区的人均实际GDP，$D_{ij}$为$i$、$j$两城市之间最短公路距离。所以，用最短公路距离空间权重矩阵构建的以人均实际GDP计算的邻近地区市场规模表示为NMS_ pgdp，反映的是地区之间经济联系的强度；其中，人均实际GDP是以2001年为基期，通过地级市GDP价格指数平减得到。

一个地区公路交通网络越发达，其邻近地区市场规模越大，与本地经济联系强度越大。

（3）国外地区市场规模。一个地区的国外市场规模反映的是这个地区国外市场上的平均购买力和竞争力，即来自国外地区的市场需求。本章借鉴黄玖立和黄俊立（2008）的方法，使用实际出口总额（export）占本地区实际GDP的比重表示，表示为FMS_ export。其中，实际出口贸易总额通过按美元与人民币的年度平均汇率换算后，通过工业品出产价格指数平减得到；指标计算中涉及的地级市GDP、全社会消费品零售总额以及GDP价格指数均来自中国区域统计年鉴，其中RPI价格指数来自Wind数据库。

本章用经济总量来衡量市场规模，是基于一个地区潜在购买力，用以反映这个地区潜在的市场需求容量。因此，本章在稳健性检验中同时使用人均实际全社会消费品零售总量和这个地区平均灯光亮度来衡量市场规模。社会消费品零售总额指的是国民经济各行业直接销售给城乡居民和社会集团的消费品总额，是表现国内消费市场需求最直接的数据，是研究国内零售市场变动情况及市场规模的大小的重要指标。其中，人均实际消费品零售总额是人均消费品零售总额经过商品零售价格指数平减得到，表示为RMS_ pcomsumption。此外，近年来国内有许多文献开始选择美国国家海洋和大气管理局（NOAA）公布的全球夜间卫星灯光数据作为GDP的代理变量（范子英、彭飞、刘冲，2016[116]；徐康宁、陈丰龙、刘修岩，2015[117]）。灯光数据不会受地区间价格因素的困扰，这可以有效地解决由于 GDP 测算的误差问题而导致的估计偏差。因此，本章还使用地区平均灯光亮度代替人均实际 GDP，作为市场规模的代理变量，进行稳健性检验；本地市场规模和邻近地区市场规模分别表示为 RMS_ light 和 NMS_ light；其中，地区平均灯光亮度是由点平均计算得到。

3. 控制变量集

在本章中选择了可能影响城市集聚的五个控制变量：人口规模(Pop)、交通基础设施(Traffic)、工资水平(Wage)、外资开放度(Fdi)和公共财政支出(Public)。

(1)人口规模(Pop)。一个地区城市集聚水平不可避免会受到地区总人口规模的影响(Davis and Henerso，2003[118])。若一个地区人口规模较大，由于集聚不经济的问题导致在城市发展中出现拥挤、污染及犯罪等问题，使得城市人口向小城市转移，降低城市集聚水平。如果一个地区人口规模小，市中心的需求缺口，再加上人们的多样性偏好，人口会不断向城市中心集聚，提高城市集聚水平。在本章中使用地级市人口密度反映一个地区人口规模，人口密度(population_density)等于总人口数量除以国土面积，并对其进行取对数，表示为 Pop。其中，地级市人口数据来自中国区域统计年鉴。

(2)交通基础设施(Traffic)。交通基础设施对城市集聚水平的影响机制主要在于：其一，良好的交通基础设施网络能够提升地区间通达性，降低企业运输成本和人们出行成本，促进企业和人口向城市集聚；其二，交通基础设施有助于改善地区间的经济贸易往来，扩大市场规模，从而促进集聚。在本章中选择地级市公路密度作为交通基础设施的代理指标，这是因为公路是目前主要的客运及货运方式，公路密度(Road_density)等于公路里程除以国土面积，并对其进行取对数，表示为 Traffic。其中，各地级市公路里程数据来自中国区域统计年鉴。

(3)工资水平(Wage)。一个地区的工资水平是产生集聚行为的主要条件，工资越高，集聚力越大，越容易形成集聚。工资水平是指劳动力供给价格，当一个地区劳动力供给价格越高，越容易吸引劳动力向该地区集聚，进而提高城市集中度，促进城市集聚。由于本章研究的是城市集聚，因此选取的是市辖区城镇单位在岗职工平均工资，并通过居民消费价格指数(CPI)进行平减，计算得到在岗职工实际的平均工资水平，并对其进行取对数，表示为Wage。

(4)外资开放度(Fdi)。在当今全方位开放的背景下，外资开放对城市集聚的影响主要体现在为本国企业带来技术、管理等溢出效应。本章的外资开放度是以实际吸收利用外资占实际GDP比重来衡量，表示为Fdi。其中，实际吸收外商直接投资总额是经年度平均汇率换算，然后用工业品出产价格指数进行平减得到。

(5)公共财政支出(Public)。公共财政支出是政府用于购买公共产品和服务的支出费用。公共财政支出越多，这个地区公共服务等基础设施就越完善，对资金、劳动力等生产要素的吸引力就越大(Boarnet M G，1998[119])，越容易形成集聚。在本章中用实际的公共财政支出(Public_finance)占实际GDP的比重表示一个地区公共财政支出的规模，表示为Public。其中，实际公共财政支出是由居民消费价格指数平减得到，公共财政支出数据来自中国区域统计年鉴。

本章中实证检验所涉及主要变量的描述性统计结果如表3-1所示。

表3-1　主要变量描述性统计

变量	样本量	均值	标准差	最小值	最大值
城市集中度(Concentration)	3588	297.0	214.2	16.73	2898
本地市场规模（RMS_pgdp)	3588	9.828	0.793	7.532	12.02
邻近地区市场规模(NMS_pgdp)	3588	8.782	0.543	6.762	9.970
国外市场规模(FMS_export)	3588	9.584	17.50	0.0004	138.8
人口规模(Pop)	3588	5.739	0.918	1.792	8.576
交通基础设施(Traffic)	3588	6.427	0.737	2.864	9.872
在岗职工平均工资(Wage)	3588	9.859	0.468	7.538	11.873

续　表

变量	样本量	均值	标准差	最小值	最大值
外资开放度(Fdi)	3588	1. 681	2. 976	0	113. 1
公共财政支出(Public)	3588	31. 41	52. 65	0. 06	476. 0
本地市场规模(RMS_light)	3588	6. 561	8. 093	0. 101	58. 53
邻近地区市场规模(NMS_light)	3588	2. 076	0. 981	0. 321	5. 933
本地市场规模(RMS_pcomsumption)	3588	8. 531	0. 789	5. 960	10. 67
邻近地区市场规模(NMS_pcomsumption)	3588	7. 471	0. 576	5. 431	8. 739
到最近的港口或口岸的距离(Oversea)	3588	882. 1	504. 7	16. 81	2297

3. 2. 4　市场规模与城市集聚的相关性分析

市场规模是城市集聚的基础性因素，市场规模越大，越有利于城市集聚中心的形成。我国实施对外开放政策以来，使得资本、劳动力等资源逐步向沿海地区集聚，使得该区域的本地市场供给、需求逐渐增加；国际贸易理论指出，当一地区的供给大于需求时，就会有出口发生；此外，由于各地区间交通基础设施不断完善，使得城市之间经济联系不断增强。所以，本地市场规模、国外市场规模和邻近地区市场规模之间存在必然的逻辑联系：本地市场规模扩大有利于城市集聚中心的形成；而国外市场规模和邻近地区市场规模与本地市场规模可能也存在明显的交互效应，进而对本地城市集聚水平产生间接影响。基于此，本章首先初步分析了本地市场规模、国外市场规模和邻近地区市场规模三者与本地城市集聚水平的相关性。图 3 - 3 呈现的是本地市场规模与城市集中度的散点图，图中趋势线的斜率表示的是本地市场规模对城市集聚影响的边际效应，斜率越大，本地市场规模对城市集聚影响的边际效应越大。本地市场规模与城市集聚呈正相关关系，本地市场规模越大，城市集聚程度越明显；沿边地区的本地市场规模对城市集聚影响的边际效应大于沿海地区，内陆地区的市场规模对城市集聚的边际效应最小。

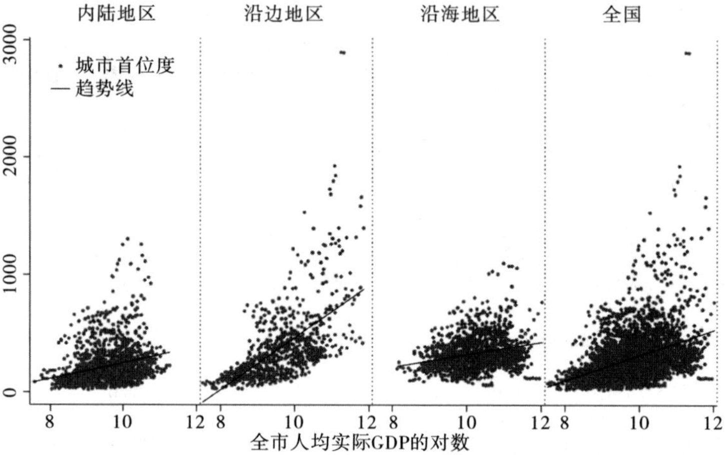

图 3－3　各地级市本地市场规模与城市集聚的散点图①

图 3－4 呈现的是各地级市邻近地区市场规模对城市集聚的散点图，图中趋势线的斜率表示的是邻近市场规模对城市集聚影响的边际效应。邻近地区市场规模与城市集聚基本呈负相关关系，邻近地区市场规模的扩大不利于该地区城市集聚中心的形成，尤其是沿边地区。邻近地区市场规模扩大会导致城市扩散，城市人口往其他地区流动，降低城市集聚水平。

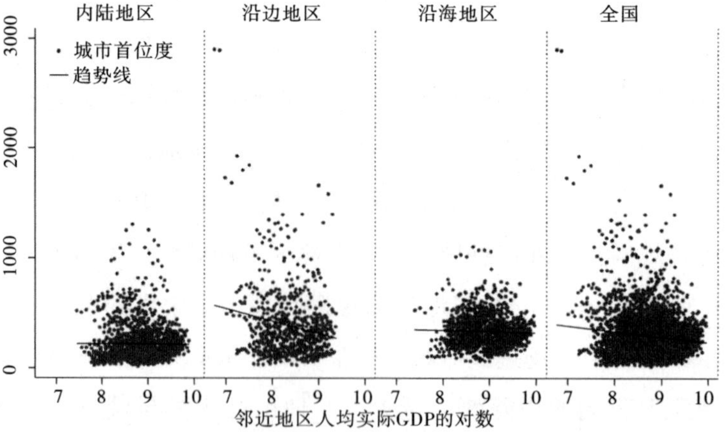

图 3－4　各地级市邻近地区市场规模与城市集聚的散点图

① 数据来源：中国区域统计年鉴与美国 NOAA 公布的全球夜间卫星灯光数据。

图 3－5 呈现的是各地级市的国外市场规模对城市集聚的散点图。国外市场规模与城市集聚呈正相关关系，说明国外市场规模越大，越有利于提升地区城市集聚水平；图中还显示出沿边地区的国外市场规模对城市集聚程度提升的边际效应要大于沿海地区和内陆地区。

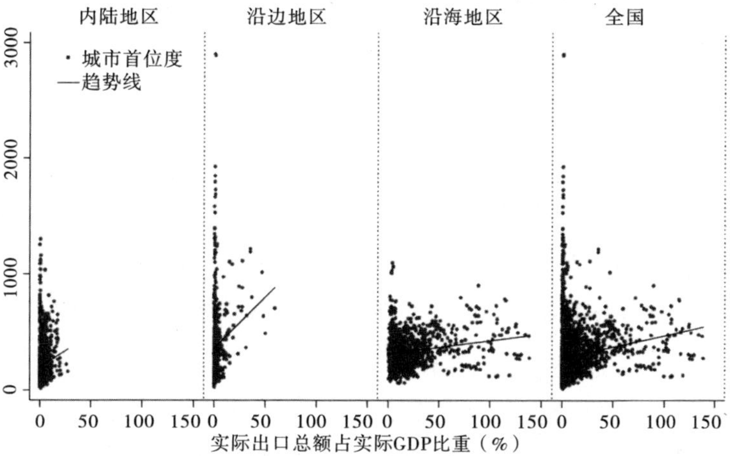

图 3－5　各地级市国外市场规模与城市集聚的散点图

3.3　实证结果分析

3.3.1　市场规模与城市集聚：基准回归

基于 2001—2013 年中国 276 个地级市的面板数据，在本章中应用面板数据双固定效应模型进行全样本估计，同时控制了个体固定效应和时间固定效应。表 3－2 反映了市场规模与城市集聚全样本的基准回归结果。为了便于比较和检验各变量参数估计的稳健性，模型(1)－(6)分别列出了线性模型和非线性模型下不含控制变量以及包含控制变量的估计结果，被解释变量均为城市集中度。模型(1)仅考虑本地市场规模、邻近地区市场规模和国外市场规模。估计结果显示，本地市场规模和国外市场规模的扩大，均有利于城市集聚水平的提升；而邻近地区市场规模的扩大会抑制城市集聚水平的提升，说明来自其他地区的市场需求的持续扩大会导致本地劳动力、资本等生产要素和产业的外流。模型(2)在模型

(1)的基础上引入本地市场规模与邻近地区市场规模、本地市场规模与国外市场规模、邻近地区市场规模与国外市场规模的交互项，考察不同类型市场规模之间交互效应对城市集聚的影响。估计结果显示，本地市场规模与邻近地区市场规模、本地市场规模和国外市场规模的交互项回归系数均显著为负，本地市场规模与邻近地区市场规模和国外市场规模之间是显著地替代效应。也就是说，一方面，在本地市场规模较小的地区可以通过国内市场一体化或扩大国外市场规模来弥补。如改革开放后的广东和福建等沿海地区，就是最好的例子，巨大的欧美发达国家的外部市场，使得国内、国际的产业、资本在沿海地区集聚形成城市集聚中心。另一方面，当邻近地区市场规模过大时，也会有本地生产要素流出的风险，降低本地城市集聚水平。邻近地区市场规模和国外市场规模交互项的回归系数在1%的显著性水平下显著为正，即邻近地区市场规模和国外市场规模在促进城市集聚过程中是互补的，说明在国外市场规模较大的地区，其他地区的市场需求的扩大，会更大限度地促进城市集聚作用。模型(3)又在模型(2)的基础上，引入本地市场规模、邻近地区市场规模和国外市场规模的平方项，分析不同类型市场规模对城市集聚的非线性效应，是否存在空间经济学的先建优势，或者成为进入市场的初始规模。估计结果显示，不同层次的市场规模对城市集聚的作用均表现出递增效应，但这种递增效应需要具备一定的初始规模，即市场规模和城市集聚水平之间存在类似"U"型关系：在临界点之前，市场规模的扩大不利于城市集聚水平的提升；而达到临界点后，市场规模的扩大会提升城市集聚水平。本研究更关注临界点出现的位置。在这个"U"型关系转折点处的市场规模等于其一次项系数与二次项系数的两倍之比，下面以模型(6)为例进行讨论。

表3－2　市场规模城市集聚效应的基准回归结果

	模型(1)	模型(2)	模型(3)	模型(4)	模型(5)	模型(6)
RMS_pgdp	421.192***	866.941***	593.548***	302.835***	772.187***	402.534***
		(31.051)	(39.782)	(16.535)	(37.956)	(49.350)

续 表

	模型(1)	模型(2)	模型(3)	模型(4)	模型(5)	模型(6)
NMS_pgdp	-384.763***	-27.359	81.789	-423.354***	-51.266	172.822**
	(71.116)	(78.732)	(83.178)	(70.224)	(77.959)	(83.365)
FMS_export	2.352***	1.055	-1.559	1.807***	-2.360	-4.119**
	(0.251)	(2.043)	(1.927)	(0.248)	(2.073)	(1.943)
RMS_pgdp * NMS_pgdp		-53.318***	-327.974***		-48.604***	-323.302***
		(3.427)	(11.475)		(3.633)	(11.354)
RMS_pgdp * FMS_export		-0.963**	-1.838***		-1.025***	-1.999***
		(0.397)	(0.376)		(0.393)	(0.373)
NMS_pgdp * FMS_export		1.240***	2.422***		1.691***	2.886***
		(0.379)	(0.373)		(0.380)	(0.373)
NMS_pgdp^2			159.645***			150.266***
			(6.424)			(6.453)
RMS_pgdp^2			130.861***			135.462***
			(5.733)			(5.729)
FMS_export^2			0.017***			0.018***
			(0.003)			(0.003)
Fdi				0.974**	1.216***	1.254***
				(0.453)	(0.446)	(0.406)
Pop				-224.357***	-111.887***	-139.195***
				(21.312)	(23.325)	(22.380)
Wage				30.059***	28.502***	22.366***
				(8.539)	(8.341)	(7.638)
Public				0.235**	0.244***	0.233***
				(0.093)	(0.092)	(0.084)

续 表

	模型(1)	模型(2)	模型(3)	模型(4)	模型(5)	模型(6)
Traffic				28.650***	31.210***	21.647***
				(5.267)	(5.166)	(4.802)
常数项	-461.203	-3.5e+03***	-3.0e+03***	1762.237***	-2.6e+03***	-1.6e+03***
	(538.379)	(611.227)	(557.663)	(568.260)	(658.970)	(607.356)
N	3588	3588	3588	3588	3588	3588
R^2	0.516	0.553	0.631	0.540	0.566	0.640
时间固定效应	YES	YES	YES	YES	YES	YES
地区固定效应	YES	YES	YES	YES	YES	YES

注：圆括号内为标准误，*、**、*** 分别表示在10%、5%、1%的水平上显著。模型(1)-(6)均控制了时间固定效应和地区固定效应。

模型(4)-(6)是在模型(1)-(3)基础上控制了可能影响城市集聚的五个控制变量后的估计结果，与没有控制变量的估计结果基本一致，即本地市场规模的扩张和国外市场规模的扩大确实可以显著提升地区城市集聚水平。然而，邻近地区的市场需求持续扩大，会降低该地区城市集聚水平。在城市集聚过程中本地市场规模与邻近地区市场规模、国外市场规模之间的替代效应以及邻近地区市场规模与国外市场规模之间存在互补效应，即当本地市场规模较小时(一个地区受限于本地的经济发展水平和市场规模时)，可以通过邻近地区的市场需求和国外市场需求来弥补，而且邻近地区的市场需求和国外的市场需求是互补的。正如前文所述，不同层次市场规模与城市集聚之间确实存在"U"型关系。以模型(6)的估计结果为例，当本地市场规模(RMS_pgdp)约等于9.064时，本地市场规模的城市集聚偏效应为0；当市场规模(RMS_pgdp)小于9.064时，本地市场规模的扩大会降低城市集聚水平；而在数据集中，仅有17.87%的样本本地市场规模小于9.064，有82.13%的样本本地市场规模大于9.064，说明只要当本地市场初具规模时，市场规模的扩大就能够显著提升城市集聚水平。当邻近地区市场规模

(NMS_pgdp)的临界值约等于 9.905 时，邻近地区市场规模对城市集聚的影响为 0。然而样本集中仅有 5 个样本的邻近地区市场规模大于这个临界值，因此邻近地区市场规模对城市集聚的促进作用基本可以忽略不计，总体上邻近地区市场规模的扩大会降低城市集聚水平，与线性模型估计结果一致。而国外市场规模(FMS_export)在这个"U"型关系中临界值为负的 44.279%，所以国外市场规模扩张对城市集聚的效应均在这个"U"关系的右侧，即国外市场规模扩大与城市集聚水平提高是显著的正相关关系，与线性模型估计结果一致。经计算，在样本均值处，本地市场规模对城市集聚的偏效应为 206.859，即当市场规模(RMS_pgdp)提高 1%，城市集中度会提升 206.859 个单位；邻近地区市场规模对城市集聚的偏效应为 -337.734，即当邻近地区市场规模(NMS_pgdp)提高 1%，地区城市集中度会降低 337.734 个单位；国外市场规模对城市集聚的偏效应为 1.917，即当国外市场规模(FMS_export)提高 1%，地区城市集中度会提高 1.917 个单位。此外，本地吸收的外商直接投资增加、工资水平的提升、公共财政支出规模扩大以及交通基础设施的不断完善，均可以显著地提升城市集聚水平。

综上所述，当本地市场初具规模时，本地市场需求扩大能够显著地提高城市集聚水平；而邻近地区的市场需求扩大基本会削弱本地区城市集聚水平，国外市场规模扩大，则会显著提高本地城市聚集水平。此外，在城市集聚过程中，本地市场规模与邻近地区市场规模和国外市场规模表现为显著的替代效应，而邻近地区市场规模和国外市场规模之间则是显著的互补效应，即在本地市场规模相对较小的地区，可以通过扩大来自邻近地区的市场需求或国外市场需求来弥补。

3.3.2　市场规模与城市集聚：空间差异

为了进一步考察市场规模城市集聚效应的空间差异，在本章中根据国家地理属性将 276 个地级市分为沿海地区、沿边地区和内陆地区三个区域，并进行分样本回归。在全样本基准回归结果中，研究发现邻近地区市场规模和国外市场规模与城市集聚的"U"关系均可以忽略不计，且在本地市场规模与城市集聚的"U"关系中，有 17.8% 处于转折点之前。为了研究结果更具说服力，在本章中还分析在分样本回归中引入本地市场规模的平方项的估计结果，研究发现在沿海地区和内陆地区的分样本回归中本地市场规模的平方项的回归系数并不显著；在沿边地区的分样本中本地市场规模的平方项的回归系数显著为正，但沿边地区中分样本数据集所有样本均位于临界点右侧，本地市场规模与城市集聚的“U”关系表现为递增的正相关关系，与线性模型的估计结果基本一致。

表3－3列出了仅考虑不同类型市场规模的交互项对城市集聚的影响的估计结果，为了便于分析比较，还同时列出了不包含交互项的估计结果，被解释变量均为城市集中度。模型(1)(3)和(5)仅考虑了本地市场规模、邻近地区市场规模、国外市场规模以及相关控制变量。估计结果显示，不管是沿海地区、沿边地区还是内陆地区，本地市场规模的扩大对城市集聚均有显著的正向促进作用；但不同区域本地市场规模的偏效应是不同的，沿边地区的本地市场规模城市集聚效应大于内陆地区，内陆地区又大于沿海地区。邻近地区市场需求的扩大均会导致城市集聚水平下降，对较为偏远的沿边地区影响最大，其次是内陆地区；这种邻近地区市场规模对城市集聚的负效应在沿海地区则相对较低，因为沿海地区已经在40多年的改革开放中形成较高的市场规模和城市集聚水平。在沿海地区和内陆地区，国外市场规模的估计系数在1%的显著性水平下显著为正，而在沿边地区，国外市场规模对城市集聚的影响并不显著。这也说明，国外市场规模的扩大并不能对沿边地区城市集聚产生显著影响，主要影响沿海地区的城市集聚水平，其次是内陆地区，这可能与沿边地区自身的经济发展水平和薄弱的交通基础设施、较高的边界效应有关，再加上沿边地区周边均为发展中国家，外部市场规模较沿海地区而言小得多。

表 3-3　市场规模城市集聚效应的空间差异估计结果

	沿海地区		沿边地区		内陆地区	
	模型(1)	模型(2)	模型(3)	模型(4)	模型(5)	模型(6)
RMS_pgdp	140.257***	556.592***	528.021***	1317.153***	237.556***	373.728***
	(19.376)	(44.783)	(44.040)	(124.145)	(27.264)	(63.087)
NMS_pgdp	-306.351***	176.123**	-1705.798***	-227.347	-553.213***	-486.614***
	(64.838)	(79.991)	(306.385)	(362.538)	(131.273)	(138.984)
FMS_export	1.971***	-2.817*	0.398	-30.123*	1.882***	30.043***
	(0.198)	(1.630)	(1.030)	(17.144)	(0.637)	(9.088)
RMS_pgdp*		-47.025***		-83.814***		-11.561*
NMS_pgdp		(4.594)		(12.418)		(6.055)
RMS_pgdp*		-0.169		-1.550		-2.547*
FMS_export		(0.318)		(2.066)		(1.353)
NMS_pgdp*		0.746**		5.604**		-0.333
FMS_export		(0.320)		(2.422)		(1.571)
Fdi	0.405	0.781**	19.682***	14.269**	-1.255	-0.723
	(0.319)	(0.310)	(6.935)	(6.798)	(1.824)	(1.841)
Pop	-349.178***	-284.000***	-312.762***	-58.911	-123.194***	-59.740*
	(28.461)	(29.690)	(63.393)	(75.131)	(29.262)	(33.106)
Wage	27.261***	21.910**	-2.624	-5.964	42.736***	40.421***
	(9.595)	(9.353)	(26.150)	(25.246)	(10.734)	(10.687)
Public	0.329***	0.288***	0.016	0.223	0.261**	0.337***
	(0.110)	(0.107)	(0.312)	(0.303)	(0.111)	(0.113)
Traffic	-5.678	5.067	64.871***	58.795***	8.658	3.334
	(6.514)	(6.470)	(14.101)	(13.628)	(7.234)	(7.287)

续 表

	沿海地区		沿边地区		内陆地区	
	模型(1)	模型(2)	模型(3)	模型(4)	模型(5)	模型(6)
常数项	3411.816***	-1247.022*	9830.488***	-3903.841	2863.709***	1624.920
	(598.863)	(737.394)	(2131.205)	(2850.352)	(1057.957)	(1156.195)
N	1352	1352	728	728	1508	1508
R^2	0.767	0.785	0.526	0.562	0.512	0.519
时间固定效应	YES	YES	YES	YES	YES	YES
地区固定效应	YES	YES	YES	YES	YES	YES

注：圆括号内为标准误，*、**、*** 分别表示在10%、5%、1%的水平上显著。模型(1)-(6)均采用面板固定效应模型，均控制了时间固定效应和地区固定效应。

模型(2)(4)和(6)中分别在沿海地区、沿边地区和内陆地区的分样本中引入本地市场规模、邻近地区市场规模和国外市场规模之间交互项，分析不同类型市场规模之间交互效应在不同区域之间的空间差异。研究发现，沿海和沿边地区的本地市场规模与邻近地区市场规模之间是显著的替代效应，而邻近地区市场需求和国外市场需求之间则是显著的互补效应。并且，沿边地区的本地市场规模与邻近地区市场的替代效应、邻近地区市场规模与国外市场规模的互补效应均高于沿海地区。内陆地区不同层次的市场规模之间的替代效应显著，但邻近地区市场规模和国外市场规模之间的替代效应并不显著，这与内陆地区位于中国腹地的地理区位有关。

3.3.3 中国—东盟自由贸易区全面降税的影响

我国的对外开放经历了从沿海开放到沿海、沿边、沿江“三沿开放”的全方位开放的转变。加入共同 WTO 以后，2004 年 11 月 29 日，中国与东盟十国签署了《货物贸易协议》，2005 年 7 月 20 日，中国—东盟自贸区降税计划全面启动。这可能对估计结果产生影响，所以，在下面的分析中引入国外市场规模与东盟自贸区全面降税的年度虚拟变量（Year2006，2006 年以前设定为 0，2006 年及以后设定为 1），全面降税会促进各地区总出口额中与东盟自由贸易区成员国之间的贸易份额大幅度提升，尤其是沿边地区。为了便于比较全面放开东盟自由贸易区货物贸易对城市集聚水平效应的空间差异，表 3－4 同时列出了全样本及分样本的估计结果。估计结果显示，东盟自由贸易区的全面降税显著地提高了沿边地区的城市集聚水平，却导致沿海地区和内陆地区的城市集聚水平有所降低，尤其是内陆地区。改革开放以来，中国的对外贸易主要来自沿海地区与发达国家之间贸易，而中国—东盟自由贸易区全面降税以后，中国与东盟的贸易额大幅度提升。中国与东盟的货物贸易主要依靠的陆路运输，使得地处与东盟国家交界的沿边地区贸易额相对较大。中国—东盟自贸区全面降税以后，沿边地区国外市场规模提高了 1%，城市集中度提高了 1.326 个单位，使得沿边地区的国外市场规模对城市集聚水平的效应提升了 3.246 个单位。然而，中国—东盟自贸易区全面降税却导致沿海地区和内陆地区的国外市场规模对城市集聚效应分别降低了 0.225 个单位和 4.064 个单位。从前文估计的结果不难看出，沿边开放能够显著促进沿边地区城市集聚中心的形成，但同时也可能对内陆地区及沿海地区造成一定冲击。

表 3－4　中国—东盟自由贸易区全面降税对城市集聚的影响

	模型(1) 全国	模型(2) 内陆地区	模型(3) 沿边地区	模型(4) 沿海地区
RMS_pgdp	306.561***	263.329***	516.004***	143.981***
	(16.655)	(27.673)	(44.235)	(19.438)
NMS_pgdp	－453.645***	－605.016***	－1603***	－331.494***
	(72.130)	(130.867)	(309.383)	(65.925)
FMS_export	1.861***	4.612***	－1.920	2.010***
	(0.250)	(0.876)	(1.460)	(0.199)

续 表

	模型(1) 全国	模型(2) 内陆地区	模型(3) 沿边地区	模型(4) 沿海地区
FMS_export * Year2006	-0.248*	-4.064***	3.246**	-0.225**
	(0.136)	(0.903)	(1.454)	(0.111)
Fdi	0.873*	-0.999	18.440***	0.380
	(0.456)	(1.812)	(6.936)	(0.319)
Pop	-214.293***	-79.215***	-342.693***	-332.848***
	(22.005)	(30.657)	(64.606)	(29.537)
Wage	28.337***	41.212***	-2.173	24.464**
	(8.588)	(10.664)	(26.071)	(9.681)
Public	0.249***	0.311***	0.020	0.347***
	(0.094)	(0.111)	(0.311)	(0.110)
Traffic	27.312***	4.149	64.923***	-8.783
	(5.315)	(7.253)	(14.058)	(6.683)
常数项	1938.509***	2833.588***	9242.040***	3527.436***
	(576.192)	(1050.625)	(2141.004)	(600.795)
N	3588	1508	728	1352
R^2	0.541	0.519	0.530	0.767
时间固定效应	YES	YES	YES	YES
地区固定效应	YES	YES	YES	YES

注：圆括号内为标准误，*、**、*** 分别表示在10%、5%、1%的水平上显著。模型(1)-(4)均采用面板固定效应模型，均控制了时间固定效应和地区固定效应。

3.3.4 稳健性检验

尽管前文已经对市场规模城市集聚效应的时空差异做了详细的分析，并取得了较为一致的估计结果，但仍难以确定核心解释变量中市场规模的不同的衡量方式是否会影响经验研究结果的稳健性。此外，实证研究中内生性问题越来越引起关注，比如遗漏变量或者被解释变量与解释变量之间的互为因果关系。虽然本章采用灯光总亮度作为地级市城市人口的代理变量来计算城市集中度，在很大程度上解决了模型估计中的内生性问题，但为了得到更为稳健的估计结果，仍采取如下 4 种方案进行稳健性估计。方案(1)，使用人均实际全社会消费品零售总量来衡量市场规模。方案(2)，将地区平均灯光亮度作为市场规模的代理变量，当一个地区平均灯光亮度越高，在一定程度上可以认为这个地区的市场规模越大。这是因为灯光数据不会受地区间价格因素的困扰，可以有效地解决由于 GDP 测算的误差问题而导致的估计偏差。方案(3)，考虑到模型中可能存在遗漏变量问题，并且前一期的城市集聚水平可能会影响这一期的城市集聚水平，这是因为空间集聚存在一定的锁定效应和路径依赖，即空间集聚一旦形成，将会更容易维持。因此，将滞后一期的城市集中度作为解释变量引入模型中。方案(4)，选取各地级市到最近港口或口岸的距离(Oversea)作为国外市场规模的工具变量。这主要是从节省运输成本的角度考虑，沿海开放主要依靠的海运，而沿边开放主要依靠的是口岸的陆路运输，在逻辑上，各地级市到最近的港口和口岸的距离本身对集聚没有明显的促进作用。为此我们选取最大的上海港和深圳港两个沿海口岸，以及广西防城港东兴口岸、新疆伊犁州霍尔果斯口岸、内蒙古呼伦贝尔市满洲里口岸和云南德宏州瑞丽口岸四个大的陆路沿边口岸，取各地级市到这六个口岸的最近距离，口岸所在市到口岸的距离取该市的内部距离①。

表 3 -5 呈现了市场规模城市集聚效应 4 种方案的稳健性估计结果。方案(1) -(4)的估计结果显示本地市场规模和国外市场规模的估计系数在 1% 的显著性水平下均显著为正，邻近地区市场规模的估计系数在 1% 的显著性水平下均显著为负，说明前面得出的本地市场规模和国外市场规模扩大对城市集聚具有显著的促

---

① 一个地区内陆距离取其地理半径的 2/3，计算表达式为：$D_{ii}=2/3\sqrt{S_i/\pi}$，其中，D_{ii} 为该地区内部距离，D_i 是该地区的土地面积。

进作用，而来自其他邻近地区的市场需求扩大会阻碍本地区城市集聚，这个估计结果是稳健的。

表 3－5 市场规模城市集聚效应的稳健性检验结果（I）

	方案（1）	方案（2）	方案（3）	方案（4）（含 iv）
RMS_pcomsumption	67.779***			
	（9.717）			
NMS_pcomsumption	－166.688**			
	（74.076）			
FMS_export	1.724***	1.607***	1.804***	20.264***
	（0.261）	（0.259）	（0.248）	（2.840）
RMS_light		5.977***		
		（0.913）		
NMS_light		－26.647***		
		（6.326）		
RMS_pgdp			303.147***	375.190***
			（16.548）	（21.376）
NMS_pgdp			－423.050***	－532.991***
			（70.242）	（115.800）
L. Consentration			0.003	
			（0.005）	
控制变量	YES	YES	YES	YES
常数项	2775.147***	2677.120***	1757.395***	925.623
	（490.064）	（136.816）	（568.406）	（891.317）
N	3588	3588	3587	3588
R^2	0.501	0.500	0.540	

续　表

	方案(1)	方案(2)	方案(3)	方案(4)(含 iv)
时间固定效应	YES	YES	YES	YES
地区固定效应	YES	YES	YES	YES

注：圆括号内为标准误，*、**、*** 分别表示在 10%、5%、1% 的水平上显著。表中控制变量同上文，包括外资开放度、人口规模、工资水平、公共财政支出和交通基础设施。

此外，方案(5)－(7)是在方案(1)－(3)的基础上引入本地市场规模与邻近地区市场规模、本地市场规模与国外市场规模、邻近地区市场规模与国外市场规模的交互项后得到的估计结果(见表 3－6)。结果显示，本地市场规模分别与邻近地区市场规模和国外市场规模的估计系数始终在 1% 的显著性水平下显著为负，且邻近地区市场规模与国外市场规模的估计系数始终在 1% 的显著性水平下显著为正，说明对于城市集聚中心的形成，本地市场规模与邻近地区市场规模和国外市场规模之间存在显著的替代效应，邻近地区市场规模与国外市场规模之间存在显著的互补效应，这个估计结果是稳健的。

表 3－6　市场规模城市集聚效应的稳健性检验结果(II)

	方案(5)	方案(6)	方案(7)
FMS_export	－2.298	－0.333	－2.361
	(1.510)	(0.402)	(2.074)
RMS_pcomsumption	295.087***		
	(27.265)		
NMS_pcomsumption	98.042		
	(83.379)		
RMS_pcomsumption * FMS_export	－0.938***		
	(0.273)		

续 表

	方案(5)	方案(6)	方案(7)
RMS_pcomsumption * NMS_pcomsumption	-29.477***		
	(3.474)		
NMS_pcomsumption * FMS_export	1.692***		
	(0.320)		
RMS_light		19.785***	
		(1.645)	
NMS_light		11.804	
		(7.281)	
RMS_light * NMS_light		-3.023***	
		(0.279)	
RMS_light * FMS_export		-0.034**	
		(0.016)	
NMS_light_ * FMS_export		0.810***	
		(0.183)	
RMS_pgdp			772.486***
			(37.990)
NMS_pgdp			-51.433
			(77.975)
RMS_pgdp * NMS_pgdp			-48.594***
			(3.636)
RMS_pgdp * FMS_export			-1.024***
			(0.393)
NMS_pgdp * FMS_export			1.690***
			(0.380)

续　表

	方案(5)	方案(6)	方案(7)
L. Concentration			0. 001
			(0. 005)
控制变量	YES	YES	YES
常数项	548. 045	2623. 034***	-2. 6e+03***
	(561. 330)	(134. 750)	(659. 106)
N	3588	3588	3587
R^2	0. 514	0. 518	0. 566
时间固定效应	YES	YES	YES
地区固定效应	YES	YES	YES

注：圆括号内为标准误，*、**、*** 分别表示在 10%、5%、1% 的水平上显著。表中控制变量同上文，包括外资开放度、人口规模、工资水平、公共财政支出和交通基础设施。

3. 4　本章小结

本章首先在全样本下分析不同层面的市场规模对城市集聚的效应，然后根据中国地理特征将 276 个地级市分为沿海地区、沿边地区和内陆地区三个区域，分析比较这三个区域的空间差异。随后，考虑到样本期内中国与东盟自由贸易区全面降税可能对估计结果产生影响，在回归模型中引入国外市场规模与东盟自由贸易区年度虚拟变量的交互项，分析全面降税前后，国外市场规模城市集聚效应的变化，并比较沿海、沿边及内陆地区的差异。最后，对市场规模城市集聚效应进行稳健性检验。

研究发现：

第一，本地市场规模和国外市场扩大对本地区城市集聚水平的提升具有显著的促进作用，而来自其他邻近地区的市场需求则会削弱本地区城市集聚水平。

第二，在城市集聚过程中，本地市场规模与邻近地区市场规模和国外市场规模是相互替代的，而邻近地区市场规模和国外市场规模之间则是互补的；在本地市场规模相对较小的地区，可以通过来自其他地区的市场需求或国外市场需求来弥补。

第三，本地市场规模影响城市集聚的偏效应存在空间差异，沿边地区的本地市场规模城市集聚效应大于内陆地区，内陆地区又大于沿海地区；而来自其他地区的市场需求均会导致城市集聚水平的下降，尤其是在较为偏远的沿边地区，而这种负效应在沿海地区则相对较低；国外市场规模的扩大并不能对沿边地区城市集聚产生显著影响；沿海地区国外市场规模的扩大能够显著提升城市集聚水平。

第四，不同市场规模之间的替代效应和互补效应也存在较为明显的地区差异，沿边地区不同市场规模之间的交互效应显著高于沿海地区和内陆地区。

第五，东盟自由贸易区的全面降税导致沿海地区和内陆地区的城市集聚水平有所降低，尤其是内陆地区，沿边地区的城市集聚水平却显著提高。

本章的研究具有明显的政策含义。首先，持续刺激沿边地区市场需求，为该地区空间结构重塑提供了重要的市场支撑。正如“扩内需保增长”的目标所言，刺激市场需求是沿边地区空间结构重塑的首要任务。其次，加快实现国内市场一体化，并为沿边地区提供健康的沿边开放环境，通过吸收邻近地区市场需求和扩大出口规模，来弥补本地市场需求的不足，比如改革开放以来，广东、福建的沿海地区的城市集聚水平的变化。但需要注意的是，在来自其他地区市场需求持续扩大，而本地市场需求很小的情况下，可能会有“去中心化”的风险。最后，深化全方位开放政策，对于沿边地区形成城市集聚中心具有重要意义。过去 40 多年的对外开放，为中国经济创造了增长的奇迹，这样的经验依然适用于现在，适用于中国的沿边地区。

第 4 章 交通基础设施、市场规模与企业区位选址

企业区位选址，即产业在空间经济地理上的重新组织，是生产活动空间集聚最重要的表现，直接影响区域经济空间结构重塑。关于企业区位选址影响因素的研究对于政府吸引新企业、发展地区经济、重塑空间结构具有重要的指导意义。新企业可以为当地带来就业机会、新技术和管理模式等，这种溢出效应可以促进当地的经济增长（刘修岩、张学良，2010[120]）。那么，是何种因素影响了企业区位选址决策从而导致空间结构演化？第 2 章的理论模型不仅明确了市场规模对于企业区位的作用，还表明了交易成本也会通过本地市场效应影响企业的长期区位。所以，本章的主要任务是验证交通基础设施完善引致的交易成本降低对企业区位选址决策的影响。

4.1　新增企业的空间分布特征

新企业存在明显的区域集聚特征，主要集中在沿海地区，以及中国重点规划的经济圈，包括长三角、珠三角、环渤海以及成渝四大经济圈。本章用新增企业数量来衡量企业的区位选址决策结果，数据来自 2013 年工业企业数据库。图 4－1 呈现了 2001—2013 年中国 31 个省份新增企业的总数，发现新增企业主要集中在江苏省、山东省、广东省及浙江省四个省，分别占新增企业总数的 13.28%、11.26%、11.07%、10.3%，这四省新增企业总数的占比达到 45.91%；其次是河南省、安徽省、辽宁省、湖北省、福建省、湖南省、河北省和四川省，新增企业数量的占比均在 3% 以上，这八个省新增企业总数占比达到 35.14%；而除重庆市和四川省外的大部分沿边省份对新企业的吸纳能力均较为薄弱，新增企业数量少得多。从城市的分布来看，新增企业数前 30 名的城市有江苏省的苏州市、南通市、无锡市、徐州市、盐城市、宿迁市和常州市，广东省的深圳市、东莞市、佛山市和广州市，浙江省的宁波市、杭州市、嘉兴市、绍兴市、金华市、温州市和台州市，山东省的青岛市、临汾市、潍坊市、德州市和菏泽市，辽宁省的沈阳市，四川省的成都市，福建省的泉州市，以及北京市、上海市、天津市和重庆市四个直辖市。虽然中央政府为了缩小地区发展差距，实行了中部崛起和西部大开发等区域均衡发展策略，然而内陆、沿边地区对于新企业的吸纳能力依然很小，尤其是云南省、贵州省、新疆维吾尔自治区、甘肃省、宁夏回族自治区、青海省、海南省及西藏自治区等沿边省(自治区)。自 2001 年到 2013 年间，江苏省苏州市新增企业总数达到 6946 家；相比之下，样本期内，西藏自治区仅新增 32 家企业，苏州市的新增企业总数比新疆维吾尔自治区、甘肃省、宁夏回族自治区、青海省、海南省及西藏自治区七个省(自治区)的新增企业总数还要多出 730 多家。

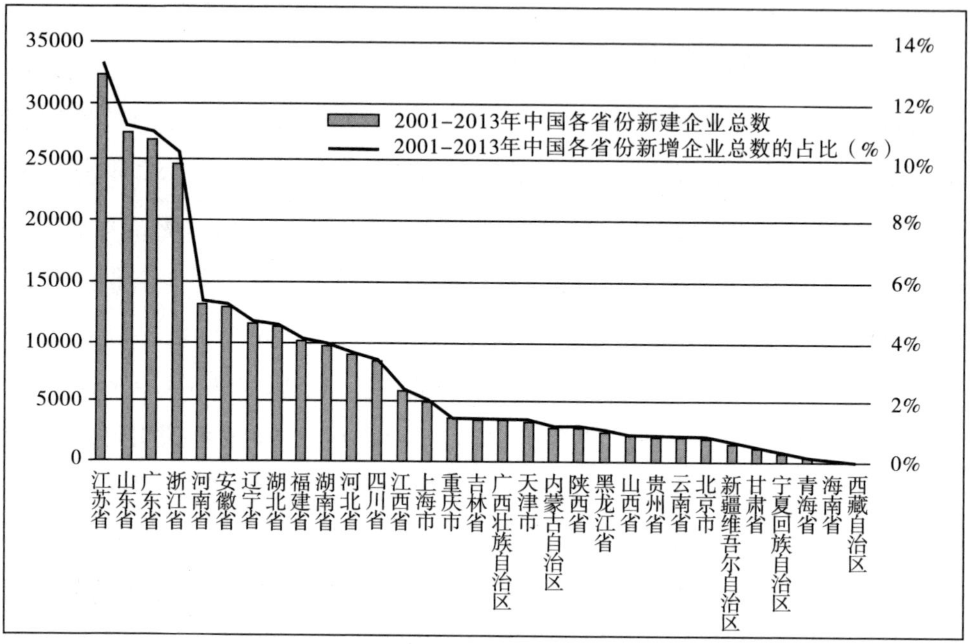

图 4－1　2001－2013 年各省份新增企业总数及占比①

进一步比较沿海地区、沿边地区和内陆地区新增企业的空间差异，可以发现新增企业主要集中在沿海地区，其次是内陆地区，而沿边地区的新增企业最少。2001—2013 年间，沿海地区新增企业占全国新增企业总数的比重为 63.78%，内陆地区新增企业占比为 30.34%，而沿边地区新增企业占比仅为 5.88%②。从 2001—2013 年沿海地区、内陆地区和沿边地区新企业占比的变化趋势图（见图 4－3）可以看出，沿海地区新增企业占比逐年降低，而内陆地区和沿边地区新增企业占比则表现出逐年递增的趋势。沿海地区的新增企业占比从 2001 年 73.85% 降到 2013 年的 55.21%；然而，内陆地区的新增企业占比从 2001 年的 21.96% 增至 2013 年 37.85%；沿边地区也呈现出一定的上升趋势，新增企业占比从 2001

① 数据来源：2013 年中国工业企业数据库整理。

② 本书的研究只针对中国 276 个地级市，部分地级市由于其他数据的匹配问题，在研究中被剔除，比如西藏自治区以及云南省的 8 个自治州，新疆只选取了克拉玛依市和乌鲁木齐市等。

年的 4.19% 上升到 2013 年的 6.94%。

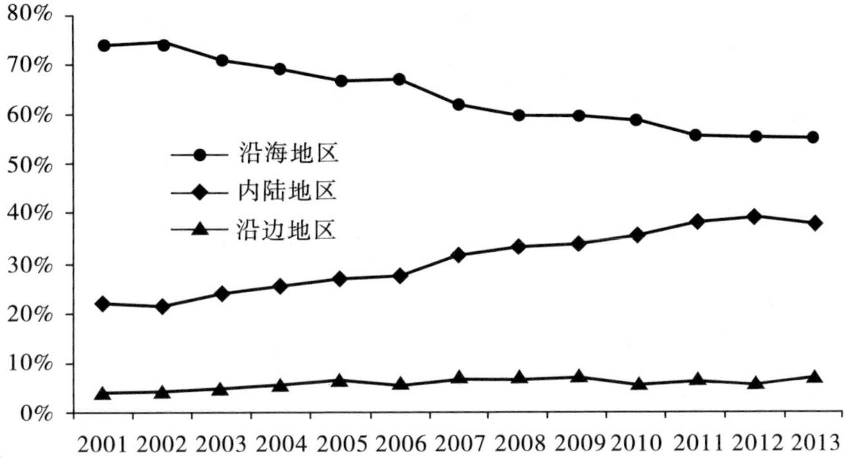

图 4－3　2001—2013 年沿海、内陆和沿边地区新增企业数占比变化趋势①

从新增企业的行业分布来看，不同行业的新增企业分布也存在较为明显的集聚性和差异性，地方化经济特性较为明显。煤炭开采和洗选业、石油和天然气开采业、黑色金属、有色金属和非金属矿采选业等采矿业的新增企业主要分布在沿边地区和内陆地区，木材加工及家具制造、食品制造及烟草加工业、能源生产及供应的新增企业主要分布在沿边地区，矿业加工业、皮革纺织工业、装备制造业的新增企业则倾向于分布在沿海地区。表 4－1 呈现了 2001—2013 年沿海地区、内陆地区和沿边地区各行业新增企业总数占比。从表中可以看出，沿海地区新增企业主要以装备制造业、化学工业、皮革及纺织工业、矿业加工业为主，这四个行业新增企业占比达到 78.46%；内陆地区新增企业主要为装备制造业、化学工业、食品制造及烟草加工业、矿业加工业、皮革纺织工业，这五个行业新增企业占比达到 82.13%；沿边地区新增企业主要以装备制造业、化学工业、采矿业和矿业加工业为主，这四个行业新增企业占比达到 81.42%。

① 数据来源：2013 年中国工业企业数据库整理。

表 4-1　2001—2013 年沿海、内陆和沿边地区各行业新增企业总数占比

行业	沿海地区		内陆地区		沿边地区			
	个数	占比(%)	个数	占比(%)	个数	占比(%)	个数	占比(%)
采矿业	3059	2.01	5002	7.29	1438	10.50	9499	4.05
食品制造及烟草加工	11335	7.43	9773	14.25	2967	21.67	24075	10.25
皮革及纺织工业	23156	15.18	6133	8.94	427	3.12	29716	12.65
木材加工及家具制造业	6552	4.29	2714	3.96	872	6.37	10138	4.32
造纸印刷及文教体育用品制造业	9201	6.03	2920	4.26	458	3.35	12579	5.36
化学工业	32477	21.29	18359	26.77	3446	25.17	54282	23.12
矿业加工业	16885	11.07	6221	9.07	1282	9.36	24388	10.39
装备制造业	47183	30.93	15833	23.09	2015	14.72	65031	27.69
其他制造业	895	0.59	353	0.51	56	0.41	1304	0.56
电力、燃气及水的生产和供应业	1811	1.19	1262	1.84	731	5.34	3804	1.62

数据来源：2013 年中国工业企业数据库整理

4.2　实证模型构建及变量说明

4.2.1　实证模型构建

企业选址决策不是一个随机的过程，而是一个企业利润最大化和成本最小化的过程。根据 McFadden(1974)的研究，单位企业 i 利润最大化的过程可以表示为：$\Pi_{ijk} = R_{ijk} - C_{ijk} + \varepsilon_{ijk} = x'_{ijk}\beta + \varepsilon_{ijk}$。其中，$R_{ijk}$ 和 C_{ijk} 分别表示企业 i 的收益和成本，x_{ijk} 表示能够影响企业利润的因素集合，ε_{ijk} 表示随机误差项。那么，利润最大化的代表性企业 i，选址于 j 处的原因是企业 i 在 j 处能够获得的利润大于其他

地区，即 $\Pi_{ijk} > \Pi_{imk}$，$j \neq m$。

本章主要分析市场规模对企业选址决策的影响，以及交通基础设施对市场规模的调节作用。首先，市场规模是企业选址的一个基础性因素，企业一般倾向于在距离消费市场较近的地区选址，这是为了享受规模优势的同时降低竞争成本。其次，交通基础设施的完善程度决定了企业生产与市场之间的距离，间接影响了企业区位选址，这与空间经济学的核心观点基本一致，运输成本下降会使企业在较大市场上平稳聚集。众所周知，虽然企业与大市场的地理距离无法缩短，却可以通过交通基础设施建设，降低运输成本，从而吸引新企业进入。现实中，交通基础设施便利水平和市场规模大小已经成为影响企业选址决策的重要因素。笔者认为便利的交通基础设施可以有效弥补本地市场需求的不足，促进新企业进入，尤其是在面临着市场规模约束而难以形成初始集聚的沿边地区。本章从本地市场规模、邻近地区市场规模和国外市场规模三个层次分析一个地区的市场需求。笔者认为企业的区位选址决策主要体现在这个地区每年新增的企业数量，这是因为新增企业和现有企业选址决策所依据的经济环境不同，新增企业选址对当前经济环境的影响更为敏感。所以，本章用新增企业数量作为企业区位选址决策的代理变量。基于此，构建如下实证回归模型：

$$Enter_{ikt} = \beta_0 + \beta_1 RMS_{ikt} + \beta_2 NMS_{ikt} + \beta_3 FMS_{ikt} + \beta_4 Traffic_{ikt} + \beta_5 RMS_{ikt} \times Traffic_{ikt} + \beta_6 FMS_{ikt} \times Traffic_{ikt} + \beta_7 NMS_{ikt} \times Traffic_{ikt} + \beta_8 Capital_{ik} + \beta_9 \min\_distance_{ik} + \alpha \sum Controls_{ikt} + \gamma \sum dum\_prov + \theta \sum dum\_year + \rho \sum dum\_cic + \varepsilon_{ikt} \quad \text{模型(1)}$$

其中，$Enter_{ikt}$ 表示 i 地区 k 行业在 t 年新建的企业个数；RMS、NMS 和 FMS 分别表示本地市场规模、邻近地区市场规模和国外市场规模，指标构建说明同第 2 章；$Traffic$ 表示交通基础设施规模，用交通基础设施密度衡量，等于公路密度、铁路密度和内河航运密度的加总；$Controls$ 表示可能影响企业区位决策的控制变量集，包括地区灯光亮度、人口分布、工资水平、外资开放度、人力资本水平、市场化程度。模型还引入一组虚拟变量来尽可能地控制不随时间而变和不随地区而变的遗漏变量，包括海外市场接近程度（Oversea）、省会城市虚拟变量（Capital）、省域虚拟变量（dum_prov）、行业虚拟变量（dum_cic）以及年份虚拟变量

(dum_year)，分别用以控制企业的贸易条件、省会城市与非省会城市差异、省域个体特征差异、两位数的行业特征差异和国家宏观经济发展环境变化的影响。

交通基础设施网络的完善使得生产要素在区域间流动更加自由，是影响经济活动空间分布的重要因素之一。那么，交通基础设施对企业区位选址的影响是否存在行业差异？一般而言，交通基础设施对制造业的影响较大，因为制造业不仅需要充足的生产要素投入，还需要较大的产品销售市场作为支撑；良好的交通网络是制造业从原材料、生产到销售环节正常运转的重要基础条件，可以最大限度地控制企业的生产和库存成本。生产性服务业的空间分布则具有一定空间集聚性，倾向于在本地集聚，需要的是良好的通信网络和其他的配套设施。而采矿业等资源型产业则可能对要素资源禀赋的要求更高。为了研究交通基础设施对企业区位选址的行业差异的影响，本章进一步将上述模型改为行业变系数模型：

$$Enter_{ikt} = \beta_0 + \beta_1 RMS_{ikt} + \beta_2 NMS_{ikt} + \beta_3 FMS_{ikt} + \beta_4 Traffic_{ikt} + \rho_{k-1}\sum_{k-1}^{9} dum\_cic_{k-1}$$
$$+ \tau_{k-1}\sum_{k-1}^{9} dum\_cic_{k-1} \times Traffic_{ikt} + \beta_5 Capital_{ik} + \beta_6 \min\_distance_{ik} + \alpha\sum Controls_{ikt} +$$
$$\gamma\sum dum\_prov + \theta\sum dum\_year + \rho\sum dum\_cic + \varepsilon_{ikt} \qquad \text{模型(2)}$$

估计模型(2)中，本节引入9个不同行业的虚拟变量①及其与交通基础设施的交互项，应用行业变系数模型来分析交通基础设施影响企业区位选址的行业差异，这里暂不考虑交通基础设施与不同层次市场规模之间的交互效应对企业区位选址的影响，因为这里重点关注的是交通基础设施对新增企业行业差异的影响。不同类型和等级的道路交通运输成本以及运输途中的稳定性等存在较大差异。一般认为，铁路运输更适用于省际的长途运输，而公路运输更适用于省内短途运输，而且不同的道路等级会影响运输效率。所以，为了研究不同类型和等级道路

---

① 经过归类汇总，本章总共涉及10个行业，各行业代码及名称具体为5－11(采矿业)、13－16(食品制造及烟草加工)、16－19(皮革及纺织工业)、20－21(木材加工及家具制造业)、22－24(造纸印刷及文教体育用品制造业)、25－30(化学工业)、25’31－33(矿业加工业)、34－41(装备制造业)、42－43(其他制造业)、44－46(电力、燃气及水的生产和供应业)。其中，以代码为16－19的皮革及纺织工业为基准。

交通对经济活动空间分布产生差异的影响，本章分别计算了 2001—2013 年中国省级层面的公路、铁路、内河航道、高速公路、等级公路及等外公路密度 6 个指标，来比较不同的交通基础设施规模对企业区位选址决策的行业差异、空间差异的影响。因此，在估计模型(1)的基础上，引入不同类型和等级的交通基础设施密度指标，得到估计模型(3)和(4)。

$$Enter_{ikt} = \beta_0 + \beta_1 RMS_{ikt} + \beta_2 NMS_{ikt} + \beta_3 FMS_{ikt} + \beta_4 Railway_{ikt} + \beta_5 RMS_{ikt} \times Railway_{ikt} + \beta_6 FMS_{ikt} \times Railway_{ikt} + \beta_7 NMS_{ikt} \times Railway_{ikt} + \beta_8 Waterway_{ikt} + \beta_9 RMS_{ikt} \times Waterway_{ikt} + \beta_{10} FMS_{ikt} \times Waterway_{ikt} + \beta_{11} NMS_{ikt} \times Waterway_{ikt} + \beta_{12} Road_{ikt} + \beta_{13} RMS_{ikt} \times Road_{ikt} + \beta_{14} FMS_{ikt} \times Road_{ikt} + \beta_{15} NMS_{ikt} \times Road_{ikt} + \beta_{16} Capital_{ik} + \beta_{17} \min\_distance_{ik} + \alpha \sum Controls_{ikt} + \gamma \sum dum\_prov + \theta \sum dum\_year + \rho \sum dum\_cic + \varepsilon_{ikt} \quad \text{模型(3)}$$

估计模型(3)中，Road、Railway 和 Waterway 分别表示公路密度、铁路密度和内河航道密度，三者密度加总等于交通基础设施密度(Traffic)。

$$Enter_{ikt} = \beta_0 + \beta_1 RMS_{ikt} + \beta_2 NMS_{ikt} + \beta_3 FMS_{ikt} + \beta_4 Railway_{ikt} + \beta_5 RMS_{ikt} \times Railway_{ikt} + \beta_6 FMS_{ikt} \times Railway_{ikt} + \beta_7 NMS_{ikt} \times Railway_{ikt} + \beta_8 Waterway_{ikt} + \beta_9 RMS_{ikt} \times Waterway_{ikt} + \beta_{10} FMS_{ikt} \times Waterway_{ikt} + \beta_{11} NMS_{ikt} \times Waterway_{ikt} + \beta_{12} Expressway_{ikt} + \beta_{13} RMS_{ikt} \times Expressway_{ikt} + \beta_{14} FMS_{ikt} \times Expressway_{ikt} + \beta_{15} NMS_{ikt} \times Expressway_{ikt} + \beta_{16} Standard_{ikt} + \beta_{17} RMS_{ikt} \times Standard_{ikt} + \beta_{18} FMS_{ikt} \times Standard_{ikt} + \beta_{19} NMS_{ikt} \times Standard_{ikt} + \beta_{20} Substandard_{ikt} + \beta_{21} RMS_{ikt} \times Substandard_{ikt} + \beta_{22} FMS_{ikt} \times Substandard_{ikt} + \beta_{23} NMS_{ikt} \times Substandard_{ikt} + \beta_{24} Capital_{ik} + \beta_{25} \min\_distance_{ik} + \alpha \sum Controls_{ikt} + \gamma \sum dum\_prov + \theta \sum dum\_year + \rho \sum dum\_cic + \varepsilon_{ikt} \quad \text{模型(4)}$$

估计模型(4)中，Expressway、Standard 和 Substandard 分别表示高速公路密度、等级公路密度和等外公路密度，三者加总等于公路密度(Road)。

4.2.2　估计方法

本章研究的是企业的区位选址，被解释变量是一个地区新增的企业数量，是非负整数的计数变量，并且多数样本中包含零值。因此，在估计方法上首先采用泊松回归(Poisson regression)模型(Coughlin and Segev，2000[6]；List and Mchone，2000[121]；Guimaraes P，et al.，2003[122])，相比企业选址研究中常用的 Logit 模型①，在样本量较大的情况下，谢松回归模型可以避免 Logit 模型常遇到的违背独立不相关假设的问题。

假设在一个共进行 n 次相互独立的随机实验中某事件发生概率为 p，记该事件发生次数为 Y，则 $Y=y$ 的概率为 $P(Y=y)=C_n^y p^y(1-p)n-y,(y=0,1,\cdots,n)$。当 $p\to 0,n\to\infty$时，而 $np=\lambda>0$ 时，此概率的极限为泊松分布：

$$\lim_{n\to\infty}P(Y=y)=\frac{e^{-\lambda}\lambda^{y}}{y!},(y=0,1,\cdots,n)$$

在本章的估计模型中，由于被解释变量 Y 是新增企业数量 y_{ik}，是个非负整数，假设一个地区某行业新建企业个数服从泊松分布，由解释变量 x_{ik} 所决定，那么，$Y_{ik}=y_{ik}$ 发生的概率由参数为 λ_{ik} 的泊松分布决定：

$$P(Y_{ik}=y_{ik}\mid \mathrm{x}_{ik})=\frac{\mathrm{e}^{-\lambda_{ik}}\lambda_{ik}^{y_{ik}}}{y_{ik}!},(y=0,1,\cdots,n)$$

其中，$\lambda_{ik}>0$ 为“泊松到达率”(Poisson arrival rate)，表示在给定解释变量集 x_{ik} 的条件下，一组实验中企业选址的平均次数。泊松分布的期望和方差均等于泊松到达率。为了保证 λ_{ik} 非负，假设 Y_{ik} 的条件期望函数为：

$$E(Y_{ik}\mid x_{ik})=\lambda_{ik}=\exp(x'_{ik}\beta)$$

由上式可以得到，企业选址发生的期望值与解释变量之间存在对数线性关系，即 $\ln\lambda_{ik}=x'_{ik}\beta$，其中，$\beta$ 为一组待估参数，可以解释为“半弹性”，即当解释变量 x_{ik} 增加微小量时，企业选址的平均次数增加的百分点。

考虑到泊松回归模型要求泊松分布的期望与方差一定相等，即满足“均等分散”假设，但这个特征常常与实际数据不符。现实中，被解释变量的方差常常要大于其期望值，这样就导致“过度分散”的存在。鉴于此，将企业选址决策服从的泊松分布修正为负二项分布。在 Y_{ik} 的条件期望函数的对数表达式中加入一项：

---

① Logit 模型一般要求进行选址决策的企业的各个备选空间是相似的，可以替代的，即独立不相关假设。

$$\ln\lambda_{ik} = x'_{ik}\beta + \varepsilon_{ik}$$

其中，随机变量 ε_{ik} 表示条件期望函数中不可观测部分或个体异质性。由上式可得：

$$\lambda_{ik} = \exp(x'_{ik}\beta) \cdot \exp(\varepsilon_{ik}) = u_{ik}v_{ik}$$

其中，$u_{ik} \equiv \exp(\varepsilon_{ik})$ 为 x_{ik} 的确定性函数，而 $v_{ik} \equiv \exp(\varepsilon_{ik}) > 0$ 仍为随机变量。给定 x_{ik} 和 v_{ik} 的条件下，Y_{ik} 依然服从泊松分布：

$$P(Y_{ik} = y_{ik} \mid \mathrm{x}_{ik}) = \frac{e^{-\lambda_{ik}}(u_{ik}v_{ik})y_{ik}}{y_{ik}!},(y = 0,1,\cdots,n)$$

由于 v_{ik} 依然不可观测，故无法进行估计。由于 $v_{ik} > 0$，故假设 v_{ik} 服从 Gamma 分布（指数分布与卡方分布都是 Gamma 分布的特例）。$v_{ik} \sim Gamma(1/\alpha,\alpha)$，其中 $\alpha > 0$，故 $E(v_{ik}) = 1$，而 $Var(v_{ik}) = \alpha$。可以看出，负二项回归模型的条件期望仍为 $E(Y_{ik} \mid x_{ik}) = \lambda_{ik} = \exp(x'_{ik}\beta)$，即负二项回归不影响条件期望，而条件方差则变为下式：

$$Var(Y_{ik} \mid x_{ik}) = u_{ik} + \alpha u_{ik}^2 > u_{ik} = E(Y_{ik} \mid x_{ik})$$

所以，在负二项回归中，条件方差大于条件期望。其中，条件方差是 α 的增函数，故 α 称为“过度分散参数”。当 $\alpha \to 0$ 时，即为泊松回归。所以，实际上泊松回归是负二项回归的特例。

对于究竟选择泊松回归还是负二项回归，在本章中还进行了 LR 检验。检验的原假设不存在过度分散，即“$H_0:\alpha = 0$”，如果拒绝原假设则使用负二项回归，反之则使用泊松回归。关于泊松回归和负二项回归的选择，涉及稳健性和有效性之间的权衡，一般认为泊松回归更稳健，而负二项回归更有效。

由于本章的被解释变量选取的是新增企业数量，所以变量的数据中可能存在大量的零值。因此，笔者不仅进行了标准泊松回归和标准负二项回归分析，还进一步分析比较了“零膨胀泊松回归”和“零膨胀负二项回归”的估计结果，这个过程是根据 Vuong 统计量进行判断的。若 Vuong 统计量为正，则考虑使用零膨胀泊松回归或零膨胀负二项回归的估计结果；如果 Vuong 统计量为负，则选择使用标准泊松回归或标准负二项回归的估计结果。因为以上估计模型均为非线性估计模型，所以估计中均采用条件最大似然估计方法(conditional MLE)。

本章的研究采用了2001—2013年的276个中国地级市面板数据。面板数据不仅可以解决由不可观测的个体差异或“异质性”造成的遗漏变量的问题，特别是不随时间而改变的个体差异，还可以克服时间序列数据中常见的多重共线性问题，从而有利于提高模型估计的精度和有效性。面板数据同时拥有横截面和时间两个维度，样本量大，可以增加估计过程中的自由度，提供更多的个体动态行为信息，提高估计的精确度。面板数据可以使用混合效应、随机效应和固定效应的泊松回归分析三种方法。通过LR检验来判定是否存在个体效应，确定是使用混合效应泊松回归模型还是随机效应的泊松回归模型。关于固定效应和随机效应泊松回归模型之间的选择则借助于豪斯曼检验(Hausman统计量)。固定效应泊松回归的最大优点在于允许个体异质性与解释变量相关，但固定效应负二项回归可以估计不随时间而变的变量系数。

4.2.3 变量选取及数据描述

1. 被解释变量——新增企业数量

本章用新增企业数量来构建企业区位选址指标，数据来自2013年的中国工业企业数据库①。该数据库中的工业企业类型包括全部国有工业企业和规模以上非国有工业企业，行业范围涉及采矿业、制造业以及电力生产和供应业等39类两位数行业分类，为了更好地分类并比较新企业的行业分布和空间分布情况，本章对部分行业进行归类加总②。此外，为了得到更为连续并且准确的新增企业数量，本章使用2013年的工业企业数据，根据每个企业的开业年份、行业代码及

① 聂辉华等(2012)对该数据库的基本信息、使用现状以及潜在问题做了一个详细的分析。

② 本章将中国工业企业数据中部分行业进行合并，最终考察10个行业，各行业代码及名称具体为5－11(采矿业)、13－16(食品制造及烟草加工)、16－19(皮革及纺织工业)、20－21(木材加工及家具制造业)、22－24(造纸印刷及文教体育用品制造业)、25－30(化学工业)、25'31－33(矿业加工业)、34－41(装备制造业)、42－43(其他制造业)、44－46(电力、燃气及水的生产和供应业)。

行政区划代码，生成并加总得到2001—2013 年各地级市各行业的新增企业数量。原始的2013 年中国工业企业数据库包含 344875 个企业，剔除异常值①后剩余 320032 个企业。其他的数据说明同特征分析部分。

2. 解释变量——市场规模与交通基础设施

(1)市场规模。本章将市场规模分为本地市场规模(RMS)、邻近地区市场规模(NMS)和国外市场规模(FMS)三个层次；其中，本地市场规模用人均实际 GDP 取其对数得到，表示为 RMS_pgdp；邻近地区市场规模是通过 276 个地级市最短公路距离的空间权重矩阵与人均实际 GDP 计算，取其对数得到，表示为 NMS_pgdp；国外地区市场规模用实际出口总额占实际 GDP 的比重衡量，表示为 FMS_export。本章在稳健性检验中还使用人均实际全社会消费品零售总量来衡量市场规模，相应的本地市场规模和邻近地区市场规模分别表示为 RMS_pcomsumption 和 NMS_pcomsumption。社会消费品零售总额是表现国内消费需求最直接的数据，可以作为了解国内零售市场变动情况及衡量市场规模大小的重要指标。

(2)交通基础设施(Traffic)。良好的交通基础设施一方面能够降低企业运输成本、库存成本、出行成本，提高地区间通达性，改善地区之间的经济贸易往来，扩大市场规模，影响企业区位选址，从而影响经济活动的空间分布基于世界银行(1994[123])的定义以及 Demurger 等(2001[124])的研究，本章中分别计算了各省份 2001—2013 年铁路密度(Railway_density)、公路密度(Road_density)、内河航道密度(Warterway_density)，并加总得到综合交通基础设施密度(Traffic_density)，分别对铁路密度、公路密度、内河航道密度及综合交通基础设施密度取对数后代入回归模型，表示为 Railway、Road、Warterway 和 Traffic。总体上，相比沿海地区，内陆、沿边地区的交通基础设施较为薄弱，尤其是沿边地区，这不仅与该地区的经济发展水平有关，还与该区域地理环境紧密相关。内河航道密度最

---

① 异常值处理包括：剔除总资产、职工人数、工业总产值、销售额的缺失值；保留实收资本和职工人数大于0 的企业；剔除固定资产、总资产、工业总产值为0 的企业；剔除总资产小于流动资产、总资产小于固定资产净值、累计折旧小于本年折旧的企业，这三项均不符合会计准则。

高的是江苏、上海及浙江，其次是广州、安徽、湖北、湖南、江西及重庆等省市。为了进一步研究不同等级公路对企业区位选址决策的影响，本章还将公路细分为高速公路(Expressway)、除高速公路外的等级公路(Standard)和等外公路(Substandard)，并分别计算了这三种等级公路的密度后取对数。

3. 控制变量集

本章选择了可能影响企业区位选址的六个控制变量：人口规模、经济增长、工资水平、外资开放度、公共财政支出和贸易条件。

(1)人口规模(Pop)。企业区位选址是一个企业利润最大化的过程，企业要创造利润就必须要有市场需求，而消费者是市场需求最直接的提供者。若一个地区人口基数较大，市场需求就较大，那么企业销售的产品就多，收益就越高，获得的利润就越高，这个地区对新企业的吸引力就越强。本章使用地级市人口密度反映一个地区人口规模，人口密度等于总人口数量除以国土面积，对其进行取对数，表示为Pop。其中，地级市人口数据来自中国区域统计年鉴。

(2)经济增长(Light)。用地区平均灯光亮度来衡量经济水平，全球夜间卫星灯光数据不会受地区间价格因素的困扰，可以有效地解决由于GDP测算的误差而导致的估计偏差。许多开始选择灯光数据作为GDP的代理变量(范子英等，2016；徐康宁等，2015)。

(3)工资水平(Wage)。在空间经济学中，一个地区的工资水平是生产活动空间集聚的主要条件，工资越高，集聚力越大，越容易吸引新企业进入。工资水平是指企业所在市场的居民收入水平。本章用城镇单位在岗职工平均工资，通过居民消费价格指数(CPI)进行平减，计算得到在岗职工实际的平均工资水平，并对其进行取对数。

(4)外资开放度(Fdi)。外资开放对企业区位选址的影响主要体现在外商直接投资可以为本国企业带来技术、管理等溢出效应。外资开放度等于实际吸收利用外资占实际GDP比重。其中，实际吸收外商直接投资总额首先经年度平均汇率换算，然后用工业品出厂价格指数进行平减得到。

(5)公共财政支出(Public)。公共财政支出是政府用于购买公共产品和服务的支出费用。公共财政支出越多，这个地区公共服务等基础设施就越完善，对资金、劳动力等生产要素的吸引力就越大(Boarnet，1998)，越容易吸引新企业进入。本章用实际的公共财政支出占实际 GDP 的比重表示一个地区公共财政支出的规模，表示为 Public。其中，实际公共财政支出经由居民消费价格指数平减得到，公共财政支出数据来自中国区域统计年鉴。

(6)贸易条件(Oversea)。企业贸易条件用各地级市到最近的港口或口岸的距离(Oversea)来衡量。这主要是从海外市场接近程度角度考虑，各地级市到港口或口岸的公路距离越近，贸易条件越好，越有利于企业选址。为此我们选取上海港和深圳港两个最大的沿海口岸，以及广西防城港东兴口岸、新疆伊犁州霍尔果斯口岸、内蒙古呼伦贝尔市满洲里口岸和云南德宏州瑞丽口岸四个最大的陆路沿边口岸，取各地级市到这六个口岸的最近距离，口岸所在地级市到口岸的距离取该地级市的内部距离。

本章中实证检验所涉及主要变量的描述性统计结果如表 4－2 所示。

表 4－2　主要变量描述性统计

变量	观测值	均值	标准差	最小值	最大值
新建企业数量(Enter)	34060	6.894	16.41	0	370
本地市场规模(RMS_pgdp)	34060	9.844	0.787	7.532	12.02
邻近地区市场规模(NMS_pgdp)	34060	8.795	0.539	6.762	9.970
本地市场规模(RMS_pcomsumption)	34060	8.552	0.781	5.960	10.67
邻近地区市场规模(NMS_pcomsumption)	34060	7.485	0.572	5.431	8.739
国外市场规模(FMS_export)	34060	9.777	17.56	0.0004	138.8
交通基础设施密度(Traffic)	34060	73.08	41.70	3.481	186.5
铁路密度(Railway_density)	34060	1.666	0.841	0.150	8.080
内河航道密度(Waterway_density)	34060	3.570	5.208	0	27.68
公路密度(Road_density)	34060	67.85	39.29	3.251	160.9

续 表

变量	观测值	均值	标准差	最小值	最大值
等级公路密度(StandaRDdensity)	34060	56.08	35.748	2.428	156.84
等外公路密度(SubstandaRDdensity)	34060	10.30	10.080	0.000	71.004
高速公路密度(Expressway_density)	34060	1.467	1.140	0.000	9.890
交通基础设施密度取对数(Traffic)	34060	4.093	0.692	1.247	5.228
铁路密度取对数(Railway)	34060	0.383	0.534	-1.897	2.089
公路密度取对数(Road)	34060	4.014	0.698	1.179	5.081
内河航道密度取对数(Waterway)	34060	1.118	0.834	0	3.356
等级公路密度取对数(Standard)	34060	3.786	0.754	0.887	5.055
等外公路密度取对数(Substandard)	34060	2.058	0.903	0.000	4.277
高速公路密度取对数(Expressway)	34060	0.808	0.433	0.000	2.388
工资水平(Wage)	34060	9.862	0.468	7.538	11.87
外资开放度(Fdi)	34060	1.707	2.926	0	113.1
经济增长(Light)	34060	6.650	8.061	0.101	58.53
人口规模(Pop)	34060	5.776	0.894	1.792	8.576
公共财政支出(Public)	34060	14.79	9.974	1.470	240.1
贸易条件(Oversea)	34060	865.6	494.0	16.81	2297
省会城市虚拟变量(Capital)	34060	0.113	0.316	0	1

4.3 实证结果分析

4.3.1 交通基础设施与企业区位选址：基准回归

表4-3为交通基础设施与企业区位选址决策的基准回归结果。为了便于比较并得到更为稳健的估计结果，模型(1)-(5)同时列出了OLS、泊松随机效应

回归、负二项随机效应回归、零膨胀泊松回归、零膨胀负二项回归的估计结果，被解释变量均为新增企业数量(Enter)。其中，泊松回归的前提条件之一是因变量的均值和方差相等，即满足“均等分散”假设。然而，本章的新建企业个数的均值为 6.89，方差为 269.29，方差是均值的 39 倍，故存在过度分散。存在过度分散的情况下，尽管泊松回归的结果依然一致，但负二项回归可能更有效率。在模型(3)和模型(5)进一步对过度分散参数 α 进行检验，如果拒绝原假设“$H_0:\alpha=0$”，则应使用负二项回归，反之则使用泊松回归。模型(3)和模型(5)的估计结果显示 α 的 95% 置信区间分别为(0.926，1.049)和(0.964，1.007)，α 的估计系数为 0.985，故可在 5% 的显著性水平上拒绝原假设，应使用负二项回归。由于本章选择的被解释变量是地级市不同行业新增企业数量，故样本中存在较多“零”值，因此还列出了“零膨胀泊松回归”和“零膨胀负二项回归”的估计结果，并进行 Voung 检验；模型(4)和模型(5)的中 Voung 统计量分别为 25.541 和 1.524，均拒绝“标准泊松回归”和“标准负二项回归”，均认为应使用“零膨胀泊松回归”和“零膨胀负二项回归”。虽然模型(5)中的过度分散参数 α 检验拒绝不存在过度分散的原假设，但关于泊松回归和负二项回归的选择，被认为是稳健性和有效性之间的权衡，一般认为泊松回归更稳健，而负二项回归更有效，并且即使数据中存在一定过度分散，泊松回归的参数及标准误仍是一致估计。因此，为了得到更为稳健的估计参数，本章最后还是采用模型(4)“零膨胀泊松回归”的估计结果。

模型(4)的估计结果显示，本地市场规模(RMS_pgdp)、邻近地区市场规模(NMS_pgdp)和国外市场规模(FMS_export)的泊松系数估计值均显著为正，说明本地市场规模、邻近地区市场规模和国外市场规模越大，越有利于吸引新企业进入。本地市场规模、邻近地区市场规模和国外市场规模影响企业区位选址的偏效应分别为 0.195、0.765 和 0.006。市场规模对于企业区位选址的基础性作用并不难理解，因为市场规模越大，表明这个地区市场容量越大，市场需求就越大，单个企业所占据的市场份额就可能越大，企业就更容易发挥规模经济效益，收益增大而平均成本降低，会使得企业的利润空间扩大，更容易吸引新企业进入，这与已有的研究结果基本一致(周浩、陈益，2013[125])。交通基础设施(Traffic)对新增企业数量的偏效应显著为正，表明交通基础设施越完善，新增企业数量就越多，交通基础设施密度提高1%，新企业数量增加41.2%。虽然企业与市场之间的地理距离无法缩短，但良好的交通基础设施能够极大地提高企业产品的运输效率，降低了企业运输成本，扩大企业跨区域市场范围，扩大企业市场规模，为企业创造更大的利润空间，提高当地对新企业的吸引力。这与Chandra和Thompson(2000)的关于美国的新企业更多地选择在高速公路直接穿过的县落户的研究结论一致。

交通基础设施与本地市场规模交互项的泊松系数估计值显著为负，且通过1%的显著性检验，说明在企业进行区位选址过程中，交通基础设施与本地市场规模表现为显著的替代效应，即对于本地市场规模较小的地区，市场规模约束问题被不断完善的交通基础设施网络弱化，良好的交通基础设施可以为当地吸引更多新企业，从长期来看，交通基础设施的完善可以扩大本地市场规模，不断强化“本地市场效应”作用。交通基础设施与邻近地区市场规模交互项的泊松系数估计值在1%的显著性水平下显著为正，交通基础设施与邻近地区市场规模对于企业区位选址来说是互补的，即如果一个地区邻近地区市场需求越大，交通基础设施的完善能够更大程度地为当地吸引新企业，也可以认为存在交通基础设施的“跨区域溢出效应”。虽然模型(4)的估计结果显示国外市场规模与交通基础设施交互项的估计系数并不显著，然而从模型(1)-(5)的估计结果，也可以基本判定在企业选址决策中国外市场规模与交通基础设施之间基本是相互替代的。所以，当一个地区国外市场规模较小时，政府通过大规模的交通基础设施建设来吸引新企业进入，包括外商投资企业等，进而逐步扩大国外市场规模。交通基础设施与不同类型市场规模的交互效应的存在也验证了中国自改革开放以来实施的大规模的交通基础建设的作用。总的来说，当一个地区面临市场规模约束而无法吸引新企业进入时，可以通过多方面的政策刺激来解决该问题，比如交通基础设施的完善以及国内外市场一体化的实现等等。

表 4-3　企业区位选址决策全样本的基准回归结果

	模型(1)	模型(2)	模型(3)	模型(4)	模型(5)
	OLS	Poisson	NB	ZIP	ZINB
RMS_pgdp	6.191***	2.429***	1.845***	1.890***	1.219***
	(0.844)	(0.056)	(0.076)	(0.035)	(0.082)
NMS_pgdp	12.559***	-0.033	0.032	0.208***	0.190
	(1.240)	(0.122)	(0.136)	(0.052)	(0.116)
FMS_export	0.427***	0.010***	0.035***	0.006***	0.034***
	(0.056)	(0.002)	(0.003)	(0.001)	(0.005)
Traffic	25.367***	0.756***	0.574***	3.284***	1.963***
	(2.180)	(0.105)	(0.154)	(0.095)	(0.217)
Traffic * RMS_pgdp	-1.414***	-0.448***	-0.357***	-0.414***	-0.322***
	(0.211)	(0.012)	(0.017)	(0.008)	(0.020)
Traffic * NMS_pgdp	-0.834***	0.437***	0.355***	0.136***	0.182***
	(0.275)	(0.015)	(0.021)	(0.012)	(0.026)
Traffic * FMS_export	-0.058***	-0.002***	-0.007***	0.000	-0.006***
	(0.013)	(0.000)	(0.001)	(0.000)	(0.001)
Light	0.013	-0.030***	-0.026***	0.004***	0.007***
	(0.024)	(0.001)	(0.002)	(0.001)	(0.002)
Wage	2.278***	0.198***	0.171***	0.219***	0.219***
	(0.449)	(0.021)	(0.033)	(0.014)	(0.041)
Fdi	0.066**	0.007***	0.005***	0.006***	-0.001
	(0.031)	(0.001)	(0.002)	(0.001)	(0.003)
Pop	0.184	-0.085***	-0.019	0.163***	0.052***
	(0.182)	(0.032)	(0.030)	(0.006)	(0.017)

续 表

	模型(1) OLS	模型(2) Poisson	模型(3) NB	模型(4) ZIP	模型(5) ZINB
Public	0.039 ***	0.008 ***	0.006 ***	0.008 ***	0.001
	(0.009)	(0.001)	(0.001)	(0.000)	(0.001)
Capital	2.105 ***	0.172 **	0.355 ***	0.281 ***	0.477 ***
	(0.308)	(0.077)	(0.059)	(0.008)	(0.027)
Oversea	-0.003 ***	-0.000 ***	-0.000 ***	-0.001 ***	-0.000 ***
	(0.000)	(0.000)	(0.000)	(0.000)	(0.000)
dum_year	YES	YES	YES	YES	YES
dum_prov	YES	YES	YES	YES	YES
dum_cic	YES	YES	YES	YES	YES
Constant	-198.495 ***	-22.025 ***	-18.961 ***	-22.782 ***	-15.582 ***
	(10.378)	(0.967)	(1.055)	(0.430)	(0.996)
Log-likelihood		-75207.2	-69398.1	-130254.4	-81000.3
Chi-squared	$ 232.98 ***	31734.2 ***	13506.6 ***	250619.4 ***	25921.3 ***
LR 检验		1.3e+05 P=0.000	2.7e+04 P=0.000		
Vuong 检验				25.541 *** P=0.000	1.524 ** P=0.0637
过度分散参数 α			拒绝 α =0		拒绝 α =0
N	34060	34060	34060	34060	34060

注：圆括号内为标准误，*、**、*** 分别表示在10%、5%、1%的水平上显著。上标“$”表示F统计量。

企业区位选址决策的基准回归结果中还控制了经济增长（地区灯光亮度，light）、工资水平（Wage）、外资开放度（fdi）、人口规模（Pop）、公共财政支出

(Public)、省会城市虚拟变量(Capital)、贸易条件(Oversea)等因素的影响。研究发现，一个地区经济发展水平越高，城镇工资水平越高，人口规模越大，外资开放程度越高，公共财政支出占比越高，新增企业数量越多，越有利于企业区位选址；而最近的港口或口岸的距离越远，贸易条件越差，则越不利于吸引企业选址落户。经济发展水平、外资开放度对企业区位选址具有正向促进作用，因为经济越发达、外资开放程度越高的地区，越容易给企业创造盈利空间，越容易吸引新企业选址。灯光亮度提高1单位，新企业数量增加0.4%；外资开放程度提高1%，新企业数量增加0.6%。改革开放以来，国家通过税收减免、关税优惠、贷款利率优惠、土地配额等多种的优惠政策吸引外商直接投资。外商直接投资能够凭借其衍生的需求带动上下游产业发展，同时其技术、管理、研发等方面的优势可以间接地向其他企业传递经济的正外部性，这种外溢效应能够极大地吸引新企业选址落户。公共财政支出占比越高，说明本地配套的基础设施配置水平越高，公共服务水平越高，越容易吸引新企业落户；公共财政支出占比提高1%，新增企业数量增加0.8%。省会城市的泊松系数估计值显著为正，说明省会城市相比非省会城市更容易吸引新企业选址，在其他条件不变的情况下，省会城市比非省会城市吸引新企业的数量预期高出32.45%[①]。从空间经济学角度考虑人口规模、工资水平及贸易条件对企业区位选址决策的影响，结果并不难理解。一个地区人口规模越大，意味着这个地区市场需求就越大，给企业带来的市场越大，企业能创造更多利润，从而增强该地区的新企业的吸引力。人口规模的泊松系数估计值显示，人口规模扩大1%，新企业数量增加16.3%。同理，工资水平越高，意味着这个地区集聚力越大，更容易使企业平稳集聚；工资水平提高1%，新企业数量增加21.9%(见表4-3)。在空间经济学中，交易成本包括国内市场的交易成本和国外市场的交易成本。所以，到口岸或港口的距离越近，意味着交易成本越低，越容易吸引新企业，促进生产活动的空间集聚。

---

① 省会城市的偏效应计算表达式为 $100 \times [\exp(0.281) - 1] = 32.45\%$。

4.3.2 交通基础设施与企业区位选址：空间差异

本章进一步比较沿海地区、沿边地区和内陆地区的交通基础设施影响企业区位选址的空间差异。为了得到更为稳健且与上文一致的估计结果，分样本回归还是采用零膨胀的泊松回归模型，还是通过 Voung 统计量检验来选择是否采取标准的泊松回归。表 4-4 中模型(1)-(3)分别呈现了内陆地区、沿边地区和沿海地区三个区域分样本的回归结果，被解释变量均为新建企业数量。

估计结果显示，内陆地区的本地市场规模对新建企业数量的偏效应为负，本地市场规模提升 1%，新建企业数量减少 3.57%；沿边地区的本地市场规模对新建企业数量的偏效应显著为正，本地市场规模提升 1%，新建企业数量增加 8.03%；沿海地区的本地市场规模对新建企业的偏效应显著为正，本地市场规模提升 1%，新建企业数量增加 16.05%。内陆地区的邻近地区市场规模对新建企业数量的偏效应显著为正，邻近地区市场规模提高 1%，新建企业数量增加 108.03%；沿边地区的邻近地区市场规模对新建企业数量的偏效应显著为正，邻近地区市场规模提高 1%，新建企业数量增加 98.76%；沿海地区的邻近地区市场规模对新建企业的偏效应为 0.743，然而一次项的泊松系数估计值并不显著。内陆地区的国外市场规模对新建企业数量的偏效应显著为正，国外地区市场规模提升 1%，新建企业数量增加 1.18%；沿边地区的国外市场规模对新企业数量的偏效应显著为正，国外市场规模提升 1%，新建企业数量增加 0.02%；沿海地区的国外市场规模对新企业数量的偏效应显著为正，国外市场规模提升 1%，新建企业数量增加 0.4%。内陆地区交通基础设施对新建企业数量的偏效应为 -0.159，且一次项的泊松系数估计值并不显著；沿边地区交通基础设施对新建企业的偏效应显著为正，交通基础设施密度提高 1%，新建企业数量增加 76.55%；沿海地区交通基础设施对新建企业的偏效应显著为正，交通基础设施密度提高 1%，新建企业数量增加 58.24%。相对沿边地区，沿海地区凭借其自身的区位优势、较低的海洋运输成本、深度开放的国外市场以及累积的区域竞争力，本地市场规模的扩大对于新企业的吸引力要大得多。内陆地区地处中国腹地，本地市场规模较小，交通基础设施较为薄弱，而来自邻近地区的市场需求较大，能够对新企业产生较强吸引力；内陆地区虽然距口岸或港口较远，贸易条件较差，但来自国外的市场需求仍对该地区企业区位选址产生显著影响。不管是国外市场需求、本地市场需求还是来自邻近地区的市场需求增加均能够显著增强沿边地区对新企业的吸引力。最后值得一提的是，中国大规模的交通基础设施的建设和完善，对新企业确实能够产生非常大的吸引力，尤其是对沿边地区的企业区位选址决策产生影响。

表 4－4　企业区位选址决策的空间差异回归结果

	模型(1) 内陆地区	模型(2) 沿边地区	模型(3) 沿海地区
RMS_pgdp	2.635***	－0.475***	3.761***
	(0.080)	(0.098)	(0.070)
NMS_pgdp	－1.672***	0.374**	－0.023
	(0.112)	(0.171)	(0.101)
FMS_export	－0.063***	0.032**	－0.030***
	(0.012)	(0.013)	(0.001)
Traffic	0.072	－2.415***	7.204***
	(0.218)	(0.359)	(0.180)
Traffic * RMS_pgdp	－0.638***	0.170***	－0.813***
	(0.018)	(0.031)	(0.016)
Traffic * NMS_pgdp	0.658***	0.188***	0.173***
	(0.024)	(0.048)	(0.023)
Traffic * FMS_export	0.018***	－0.010**	0.008***
	(0.003)	(0.004)	(0.000)
控制变量	YES	YES	YES

续　表

	模型(1) 内陆地区	模型(2) 沿边地区	模型(3) 沿海地区
dum_year	YES	YES	YES
dum_prov	YES	YES	YES
dum_cic	YES	YES	YES
Constant	-11.589***	-1.844	-40.964***
	(1.027)	(1.357)	(0.817)
Log-likelihood	-40266.8	-12726.04	-68171.1
Chi-squared	48378.4***	6606.3***	157908.9***
Vuong	15.130*** P=0.000	10.881*** P=0.000	14.479*** P=0.000
N	14378	6838	12844

注：圆括号内为标准误，*、**、***分别表示在10%、5%、1%的水平上显著；控制变量包括人口规模、工资水平、公共财政支出、外资开放度、经济增长、贸易条件和省会城市虚拟变量；模型(1)-(3)均为零膨胀泊松回归的估计结果。

进一步分析交通基础设施与不同层次市场规模之间交互效应的空间差异。内陆地区和沿海地区交通基础设施与本地市场规模之间的交互效应表现为显著的替代效应，说明当一个地区的本地市场规模较小时，交通基础设施完善可以弱化并弥补本地市场规模约束所引致的问题，吸引新企业进入；与国外市场规模之间的交互效应表现为显著的互补效应，即伴随着国外市场规模的扩大，良好的交通基础设施能够更大限度地吸引新企业落户。而沿边地区交通基础设施与本地市场规模交互项的泊松系数估计值显著为正，表现为显著的互补效应，即本地市场规模越大，交通基础设施的企业区位选址效应越明显；与国外市场规模之间表现为显著的替代效应，这说明当沿边地区出口规模较小时，良好的交通基础网络会弱化外部市场规模小的约束，吸引新企业进入。在沿海地区、沿边地区和内陆地区三个区域，交通基础设施与邻近地区市场规模之间的交互效应均表现出显著的互补效应，即当一个地区的邻近地区市场需求越大，那么良好的交通基础设施网络对于吸引企业区位选址的作用就越明显。

4.3.3　交通基础设施与企业区位选址：行业差异

交通基础设施网络的完善使得生产要素在区域间更加自由地流动，是影响经济活动空间分布的重要因素之一。但交通基础设施对企业区位选址的影响存在行业差异，比如周浩等人(2015)的研究。一般而言，交通基础设施对制造业的影响较大，制造业既需要充足的要素投入，又需要广阔的产品销售市场。徐康宁和陈健(2008[126])认为市场规模、交通便利程度、金融条件对制造类跨国公司区位选择影响较大。便利的交通基础设施可以通过加快要素流动，降低企业库存成本(刘秉镰，刘玉海，2011[127]；李涵，黎志刚，2009[128])来影响制造类企业的区位选址。生产性服务业的空间分布则具有一定空间集聚性，倾向于在本地集聚，一般要求有良好的通信网络和其他的配套设施。相对于制造业，采矿业等资源型产业则可能对要素资源禀赋的要求更高。为了更好地比较分析交通基础设施对不同行业企业区位选择的影响，以及这种影响在内陆地区、沿边地区和沿海地区的差异，本节引入 9 个不同行业的虚拟变量及其与交通基础设施的交互项。表 4 -5 中模型(1) -(4)列出了全样本、内陆地区、沿边地区和沿海地区的交通基础设施企业区位选址行业差异的估计结果，被解释变量均为新增企业数量，依然采用零膨胀泊松回归的最大似然估计方法。

估计结果显示，不同行业的交通基础设施企业区位选择效应确实存在显著的行业差异；交通基础设施密度提高 1%，皮革及纺织工业新企业数量增加 65.5%，废品废料回收加工业、工艺品及其他制造业新企业数量增加 76.1%，食品制造及烟草加工新企业数量增加 14.2%，采矿业新企业数量减少 14.3%，木材加工及家具制造业新企业数量增加 59.1%，造纸印刷及文教体育用品制造业新企业数量增加 54.7%，化学工业新企业数量增加 56.8%，装备制造业新企业数量增加 73.4%，电力、燃气及水的生产和供应业新企业的数量减少 25%，金属冶炼及压延加工业等矿业加工业新企业数量增加43.4%。不难看出，交通基础设施的完善对于制造业企业区位选址决策的作用较为明显，尤其是对中间产品投入、技术投入、产品销售要求较高的制造业企业；而对采矿业、能源产业的企业区位选址决策影响较小，这些行业的企业选址考虑更多的是资源的要素禀赋。

在内陆地区，交通基础设施对皮革及纺织工业、木材加工及家具制造业、废品废料回收加工业、工艺品及其他制造业的企业区位选址决策的影响并不显著。其中，废品废料回收加工业属于新兴行业，应环境保护而产生，这种类型的行业主要集中在经济较为发达的沿海地区；木材加工及家具制造业新企业倾向于分布在交通基础设施较为发达的沿海地区和资源禀赋较为丰富的沿边地区。采矿业、能源产业、装备制造业等行业交通基础设施企业区位选址的偏效应均显著为负，不利于新企业选址。交通基础设施对沿边地区的废品废料回收加工业、工艺品及其他制造业、食品制造及烟草加工、木材加工及家具制造业和化学工业的企业区位选址决策的影响并不显著，但有利于吸引皮革及纺织工业、采矿业、矿业加工业、造纸印刷及文教体育用品制造业、能源产业和装备制造业等行业新企业选址落户，尤其是需要较多中间品投入和巨大的产品销售市场的装备制造业和作为木材加工业下游产业的造纸印刷及文教体育用品制造业。其中，沿边地区皮革及纺织工业、采矿业、矿业加工业、造纸印刷及文教体育用品制造业、能源产业和装备制造业交通基础设施的企业区位选择的偏效应分别为0.624、0.103、0.096、0.862和0.885。总体而言，交通基础设施对于沿边地区采矿业和矿业加工业的企业区位选址的影响相对较小，而对于装备制造业选址决策的影响很大，这与采矿业和矿业加工业企业区位选址时更倾向于就近分布在矿产资源自然地理分布丰富的地区有关。在沿海地区，在皮革及纺织工业、废品废料回收加工业、工艺品及其他制造业、食品制造及烟草加工、木材加工及家具制造业、化学工业、装备制造业和能源产业的企业区位选址决策中，交通基础设施的影响均显著为正，对采矿业的企业区位选址的影响则显著为负，其中对废品废料回收加工业、工艺品及其他制造业的企业区位选址的影响最大；交通基础设施密度提高1%，皮革及纺织工业、废品废料回收加工业、工艺品及其他制造业、食品制造及烟草加工、木材加工及家具制造业、化学工业、装备制造业和能源产业新企业数量增加43.4%、82.6%、29.0%、76.4%、63.8%、69.8%和15.6%。

表 4-5　交通基础设施企业区位选址行业差异效应的估计结果

	模型(1)	模型(2)	模型(3)	模型(4)
	全样本	内陆地区	沿边地区	沿海地区
RMS_pgdp	0.150***	-0.097***	0.056*	0.192***
	(0.007)	(0.015)	(0.030)	(0.009)
NMS_pgdp	0.842***	0.965***	1.050***	0.873***
	(0.021)	(0.059)	(0.091)	(0.029)
FMS_export	0.007***	0.009***	0.002	0.005***
	(0.000)	(0.001)	(0.002)	(0.000)
Traffic	0.655***	0.067	0.624***	0.434***
	(0.022)	(0.047)	(0.134)	(0.028)
cic_42_43 * Traffic	0.106*	0.027	0.128	0.392***
	(0.061)	(0.114)	(0.268)	(0.087)
cic_13_16 * Traffic	-0.513***	-0.402***	-0.154	-0.144***
	(0.016)	(0.033)	(0.094)	(0.026)
cic_6_11 * Traffic	-0.798***	-0.876***	-0.521***	-1.103***
	(0.020)	(0.039)	(0.097)	(0.047)
cic_20_21 * Traffic	-0.064***	0.041	0.104	0.330***
	(0.024)	(0.049)	(0.124)	(0.035)
cic_22_24 * Traffic	-0.109***	-0.313***	0.238*	-0.014
	(0.021)	(0.046)	(0.129)	(0.029)
cic_26_30 * Traffic	-0.088***	-0.183***	-0.069	0.203***
	(0.014)	(0.030)	(0.093)	(0.020)

续 表

	模型(1) 全样本	模型(2) 内陆地区	模型(3) 沿边地区	模型(4) 沿海地区
cic_34_41 * Traffic	0.079***	-0.233***	0.261***	0.264***
	(0.014)	(0.031)	(0.099)	(0.019)
cic_44_46 * Traffic	-0.905***	-1.055***	-0.422***	-0.279***
	(0.028)	(0.059)	(0.106)	(0.060)
cic_25_31_33 * Traffic	-0.221***	-0.412***	-0.528***	-0.009
	(0.017)	(0.037)	(0.099)	(0.023)
控制变量	YES	YES	YES	YES
dum_year	YES	YES	YES	YES
dum_prov	YES	YES	YES	YES
dum_cic	YES	YES	YES	YES
Constant	-13.309***	-10.927***	-13.170***	-12.647***
	(0.243)	(0.580)	(0.797)	(0.346)
N	34060	14378	6838	12844
Log-likelihood	-129831.239	-40527.567	-12615.386	-69195.065
Chi-squared	251465.818***	47856.943***	6827.615***	155861.044***
Vuong	24.726***	15.399***	10.647***	14.771***

注：圆括号内为标准误，*、**、*** 分别表示在10%、5%、1%的水平上显著；控制变量包括人口规模、工资水平、公共财政支出、外资开放度、经济增长、贸易条件和省会城市虚拟变量。其中，行业虚拟变量包括 cic_6_11(采矿业)、cic_13_16(食品制造及烟草加工)、cic_17_19(皮革及纺织工业)、cic_20_21(木材加工及家具制造业)、cic_22_24(造纸印刷及文教体育用品制造业)、cic_26_30(化学工业)、cic_25_31_33(矿业加工业)、cic_34_41(装备制造业)、cic_42_43(废品废料回收加工业、工艺品及其他制造业)、cic_44_46(电力、燃气及水的生产和供应业)。模型(1)-(4)均为零膨胀泊松回归的估计结果。

4.3.4　交通基础设施与企业区位选址：道路类型和等级差异

前文已经分析交通基础设施的企业区位选址效应，并比较分析了这种效应的空间及行业差异。那么，不同类型和等级的交通基础设施对企业区位选址的影响是否也有差异？为此，进一步根据交通基础设施分类，分别引入公路、铁路、内河航道三种类型交通基础设施，并分别对高速公路、等级公路和等外公路三个等级比较分析其中的差异。表 4-6 和 4-7 列出了不同类型和等级交通基础设施的企业区位选址效应的估计结果，被解释变量均为新建企业数量，依然采用零膨胀泊松回归模型进行估计。模型(1)-(4)为不同类型的交通基础设施与不同层次市场规模交互项的估计结果，模型(5)-(8)为不同等级公路与不同层次市场规模交互项的估计结果。

模型(1)-(4)的估计结果显示，公路交通基础设施与铁路交通基础设施对新建企业数量的偏效应为正。公路交通基础设施规模提高 1%，新建企业数量增加 1.3%；铁路交通基础设施规模提高 1%，新建企业数量增加 8.6%。从全国范围来看，铁路交通基础设施的企业区位选址效应远远大于公路交通基础设施；内河航道密度的提高，并不能增强对新企业的吸引力。内陆地区公路交通基础设施对企业区位选址的影响并不显著；铁路交通基础设施的企业区位选址效应显著为正，铁路交通基础设施对企业区位选址的偏效应为 4.49，能够显著增强对新企业的吸引力；内河航道对企业区位选址影响的偏效应为负，不利于新企业的进入。内陆地区联接沿海和沿边地区，在历史发展中积累了优势，铁路运输网络较为健全，对于企业集聚和经济发展的带动作用较强，由于部分公路收费高会提升运输成本，不利于吸引新企业选址。沿边地区铁路网络和内河航道网络对企业区位选址的影响甚微，而良好的公路交通基础设施网络能够显著增强对新企业的吸引力，公路交通基础设施的企业区位选址的偏效应为 1.30。沿边地区的交通基础设施仍然较为薄弱，尤其是铁路交通网络，对于吸引新企业选址落户的能力相对较低。虽然沿海地区天然的外向型地理优势和巨大的潜在市场容量吸引了大量的企业云集于此，但沿海地区公路及铁路网络已具有相当规模，货物运输量也很大，导致这两种类型的运输方式改善空间不大，对企业区位选址的偏效应相对较小，分别为0.06和0.11。在沿海地区，公路密度提高1%，新企业数量增加6%，铁路密度提高1%，新企业数量增加11%，铁路的企业区位选址效应仍高于公路。

表4-6　不同类型交通基础设施的企业区位选址效应的估计结果

	模型(1) 全样本	模型(2) 内陆地区	模型(3) 沿边地区	模型(4) 沿海地区
RMS_pgdp	1.685***	1.632***	-0.217*	3.484***
	(0.037)	(0.090)	(0.120)	(0.068)
NMS_pgdp	-1.325***	-0.788***	0.071	-1.832***
	(0.063)	(0.182)	(0.237)	(0.120)
export	0.020***	-0.055***	-0.014	-0.009***
	(0.001)	(0.013)	(0.019)	(0.002)
Road	-1.445***	-0.517	-1.779***	1.024***
	(0.153)	(0.443)	(0.571)	(0.262)
Railway	5.965***	1.263**	1.098	10.061***
	(0.168)	(0.497)	(0.692)	(0.233)
Waterway	1.510***	-1.224***	-0.829	2.144***
	(0.087)	(0.227)	(0.778)	(0.110)
Road * RMS_pgdp	-0.378***	-0.398***	0.045	-0.632***
	(0.010)	(0.025)	(0.037)	(0.016)
Road * NMS_pgdp	0.595***	0.472***	0.306***	0.618***
	(0.017)	(0.048)	(0.072)	(0.030)
Road * FMS_export	-0.005***	0.023***	0.024***	-0.001***
	(0.000)	(0.003)	(0.006)	(0.000)

续　表

	模型(1) 全样本	模型(2) 内陆地区	模型(3) 沿边地区	模型(4) 沿海地区
Railway * RMS_pgdp	-0.114***	-0.476***	0.095	-0.675***
	(0.015)	(0.035)	(0.061)	(0.034)
Railway * NMS_pgdp	-0.541***	0.398***	-0.350***	-0.351***
	(0.022)	(0.058)	(0.094)	(0.036)
Railway * FMS_export	0.000	-0.009*	0.011	0.006***
	(0.000)	(0.005)	(0.008)	(0.001)
Waterway * RMS_pgdp	0.060***	0.111***	0.287***	-0.154***
	(0.007)	(0.021)	(0.079)	(0.010)
Waterway * NMS_pgdp	-0.291***	-0.005	0.087	-0.160***
	(0.011)	(0.031)	(0.120)	(0.014)
Waterway * FMS_export	0.004***	-0.020***	-0.104***	0.007***
	(0.000)	(0.003)	(0.012)	(0.000)
控制变量	YES	YES	YES	YES
dum_year	YES	YES	YES	YES
dum_prov	YES	YES	YES	YES
dum_cic	YES	YES	YES	YES
Constant	-5.463***	-10.562***	-3.063	-20.110***
	(0.568)	(1.628)	(1.933)	(1.062)
N	34060	14378	6838	12844
Log - likelihood	-128781.19	-40011.36	-12621.93	-66547.80
Chi - squared	253565.9	48889.4	6814.5	161155.6
Vuong	25.218***	15.051***	10.722***	14.318***

注：圆括号内为标准误，*、**、*** 分别表示在 10%、5%、1% 的水平上显著；控制变量包括人口规模、工资水平、公共财政支出、外资开放度、经济增长、贸易条件和省会城市虚拟变量。模型(1)-(4)均为零膨胀泊松回归的估计结果。

模型(5)-(8)模型的估计结果显示，在全国层面上，铁路对企业区位选址的效应依然显著为正；内陆地区高速公路的企业区位选址效应要明显高于铁路，高速公路和铁路的企业区位选址的偏效应分别为0.111和0.804，而等级公路和等外公路的企业区位选址效应均不显著；沿边地区内河航道的企业区位选址的偏效应最高，其次是高速公路和等外公路，企业区位选址的偏效应分别为0.21和0.23，然而铁路和等级公路密度的一次项系数均不显著，铁路和等级公路的影响不明显；沿海地区铁路的企业区位选址的偏效应最高，铁路密度提高1%，新企业数增加24.28%，其次是等级公路，等级公路密度提高1%，新企业数量增加8.78%。

表4-7 不同技术等级交通基础设施的企业区位选址效应的估计结果

	模型(5) 全样本	模型(6) 内陆地区	模型(7) 沿边地区	模型(8) 沿海地区
RMS_pgdp	1.008***	0.745***	-0.250	3.245***
	(0.044)	(0.101)	(0.183)	(0.086)
NMS_pgdp	-1.690***	0.475**	0.755**	-3.292***
	(0.073)	(0.189)	(0.354)	(0.156)
export	-0.002	-0.069***	-0.052**	-0.037***
	(0.002)	(0.014)	(0.026)	(0.002)
Railway	2.564***	1.561***	-0.433	7.192***
	(0.205)	(0.510)	(1.344)	(0.409)
Waterway	0.409***	-1.871***	-2.154*	1.923***
	(0.099)	(0.311)	(1.121)	(0.152)
Substandard	-0.512***	-0.076	-1.566*	-0.876***
	(0.079)	(0.211)	(0.907)	(0.123)
Standard	-5.767***	-0.486	0.021	-4.308***
	(0.192)	(0.521)	(1.309)	(0.393)

续　表

	模型(5) 全样本	模型(6) 内陆地区	模型(7) 沿边地区	模型(8) 沿海地区
Expressway	11.346***	3.534***	8.181***	8.325***
	(0.345)	(1.122)	(2.556)	(0.683)
Railway * RMS_pgdp	0.261***	-0.401***	0.071	-0.184***
	(0.019)	(0.041)	(0.082)	(0.042)
Railway * NMS_pgdp	-0.544***	0.277***	-0.099	-0.524***
	(0.028)	(0.066)	(0.160)	(0.051)
Railway * FMS_export	-0.016***	-0.021***	-0.015	-0.017***
	(0.001)	(0.006)	(0.011)	(0.001)
Waterway * RMS_pgdp	0.136***	-0.007	0.367***	-0.078***
	(0.007)	(0.022)	(0.086)	(0.014)
Waterway * NMS_pgdp	-0.264***	0.217***	0.083	-0.216***
	(0.012)	(0.039)	(0.154)	(0.019)
Waterway * FMS_export	0.002***	-0.016***	-0.084***	0.005***
	(0.000)	(0.003)	(0.014)	(0.000)
Substandard * RMS_pgdp	0.042***	-0.038***	0.003	0.126***
	(0.005)	(0.014)	(0.036)	(0.010)
Substandard * NMS_pgdp	0.020**	0.050**	0.210**	-0.033**
	(0.009)	(0.024)	(0.103)	(0.016)
Substandard * FMS_export	-0.007***	-0.008***	0.001	-0.010***
	(0.000)	(0.002)	(0.006)	(0.000)
Expressway * RMS_pgdp	-0.798***	-0.773***	-0.296*	-0.482***
	(0.029)	(0.069)	(0.160)	(0.056)

续 表

	模型(5) 全样本	模型(6) 内陆地区	模型(7) 沿边地区	模型(8) 沿海地区
Expressway * NMS_pgdp	-0.412***	0.524***	-0.587*	-0.448***
	(0.047)	(0.132)	(0.310)	(0.083)
Expressway * FMS_export	0.009***	0.010	-0.060***	0.007***
	(0.001)	(0.010)	(0.023)	(0.001)
Standard * RMS_pgdp	-0.133***	0.014	0.066	-0.601***
	(0.017)	(0.038)	(0.078)	(0.028)
Standard * NMS_pgdp	0.788***	-0.015	0.024	1.150***
	(0.027)	(0.064)	(0.166)	(0.048)
Standard * FMS_export	0.003***	0.031***	0.040***	0.012***
	(0.001)	(0.005)	(0.012)	(0.001)
控制变量	YES	YES	YES	YES
dum_year	YES	YES	YES	YES
dum_prov	YES	YES	YES	YES
dum_cic	YES	YES	YES	YES
Constant	5.223***	-12.107***	-7.367***	-3.628***
	(0.591)	(1.623)	(2.785)	(1.335)
N	34060	14378	6838	12844
Log - likelihood	-127312.22	-39818.43	-12598.68	-65520.27
Chi - squared	256503.9	49275.2	6861	163210.6
Vuong	24.823***	14.872***	10.355***	13.967***

注：圆括号内为标准误，*、**、*** 分别表示在10%、5%、1%的水平上显著；控制变量包括人口规模、工资水平、公共财政支出、外资开放度、经济增长、贸易条件和省会城市虚拟变量。模型(5)-(8)均为零膨胀泊松回归的估计结果。

总体上，铁路网络覆盖对企业区位选址的影响要大于公路网，对于新企业的吸引力更强。这是因为中国省际运输依然主要依靠铁路交通来完成的，而省内运输主要依靠公路。铁路运输的优势相对于公路更高。首先，铁路运输成本比较低，是公路运输成本的几分之一甚至十几分之一；其次，铁路运输的不确定性小，不容易受到外界自然条件的影响；最后，铁路运输运输量大，适合长距离运输。内陆地区完善的铁路网络可以显著的增强对新企业的吸引力；高速公路的企业区位选址效应要高于铁路，而等级公路和等外公路的影响不显著。沿边地区薄弱的铁路交通基础设施对企业区位选址的影响甚微，而不断完善的公路网络，尤其是高速公路逐渐成为吸引新企业的主要力量。沿海地区整体上铁路交通基础设施的企业区位选址效应要大于公路交通基础设施。

模型(2)和(6)的估计结果显示，内陆地区铁路交通基础设施与本地市场规模和国外市场规模在企业区位选址决策中表现为显著的替代效应，与邻近地区市场规模表现为显著的互补效应。对于内陆地区，本地市场规模和国外市场规模均相对较小，铁路交通基础设施与本地市场和国外市场这种“替代效应”的存在，正好可以解决这种市场规模较小的约束问题，因为“替代效应”所反映的是铁路密度提高会使得市场规模对于企业区位选址的边际效应减小，那么也就自然而然地解决了这种由于市场规模约束而无法吸引新企业选址落户的缺陷。从长期来看，由于市场规模“循环累积”效应的存在，良好的铁路交通网络可以逐步扩大市场规模，进一步吸引新企业选址落户。相对于沿海地区和沿边地区，内陆地区的邻近地区市场规模较大，加之铁路交通网络省际运输的优势，使得铁路网络“跨区域溢出效应”更加明显，伴随着铁路交通网络的不断完善，邻近地区的市场需求对于吸引新企业的重要性越来越重要。内河航道规模与本地市场规模和邻近地区市场规模是互补的，与国外市场之间则是相互替代的，说明本地市场规模越大、邻近地区市场规模越大的地区，即使国外市场规模很小，内河航道基础设施的完善对于企业区位选址的作用还是很大。公路交通基础设施与本地市场规模在企业区位选址决策中表现为替代效应，与邻近地区市场需求和国外市场之间则是互补的；低等级公路及高速公路与不同类型的市场规模的交互效应较为显著，与本地市场规模和邻近地区市场规模表现为替代效应，与国外市场规模表现为互补效应；等级公路仅与国外市场规模表现出显著的互补效应。

模型(3)和(7)的估计结果显示，在企业区位选址过程中，沿边地区铁路交通基础设施与邻近地区的市场需求表现为显著的替代效应。相对于内陆地区，沿边地区的邻近地区的市场规模相对较小，铁路交通基础设施与其“替代效应”的存在正好弱化了邻近地区市场需求较小的问题，铁路网络的不断完善能够有效地代替邻近地区市场需求来拉动新企业投资建厂。并且，从长期来看，铁路网省际运输优势可以促进国内市场进一步实现一体化，扩大邻近地区市场规模，增强对新企业的吸引力，不断强化铁路的“跨区域溢出效应”。铁路交通基础设施与本地市场规模和国外市场规模的交互效应并不显著，说明铁路交通基础设施的“本地市场效应”尚不明显。此外，沿边地区主要依靠公路交通基础的完善来扩宽国外市场，而不是铁路。公路交通基础设施和邻近地区市场规模与国外市场规模是互补，与本地市场规模的交互效应并不显著。公路交通基础设施与邻近地区市场需求和国外市场需求的互补效应的存在说明对于面临严峻的国内外市场分割时，公路交通基础设施可以有效弥补并解决这种市场规模约束问题，进而扩宽国外市场，实现国内市场一体化，增强对新企业的吸引力。然而，公路交通基础设施与本地市场规模不显著的交互效应也说明沿边地区公路交通基础的“本地市场效应”并不明显，它的主要作用在于加速国内外市场一体化的实现。在沿边地区企业区位选址过程中，高速公路与本地市场规模、邻近地区市场规模和国外市场规模的交互效应均表现为显著的替代效应；等级公路与国外市场、等外公路与邻近地区市场之间均表现为显著的互补效应。因此，在沿边地区的本地市场规模还较小，邻近地区市场需求也很小的情况下，企业一般没有意愿在此地投资建厂，政府应将重点放在沿边地区重要节点城市之间的连通上，尤其是高速公路等高等级公路的投资建设。随着市场规模逐渐扩大，逐步将重点转移到中小城市的互联互通上，比如乡村公路上，逐步实现国内市场的一体化。此外，还要注意修建沿边地区的口岸城市与邻国之间连通的等级公路，比如一级公路或二级公路等。因为此时伴随着国外市场的扩大，以及国内市场的逐步趋合，公路交通网络的完善能够使得市场规模的“企业区位选址效应”更加明显。

模型(4)和(8)的估计结果显示，在沿海地区企业区位选址决策中，铁路和内河航道分别与本地市场和邻近地区市场均表现为相互替代的作用。说明在本地市场规模需求和邻近地区市场需求均较小时，地区面临着市场规模约束，而替代效应的存在，能够缓解这种市场规模约束问题，从长期来看，良好的铁路网络和内河航道网络有助于打破地区之间市场分割，扩大市场规模，可以有效解决因市场规模较小而无法吸引新企业进入的问题，以增强市场规模的企业区位选址效应，形成初步集聚。公路交通基础设施与本地市场和国外市场之间是相互替代的，与邻近地区市场则表现为互补的关系。其中，等级公路与本地市场是相互替代的，与国外市场和邻近地区市场表现为互补的关系；高速公路与本地市场和邻近地区市场表现为相互替代的关系，而与国外市场则表现为互补的关系。在本地市场整体需求较小时，应重点建设重要节点城市之间高速公路及等级公路的互联互通，可以有效地解决市场规模约束问题，促进新企业集聚；随着本地市场需求的逐步扩大，应将重点放在公路交通网络的完善上，比如乡村公路的完善和提升乡村道路硬化率，打破城乡市场分割，逐步扩大本地市场规模，增强“本地市场效应”。在对外开放的初期，低等级公路的普及，为沿海地区吸引新企业选址落户，伴随着我国对外开放程度的进一步加深，公路等级的提升和高等级公路(比如高速公路)网络的完善，导致对新企业的吸引力越来越大。在邻近地区市场规模较小的地区，高速公路的作用较明显，而在邻近地区市场需求相对较大的地区，对于道路等级的提升要求则相对较低。

4.3.5　稳健性检验

虽然本章通过引入省份、行业、年度及省会城市虚拟变量尽可能地缓解不随时间而变和不随地区而变的遗漏变量所造成估计偏误，但选取核心解释变量不同类型交通基础设施与不同类型市场规模与新企业选址决策之间可能存在双向因果关系，造成内生性问题。一方面，市场规模扩大，由于企业的逐利性，新增的企业数量会越来越多，经济发展水平也随着提高，当地市场规模也就随着扩大；另一方面，交通基础设施的不断完善，企业运输成本不断降低，从而吸引更多新企业选址落户，新增企业数量越多，地区经济发展水平就越高，就有更多的资本用于当地改善道路交通网络，比如提升公路等级、改善内河航道设施、修建高速公路及高铁等。为了解决交通基础设施、市场规模和企业区位选址之间的内生性问题，本章采用 Hilbe(2011)两步法①，首先估计得到内生解释变量的残差项，然后将残差项代入估计模型，得到残差项的系数估计值，若在1%的显著性水平下，拒绝原假设，则说明确实存在内生性问题。稳健性检验结果(Ⅰ-Ⅲ)的估计结果显示，相比前文企业区位选址的全样本基准回归结果(表4-3)、空间差异回归结果(表4-4)、行业差异估计结果(表4-5)和不同类型及不同技术等级交通基础设施的企业区位选址效应(表4-6和表4-7)，变量的泊松系数估计值大小非常接近，并且系数估计值的显著性水平和正负号均没有变化，说明市场规模和交通基础设施等变量引起的内生性问题较小；但两步法的似然比却提高了，所以两步法的估计结果是有效的。

表4-8　稳健性检验结果(Ⅰ)

	模型(1) 全样本	模型(2) 内陆地区	模型(3) 沿边地区	模型(4) 沿海地区
RMS_pgdp	1.804***	2.577***	-0.599***	3.694***
	(0.038)	(0.086)	(0.105)	(0.074)
NMS_pgdp	0.131**	-1.568***	0.389**	-0.038
	(0.057)	(0.124)	(0.185)	(0.112)

① Hilbe(2011)两步法：第一步为利用滞后一期的交通基础设施规模、本地市场规模、邻近地区市场规模和国外市场规模及其他控制变量分别对交通基础设施规模、本地市场规模、邻近地区市场规模和国外市场规模四个内生解释变量进行 OLS 估计得到对应的残差。第二步为利用内生解释变量、第一步得到的残差及其他控制变量(不包括工具变量)对新企业数量进行零膨胀泊松回归。

续　表

	模型(1) 全样本	模型(2) 内陆地区	模型(3) 沿边地区	模型(4) 沿海地区
FMS_export	-0.001	-0.061***	0.042***	-0.039***
	(0.001)	(0.012)	(0.015)	(0.002)
Traffic	3.324***	0.078	-2.421***	7.553***
	(0.107)	(0.249)	(0.399)	(0.203)
Traffic * RMS_pgdp	-0.400***	-0.622***	0.195***	-0.802***
	(0.009)	(0.020)	(0.032)	(0.017)
Traffic * NMS_pgdp	0.133***	0.636***	0.185***	0.149***
	(0.013)	(0.026)	(0.052)	(0.025)
Traffic * FMS_export	0.002***	0.016***	-0.014***	0.010***
	(0.000)	(0.003)	(0.004)	(0.000)
控制变量	YES	YES	YES	YES
dum_year	YES	YES	YES	YES
dum_prov	YES	YES	YES	YES
dum_cic	YES	YES	YES	YES
Constant	-21.540***	-11.687***	-1.303	-40.642***
	(0.490)	(1.184)	(1.497)	(0.929)
N	31440	13272	6312	11856
Log - likelihood	-120847.7	-37695.5	-11966.1	-62918.4
Chi - squared	229816.2***	45347.7***	6261.644***	144300.9***
Vuong	24.681***	14.642***	10.534***	14.173***

注：圆括号内为标准误，*、**、*** 分别表示在 10%、5%、1% 的水平上显著；控制变量包括人口规模、工资水平、公共财政支出、外资开放度、经济增长、贸易条件和省会城市虚拟变量；模型(1) - (4)均为 Hilbe(2011)两步法中第二步的零膨胀泊松回归估计结果。

表4-9 稳健性检验结果(II)

	模型(1) 全样本	模型(2) 内陆地区	模型(3) 沿边地区	模型(4) 沿海地区
RMS_pgdp	0.102***	-0.100***	0.014	0.146***
	(0.007)	(0.016)	(0.031)	(0.009)
NMS_pgdp	0.740***	1.016***	1.075***	0.749***
	(0.023)	(0.064)	(0.095)	(0.032)
FMS_export export	0.007***	0.002	-0.003	0.006***
	(0.000)	(0.002)	(0.003)	(0.000)
Traffic	0.729***	0.007	0.823***	0.574***
	(0.025)	(0.056)	(0.145)	(0.034)
cic_42_43 * Traffic	0.031	-0.015	0.055	0.315***
	(0.063)	(0.118)	(0.267)	(0.092)
cic_13_16 * Traffic	-0.525***	-0.399***	-0.138	-0.131***
	(0.017)	(0.035)	(0.096)	(0.028)
cic_6_11 * Traffic	-0.832***	-0.895***	-0.531***	-1.191***
	(0.021)	(0.040)	(0.100)	(0.049)
cic_20_21 * Traffic	-0.099***	0.038	0.083	0.285***
	(0.025)	(0.051)	(0.130)	(0.036)
cic_22_24 * Traffic	-0.117***	-0.328***	0.229*	-0.005
	(0.023)	(0.048)	(0.133)	(0.031)
cic_26_30 * Traffic	-0.093***	-0.167***	-0.062	0.214***
	(0.015)	(0.032)	(0.096)	(0.021)
cic_34_41 * Traffic	0.081***	-0.216***	0.271***	0.279***
	(0.015)	(0.033)	(0.102)	(0.020)

续　表

	模型(1) 全样本	模型(2) 内陆地区	模型(3) 沿边地区	模型(4) 沿海地区
cic_44_46 * Traffic	-0.937***	-1.071***	-0.447***	-0.335***
	(0.028)	(0.061)	(0.109)	(0.062)
cic_25_31_33 * Traffic	-0.236***	-0.418***	-0.537***	-0.018
	(0.018)	(0.038)	(0.101)	(0.025)
控制变量	YES	YES	YES	YES
dum_year	YES	YES	YES	YES
dum_prov	YES	YES	YES	YES
dum_cic	YES	YES	YES	YES
Constant	-11.498***	-11.055***	-13.504***	-10.476***
	(0.269)	(0.645)	(0.863)	(0.389)
N	31440	13272	6312	11856
Log - likelihood	-119999.792	-37850.736	-11859.795	-63651.393
Chi - squared	231512.043***	45037.183***	6474.253***	142834.880***
Vuong	23.770***	14.849***	10.188***	14.384***

注：圆括号内为标准误，*、**、*** 分别表示在 10%、5%、1% 的水平上显著；控制变量包括人口规模、工资水平、公共财政支出、外资开放度、经济增长、贸易条件和省会城市虚拟变量；模型(1)-(4)均为 Hilbe(2011)两步法中第二步的零膨胀泊松回归估计结果。其中，行业虚拟变量包括 cic_6_11(采矿业)、cic_13_16(食品制造及烟草加工)、cic_17_19(皮革及纺织工业)、cic_20_21(木材加工及家具制造业)、cic_22_24(造纸印刷及文教体育用品制造业)、cic_26_30(化学工业)、cic_25_31_33(矿业加工业)、cic_34_41(装备制造业)、cic_42_43(其他制造业)、cic_44_46(电力、燃气及水的生产和供应业)。

表 4 - 10　稳健性检验结果(III)

	模型(1) 全样本	模型(2) 内陆地区	模型(3) 沿边地区	模型(4) 沿海地区
RMS_pgdp	1.566***	1.529***	-0.344***	3.516***
	(0.039)	(0.097)	(0.131)	(0.073)
NMS_pgdp	-1.352***	-0.926***	0.026	-1.635***
	(0.069)	(0.205)	(0.272)	(0.134)
FMS_export	0.017***	-0.055***	-0.006	-0.014***
	(0.001)	(0.014)	(0.022)	(0.002)
Railway	6.385***	2.554***	2.389***	11.244***
	(0.194)	(0.613)	(0.815)	(0.271)
Waterway	1.379***	-1.195***	-1.854**	1.933***
	(0.103)	(0.281)	(0.909)	(0.132)
Road	-1.423***	-1.175**	-1.783***	1.872***
	(0.177)	(0.537)	(0.663)	(0.306)
Road * RMS_pgdp	-0.347***	-0.366***	0.073*	-0.612***
	(0.011)	(0.026)	(0.040)	(0.016)
Road * NMS_pgdp	0.574***	0.515***	0.316***	0.529***
	(0.019)	(0.056)	(0.083)	(0.034)
Road * FMS_export	-0.005***	0.023***	0.020***	-0.001
	(0.000)	(0.004)	(0.007)	(0.000)
Railway * RMS_pgdp	-0.138***	-0.506***	0.060	-0.803***
	(0.016)	(0.037)	(0.066)	(0.037)
Railway * NMS_pgdp	-0.562***	0.290***	-0.465***	-0.335***
	(0.024)	(0.069)	(0.104)	(0.042)

续　表

	模型(1) 全样本	模型(2) 内陆地区	模型(3) 沿边地区	模型(4) 沿海地区
Railway * FMS_export	0. 001	-0. 008	0. 005	0. 008 ***
	(0. 001)	(0. 005)	(0. 008)	(0. 001)
Waterway * RMS_pgdp	0. 041 ***	0. 103 ***	0. 300 ***	-0. 192 ***
	(0. 007)	(0. 022)	(0. 083)	(0. 011)
Waterway * NMS_pgdp	-0. 255 ***	-0. 014	0. 222 *	-0. 099 ***
	(0. 013)	(0. 036)	(0. 130)	(0. 017)
Waterway * FMS_export	0. 004 ***	-0. 020 ***	-0. 100 ***	0. 008 ***
	(0. 000)	(0. 003)	(0. 013)	(0. 000)
控制变量	YES	YES	YES	YES
dum_year	YES	YES	YES	YES
dum_prov	YES	YES	YES	YES
dum_cic	YES	YES	YES	YES
Constant	-4. 546 ***	-8. 539 ***	-1. 951	-23. 100 ***
	(0. 650)	(1. 871)	(2. 303)	(1. 229)
N	31440	13272	6312	11856
Log - likelihood	-119639. 1	-37438. 6	-11858. 9	-61434. 6
Chi - squared	232233. 5	45861. 4	6476. 0	147268. 5
Vuong	24. 417 ***	14. 579 ***	10. 275 ***	14. 090 ***

注：圆括号内为标准误，*、**、*** 分别表示在 10%、5%、1% 的水平上显著；控制变量包括人口规模、工资水平、公共财政支出、外资开放度、经济增长、贸易条件和省会城市虚拟变量。模型(1) -(4)均为 Hilbe(2011)两步法中第二步的零膨胀泊松回归的估计结果。

表 4-11 稳健性检验结果(IV)

	模型(1) 全样本	模型(2) 内陆地区	模型(3) 沿边地区	模型(4) 沿海地区
RMS_pgdp	1.041***	0.700***	-0.231	3.359***
	(0.045)	(0.104)	(0.197)	(0.091)
NMS_pgdp	-1.912***	0.338	0.232	-2.972***
	(0.079)	(0.208)	(0.424)	(0.179)
FMS_export	-0.003*	-0.066***	-0.066**	-0.042***
	(0.002)	(0.015)	(0.028)	(0.002)
Railway	3.205***	2.508***	2.463	8.796***
	(0.236)	(0.605)	(1.586)	(0.493)
Waterway	0.066	-1.548***	-4.549***	1.664***
	(0.117)	(0.384)	(1.277)	(0.194)
Substandard	-0.285***	-0.541**	-1.095	-0.834***
	(0.091)	(0.252)	(0.962)	(0.153)
Standard	-6.105***	-1.867***	-0.794	-2.930***
	(0.221)	(0.586)	(1.527)	(0.506)
Expressway	11.747***	8.151***	9.624***	7.422***
	(0.407)	(1.279)	(3.144)	(0.950)
Railway * RMS_pgdp	0.248***	-0.401***	0.085	-0.347***
	(0.020)	(0.045)	(0.087)	(0.046)
Railway * NMS_pgdp	-0.595***	0.171**	-0.472**	-0.516***
	(0.031)	(0.076)	(0.184)	(0.062)
Railway * FMS_export	-0.017***	-0.020***	-0.027**	-0.015***
	(0.001)	(0.006)	(0.012)	(0.001)

续 表

	模型(1) 全样本	模型(2) 内陆地区	模型(3) 沿边地区	模型(4) 沿海地区
Waterway * RMS_pgdp	0.110***	-0.012	0.324***	-0.134***
	(0.008)	(0.023)	(0.093)	(0.015)
Waterway * NMS_pgdp	-0.197***	0.168***	0.404**	-0.128***
	(0.014)	(0.045)	(0.172)	(0.025)
Waterway * FMS_export	0.003***	-0.018***	-0.073***	0.007***
	(0.000)	(0.003)	(0.015)	(0.000)
Substandard * RMS_pgdp	0.052***	-0.032**	0.017	0.142***
	(0.006)	(0.014)	(0.037)	(0.010)
Substandard * NMS_pgdp	-0.009	0.092***	0.123	-0.053***
	(0.011)	(0.027)	(0.109)	(0.019)
Substandard * FMS_export	-0.007***	-0.009***	-0.002	-0.009***
	(0.000)	(0.002)	(0.006)	(0.000)
Expressway * RMS_pgdp	-0.731***	-0.815***	-0.098	-0.479***
	(0.032)	(0.074)	(0.170)	(0.067)
Expressway * NMS_pgdp	-0.527***	0.103	-0.967***	-0.361***
	(0.054)	(0.146)	(0.375)	(0.115)
Expressway * FMS_export	0.008***	0.013	-0.076***	0.005***
	(0.001)	(0.010)	(0.024)	(0.001)
Standard * RMS_pgdp	-0.154***	0.034	0.023	-0.594***
	(0.017)	(0.040)	(0.083)	(0.030)
Standard * NMS_pgdp	0.852***	0.100	0.243	1.008***
	(0.030)	(0.070)	(0.195)	(0.060)

续　表

	模型(1) 全样本	模型(2) 内陆地区	模型(3) 沿边地区	模型(4) 沿海地区
Standard * FMS_export	0.004***	0.030***	0.046***	0.012***
	(0.001)	(0.005)	(0.012)	(0.001)
控制变量	YES	YES	YES	YES
dum_year	YES	YES	YES	YES
dum_prov	YES	YES	YES	YES
dum_cic	YES	YES	YES	YES
Constant	6.667***	-9.901***	-4.635	-8.390***
	(0.665)	(1.799)	(3.359)	(1.563)
N	31440	13272	6312	11856
Log - likelihood	-118387.8	-37208.0	-11833.0	-60519.4
Chi - squared	234736.1	46322.6	6527.9	149098.9
Vuong	24.128***	14.321***	9.939***	13.792***

注：圆括号内为标准误，*、**、*** 分别表示在 10%、5%、1% 的水平上显著；控制变量包括人口规模、工资水平、公共财政支出、外资开放度、经济增长、贸易条件和省会城市虚拟变量。模型(1)-(4)均为 Hilbe(2011)两步法中第二步的零膨胀泊松回归的估计结果。

社会消费品零售总额是表现国内消费需求最直接的数据，是研究国内零售市场变动情况及市场规模大小的重要指标。因此，本章使用人均实际全社会消费品零售总量来衡量市场规模，并用 Hilbe(2011)两步法进行估计。相比表 4-7 的估计结果，变量的泊松系数估计值大小非常接近，并且系数估计值的显著性水平和正负号均没有变化，说明市场规模和交通基础设施等变量引起的内生性问题相对较小，本章所得到的估计结果是稳健的。

表 4－12　稳健性检验结果(V)

	模型(1) 全样本	模型(2) 内陆地区	模型(3) 沿边地区	模型(4) 沿海地区
RMS_pcomsumption	2.103***	2.143***	－0.611***	4.076***
	(0.039)	(0.081)	(0.110)	(0.075)
NMS_pcomsumption	－0.044	－1.441***	0.458***	0.069
	(0.055)	(0.117)	(0.177)	(0.107)
FMS_export	0.006***	－0.050***	0.059***	－0.024***
	(0.001)	(0.012)	(0.016)	(0.001)
Traffic	3.191***	－0.285	－2.312***	7.176***
	(0.086)	(0.203)	(0.305)	(0.164)
Traffic * RMS_pcomsumption	－0.468***	－0.499***	0.334***	－0.911***
	(0.009)	(0.019)	(0.032)	(0.017)
Traffic * NMS_pcomsumption	0.175***	0.548***	0.090*	0.178***
	(0.012)	(0.025)	(0.052)	(0.023)
Traffic * FMS_export	0.000	0.013***	－0.020***	0.007***
	(0.000)	(0.003)	(0.005)	(0.000)
控制变量	YES	YES	YES	YES
dum_year	YES	YES	YES	YES
dum_prov	YES	YES	YES	YES
dum_cic	YES	YES	YES	YES
N	31440	13272	6312	11856
Log－likelihood	－120890.3	－37890.89	－11822.33	－62986.71
Chi－squared	229730.93***	44956.87***	6549.190***	144164.24***
Vuong	24.473***	14.705***	9.993***	14.049***

注：圆括号内为标准误，*、**、*** 分别表示在 10%、5%、1% 的水平上显著；控制变量包括人口规模、工资水平、公共财政支出、外资开放度、经济增长、贸易条件和省会城市虚拟变量。模型(1)－(4)均为 Hilbe(2011)两步法中第二步的零膨胀泊松回归的估计结果。

4.4 本章小结

企业区位选址是区域空间结构重塑最直接的表现形式，即产业在空间经济地理上的重新组织。市场规模是企业区位选址的基础性因素，巨大的市场规模能够给企业创造巨大的盈利空间，增强对新企业的吸引力。企业的区位选址不仅是企业利润最大化的过程，也是运输成本最小化的过程。交通基础设施网络的完善使得生产要素在区域间更加自由地流动，从而影响经济活动的空间分布。本章以中国 276 个地级市作为新建企业的备选空间，基于 2001—2013 年中国工业企业数据中新建企业数量，应用零膨胀泊松回归模型的最大似然估计方法，分析交通基础设施、市场规模对企业区位选址的影响：良好的交通基础设施能否弥补和解决沿边地区初始时市场规模约束的问题，吸引新企业选址落户；交通基础设施在调节市场规模的企业区位选址时是否存在空间差异和行业差异；不同类型和等级的交通基础设施在影响市场规模与企业区位选址时是否存在差异。

根据前文的实证结果得到以下几点结论：

第一，市场规模扩大和交通基础设施完善均能够显著增强对新企业的吸引力。本地市场规模、邻近地区市场规模、国外市场规模越大，交通基础设施越发达，越有利于吸引新企业选址进入；沿海地区本地市场规模的企业区位选址效应要明显高于沿边地区；内陆地区地处中国腹地，本地市场规模较小，交通基础设施较为薄弱，对新企业产生的吸引力主要来自邻近地区的市场需求。此外，中国大规模的交通基础设施的建设和完善，对新企业能够产生非常大的吸引力，尤其是沿边地区的新企业选址。

第二，不同类型和等级的道路网络对企业区位选址的影响存在明显差异。总体上，铁路的企业区位选址效应高于公路，铁路运输比公路运输有更大的优势，铁路网络的普及和完善对于新企业的吸引力更强。内陆地区铁路的区位选址效应显著性最强，其次是高速公路，而等级公路和等外公路的影响不显著。沿边地区铁路网络的普及程度相对较低，薄弱的铁路交通网络对企业区位选址的影响并不显著；相比之下，公路网络的不断完善对企业区位选址影响显著，成为吸引新企业的主要力量，尤其是高速公路。沿海地区整体上铁路交通基础设施的企业区位选址效应要大于公路交通基础设施。

第三，交通基础设施与市场规模之间存在显著的交互效应。总体上，交通基础设施与本地市场规模、国外市场规模之间的交互效应表现为显著的替代效应，当本地市场规模和国外市场规模均较小时，政府可以通过大规模的交通基础设施建设来吸引新企业进入，逐步扩大本地市场规模和国外市场规模，因为与交通基础设施之间的替代效应会使得市场规模对企业区位选址的边际影响减小；与邻近地区市场规模之间的交互效应表现为显著的互补效应，即如果一个地区邻近地区市场需求较大，交通基础设施的完善能够更大限度地吸引新企业选址落户。

第四，不同类型和等级的道路网络在影响市场规模与企业区位选址时存在明显的空间差异。内陆地区的本地市场规模较小，良好的交通能够显著扩大本地市场规模。同时，随着交通基础设施的不断完善，邻近地区的市场需求对内陆地区吸引新企业的重要性越来越重要。其中，铁路的普及、内河航道的建设可以逐步扩大内陆地区的国外市场，比如长江经济带沿线交通基础设施的投资建设。在本地市场规模相对较小的沿边地区，交通基础设施的连通对于吸引新企业选址落户，扩大本地市场规模具有重要作用，尤其是重要节点城市之间高速公路的连通。随着本地市场规模的扩大，内河航道建设能够进一步强化本地市场规模的企业区位选址效应。沿边地区的邻近地区的市场规模相对较小，首先应重点建设铁路和高速公路，扩大邻近地区市场需求，吸引新企业投资建厂，再逐渐将重点转移到中小城市的连通上，比如乡村公路的普及和农村道路硬化率的提升，打破城乡市场分割，逐步实现国内市场一体化。沿边地区的边境贸易主要依靠公路交通设施，初期是沿边口岸与邻国等外公路的互通，随着国外市场逐步打开，在沿边地区的口岸城市修建与邻国之间连通的等级公路，对于强化国外市场规模的企业区位选址效应具有重要作用，比如一级公路或二级公路等。沿海地区的交通基础设施与本地市场规模之间表现为显著的替代效应，与邻近地区市场规模和国外市场规模之间则表现为显著的互补效应。良好的铁路网络、内河航道网络和高速公路网络有助于打破地区之间市场分割，扩大邻近地区市场规模。初期低等级公路的普及和铁路网的建设可以为沿海地区吸引新企业选址落户，随着我国对外开放程度的进一步加深，公路网络等级的提升和完善，能够显著增强沿海地区对新企业的吸引力。

第五，交通基础设施的企业区位选址效应存在显著的行业差异。交通基础设施对制造业的影响较大，尤其是需要大量的中间品投入和巨大的产品销售市场的装备制造业；而对采矿业、能源产业等资源型产业影响较小。良好的交通基础设施有利于吸引沿边地区皮革及纺织工业、采矿业、矿业加工业、造纸印刷及文教体育用品制造业、能源产业和装备制造业的企业选址落户，对沿海地区皮革及纺织工业、废品废料回收加工业、工艺品及其他制造业、食品制造及烟草加工、木材加工及家具制造业、化学工业、装备制造业企业区位选址更有利。

根据上述的研究结论提出以下几点政策建议：

第一，继续扩大交通基础设施投资，刺激消费。正如“扩内需保增长”“要致富先修路”所言，市场规模和良好的交通网络对于经济活动空间结构重塑有直接作用。

第二，继续完善铁路交通网络，扩大高速公路覆盖面，吸引新企业选址落户。

第三，在沿边地区，首先应在重要节点城市之间完善铁路以及高速公路连通，通过重点城市的互联互通，吸引新企业投资建厂，扩大本地市场规模和邻近地区市场规模，实现初步集聚；然后再逐步将重点转移到城市与乡村、乡村与乡村的道路连通上，比如乡村公路的普及和硬化率的提升；还要注重修建边境口岸城市与邻国之间的等级公路(比如一级公路或二级公路等)，扩大边境贸易。

第四，沿海地区继续完善高速公路和高速铁路网络，发展部分相对欠发达地区。对于政府制定合理的宏观政策，结合不同交通基础设施在不同的空间范围的调节作用，有助于有效的引导产业转移与空间分布，加速空间结构重塑的进程。

第 5 章

二重开放、市场规模与企业集聚

企业集聚是中国经济空间结构重塑最重要的过程。改革开放使得中国经济保持以年均近 10% 的速度快速增长，从而创造了“中国奇迹”，奇迹背后的关键因素是市场规模的扩大和专业化分工的深化，而对外开放和国内市场一体化(对内开放)，即“二重开放”，则是市场规模扩大和分工深化重要的推动力。本章基于 2001—2013 年中国工业企业数据和中国地级市数据，进一步分析二重开放引致的交易成本降低对企业集聚的影响，以及与市场规模的交互效应。

5.1　研究设计

5.1.1　实证模型构建与估计方法

本章主要研究的是二重开放政策的企业集聚效应。

首先，设定企业集聚的基准回归模型(1)为：

$$Aggregation = \propto_0 + \propto_1 HMS + \propto_2 Open + \propto_3 Integ + \delta\sum Controls + \beta\sum Dum\_year + \gamma\sum Dum\_cic + \theta\sum Dum\_prov + \epsilon \quad (1)$$

式中，*Aggregation* 表示企业集聚指标，分别从地方化经济(Local)、城市化经济(Urban)和行业竞争指数(Comp)三个方面来衡量。*HMS* 表示国内市场规模；*Controls* 表示可能影响企业集聚的控制变量集，包括地区工资水平(Wage)、出口贸易型企业参与程度(EX)、市场化程度(MD)、产业结构(Structure)、劳动密集程度(LI，Labor Intensity)、地方政府公共财政支出比重(Public)和海外市场接近程度(Oversea)；模型还引入一组虚拟变量，包括控制省会城市与非省会城市差异的省会城市虚拟变量(Capital)、控制省份个体特征的省份虚拟变量(Dum_prov)、控制行业特征的两位数行业虚拟变量(Dum_cic)以及控制全国宏观经济发展环境的年份虚拟变量(Dum_year)。

其次，本章还研究区际开放、对外开放与国内市场规模之间的交互效应对企业集聚的影响。因此，在基准回归模型的基础上引入国内市场规模分别与对外开放和区际开放的交互项以及区际开放与对外开放的交互项，设定回归模型(2)，来分析交互效应的存在。

$$Aggregation = \propto_0 + \propto_1 HMS + \propto_2 Open + \propto_3 Integ + \propto_4 HMS \times Open + \propto_5 HMS \times Integ + \propto_6 Open \times Integ + \delta\sum Controls + \beta\sum Dum\_year + \gamma\sum Dum\_cic + \theta\sum Dum\_prov + \epsilon \quad (2)$$

本章的研究选取2001—2013年的39个两位数工业行业、276个中国地级市面板数据。面板数据可以解决由不可观测的个体差异或“异质性”造成的遗漏变量的问题，特别是不随时间而改变的个体差异；还可以克服时间序列数据中常见的多重共线性问题，从而有利于提高模型估计的精度和有效性。关于面板数据的估计方法，有混合回归模型、随机效应模型和固定效应模型估计三种。本章采用的是双向固定效应模型，同时引进个体固定效应和时间固定效应，不仅可以解决随个体而异的遗漏变量问题，还可以解决随时间而变的遗漏变量问题。模型还引入一组虚拟变量来尽可能地控制不随时间而变以及不随地区而变的遗漏变量，包括海外市场接近程度(Oversea)、省会城市虚拟变量(Capital)、省域虚拟变量(dum_prov)、行业虚拟变量(dum_cic)以及年份虚拟变量(dum_year)，分别用以控制企业贸易条件、省会城市与非省会城市差异、省域个体特征差异、两位数的行业特征差异和国家宏观经济发展环境变化的影响。

5.1.2 变量选取及数据说明

1. 被解释变量

本章被解释变量企业集聚的测度主要参照 Martin P、Mayer T、Mayneris F (2011)对企业集聚的测度方法，分别从地方化经济(Local)、城市化经济(Urban)和行业竞争程度(Comp)三个方面对企业集聚程度进行测度。计算这三个指标的数据均来自 2001—2013 年中国工业企业数据库中每个企业所雇佣的劳动力数量。该数据库中的工业企业包括全部国有和规模以上非国有工业企业，行业范围涉及采矿业、制造业以及电力生产和供应业等 39 类两位数行业分类。此外，为了得到更为可靠的数据结果，还对该数据库中的数据做了异常值处理。

(1)地方化经济。地方化经济主要表现为行业内外部性，本章通过加总 2001—2013 年中国 276 个地级市 39 个不同行业所有企业所雇佣的职工人数，并对其取对数得到。地方化经济的表达式为：

$$\mathrm{Local}_{ijt} = \ln\left(\sum_{k=1}^{k} \mathrm{employees}_{ijkt}\right)$$

其中，i 代表地级市单位，j 代表 39 类两位数行业分类，t 代表年份，k 代表 i 地区 j 行业内的 k 企业，$\mathrm{employees}_{ijkt}$ 表示一个企业所雇用的职工数量。

(2)城市化经济。城市化经济主要用来衡量行业间外部性，本章用同一个区域除 j 部门以外其他部门其他产业的劳动力数量衡量，并对其取对数，表示为 Urban。

$$\text{Urban}_{ijt} = \ln(\text{employees}_{ij't})$$

其中，j' 表示 i 地区除了 j 部门以外其他所有行业部门。

(3)行业竞争强度指数。行业竞争强度指数用以衡量当地竞争压力的强度，旨在验证 Porte(1998)关于竞争和集聚的观点。根据 Porter 的观点，竞争可以刺激创新，所以集群内部竞争强度越大就越能够提升企业效率，此外，也可以说明竞争强度大的地区，集聚程度也较大。因此，这里采用产业集聚的赫芬达尔指数的倒数来衡量。

$$\text{Herf}_{ijt} = \sum_{k=1}^{k} \frac{\text{employees}_{ijkt}}{\text{employees}_{ijt}}, \text{Comp}_{ijt} = \ln\left(\frac{1}{\text{Herf}_{ijt}}\right)$$

最后，为了得到更为稳健的估计结果，在稳健性检验中，用企业生产总值计算地级市行业的企业集聚度(LE，Location Entropy)指标。

$$\text{LE}_{ijt} = \frac{Output_{ijt}}{Output_{jt}} * 100;\ Output_{ijt} = \sum_{k=1}^{k} Output_{ijkt};\ Output_{jt} = \sum_{k=1,i=1}^{k,i} Output_{ijkt}$$

2. 解释变量

本章主要研究二重开放、市场规模对企业集聚的影响，因此，本章的核心解释变量为对外开放(Open)、区际开放(Integ)和国内市场规模(HMS)。

(1)对外开放。参考绝大多数关于地区经济对外开放的文献，本章主要从出口依存度(Export)、进口依存度(Import)和外资依存度(Fdi)三个方面来描述地区对外开放程度，设定三者的权重分别为 0.3、0.3 和 0.4。出口依存度等于实际出口总额与实际 GDP 的比值；进口依存度等于实际进口总额与实际 GDP 的比值；外资依存度等于实际吸收外资总额与实际 GDP 的比值。其中，实际进出口总额和实际吸收外资总额经生产者出厂价格指数平减得到，实际 GDP 经 GDP 价格指数换算得到。所以，对外开放程度的计算表达式为：

$$\text{Open} = 0.3 \times \text{Export} + 0.3 \times \text{Import} + 0.4 \times \text{Fdi}$$

(2)区际开放。区际开放程度主要体现在人口流动($move_{pop}$)、资本流动($move_{capital}$)和商品流动($move_{product}$)三个方面。本章通过人口流动性、资本流动性和商品流动性三个指标，用均方差方法确定三者的权重，构建区际开放的综合指标。关于人口流动的测度，由于缺乏地区人口流动的数据，本章参照赵伟、徐朝晖(2005[129])的研究，用人口净迁入率来代替。人口的净迁入率等于地区年末实际人口增长率减去地区年末人口自然增长率。资本流动主要地区投资收益预期和投资环境的影响，即投资回报率高的地区资本流入，相反则资本流出。由于没有区域间资金流动的数据，本章资本流动的测度用地区人均实际到位的全社会固定资产投资额来替代，全社会人均固定资产投资反映的地区物质资本投入，在一定程度上可以认为物质资本投入高的地区资本投资回报率高，表现为资本流入。关于商品流动的测算，用本地区货运周转量除以全国交通线路总长度得到。因此，人口流通程度、资本流通程度、商品流通程度以及综合区际开放程度的计算表达式分别为：

$$move_{pop}=\frac{\text{本年年末实际人口数}-\text{上年年末实际人口数}}{\text{上年年末实际人口数}}-\text{年末人口自然增长率}$$

$$move_{capital}=\frac{\text{实际到位全社会固定资产投资金额}}{\text{人口总数}}$$

$$move_{product}=\frac{\text{本地区货运周转量}}{\text{全国交通线路总长度}}$$

$$Integ=\theta_1 move_{pop}+\theta_2 move_{Capital}+\theta_3 move_{product}$$

其中，$move_{pop}$、$move_{Capital}$、$move_{product}$的权重 θ_1、θ_2、θ_3，先对人口流动、资本流动和商品流动三个指标进行标准化处理，再由均方差方法确定。

(3)国内市场规模(HMS)。本章借鉴 Harris(1954)的研究和新经济地理学市场潜力函数构建国内市场规模指标。国内市场规模是一个空间距离的加权平均值，与本地区实际人均 GDP 成正比，与其他地区到本地的距离成反比。为去除地区间由于人口规模差异导致的经济总量差异，反映地区的平均购买力，本章用人均实际 GDP 为基础测算一个地区国内市场规模，表示为 HMS_pgdp。国内市场规模的测算需要引入一个空间权重矩阵，常用的空间权重有 0-1 的空间权重矩阵和基于球面距离计算得到的地理距离的空间权重矩阵。由于传统的利用球面距离来测度两点间的距离没有考虑到两点间实际交通状况可能导致准确性受到一定局限，考虑到公路运输作为目前最主要的运输方式，本章引入了一个 276 个地级市最短公路距离的空间权重矩阵，本地内部距离取该地区的地理半径的 2/3。那么，i 地区 t 年的国内市场规模计算表达式为：

$$HMS_{it} = \sum_{i \neq j} \left(\frac{y_{jt}}{D_{ij}} + \frac{y_{it}}{D_{ii}} \right)$$

其中，y_{jt}、y_{it} 分别表示 j 地级市和 i 地级市的人均实际 GDP，D_{ij} 表示 i 地级市和 j 地级市之间最短的公路距离，D_{ii} 表示 i 地级市的内部距离。

$$D_{ii} = 2/3\sqrt{S_i/\pi}$$

式中，S_i 是该地级市的总面积。

在稳健性检验中，分别使用人均实际全社会消费品零售总额和地区平均灯光亮度来测算国内市场规模，分别表示为 HMS_pcomsumption 和 HMS_light。

3. 控制变量集

(1)地区工资水平(Wage)。工资水平是指劳动力供给价格，一个地区劳动力供给价格越高，企业应付的营业用工工资总额就越高，生产成本就越大，越不利于企业集聚，但同时工资水平高也反映了一个地区经济发展处于较高水平，销售市场较大，对逐利型企业来说，就可以创造更大的收益，有利于企业集聚。企业集聚是一个利润最大化的过程，等于收益减去成本，当收益的预期大于成本时，企业就会集聚，反之则会退出市场。本章选取市辖区城镇单位在岗职工平均工资，以此反映一个地区企业的成本，并通过居民消费价格指数(CPI)进行平减，计算得到在岗职工实际的平均工资水平，并对其进行取对数，表示为 Wage。

(2)产业结构(Structure)。劳动力和产业的空间转移一般伴随着经济活动的聚集。产业集聚主要表现为制造业集聚，因为制造业开放度很高，对自然条件的依赖程度相对较低，易于在地区间转移，从而具有集聚的优势。此外，生产性服务业的空间分布则具有一定空间集聚性，倾向于在本地集聚。而农业生产活动由于土地要素的不可移动性，会导致农业布局较为分散。根据配第 - 克拉克定理，产业结构优化的过程中劳动力逐步由第一产业向第二产业和第三产业转移，即随着经济的发展，农业劳动力在全部劳动力中所占的比重减少，而工业和服务业的劳动力比重会增加。因此，在企业集聚过程中，一个地区的产业结构可能会影响企业的集聚行为。笔者认为产业结构的优化有利于企业集聚。这里用2001—2013年各省份第二产业和第三产业劳动力份额的和与第一产业劳动力份额的比来衡量地区产业结构状况，表示为Structure，其中，省级第一产业、第二产业和第三产业就业的劳动力数据来自中经网统计数据库。

(3)出口企业参与程度(EX)。出口贸易一直被认为是促进我国经济增长的重要动力。自沿海地区实施开放政策以来，致力于发展外向型经济，促进劳动力、资本、企业在沿海地区进一步集聚。因此，笔者认为出口企业参与程度会对地区企业集聚行为产生一定的影响。出口企业参与程度用出口企业数量所占比重来衡量。将2001—2013年每年中国工业数据库中企业的实际出口交货值与企业实际总产出的比高于0.2的企业确定为出口企业，计算得到每年各地级市的出口企业数量。

(4)市场化程度(MD)。市场化程度用以反映一个地区市场机制是否完善，是影响企业集聚的重要因素。市场化程度高，非国有经济相对发达的地区经济更有活力，企业的逐利性使得企业为了分享市场利润而集聚。参照梁双陆、梁巧玲(2016[130]，2017[68])的研究，本章用中国工业企业数据库中各地级市非国有企业数量占该地区所有调查企业数量的占比衡量市场化程度，表示为MD(Marketization Degree)。

(5)劳动密集度(LI)。由于以劳动密集型产品为主导的出口贸易在一定程度上促进了企业在沿海地区集聚，因此，在本章研究中加入了企业劳动密集度变量。有学者认为劳动密集型产业的发展不利于贸易开放，但事实上，沿海地区经济的高速增长得益于中国改革开放后中央政府将经济发展的重心由优先发展重工业向劳动密集型轻工业的转变。企业劳动密集度等于企业所雇佣劳动力数量与实际固定资产投资的比值，并对其取对数，表示为LI。企业职工数量和固定资产投资数据来自2001—2013年中国工业企业数据，其中实际固定资产投资由固定资产投资经固定资产投资价格指数平减得到，固定资产投资价格指数数据来自中经网统计数据库。

(6)地方政府公共财政支出(Public)。公共财政支出是政府用于购买公共产品和服务的支出费用。公共财政支出越多，这个地区公共服务等基础设施就越完善，对资金、劳动力等生产要素的吸引力就越大，越容易产生企业集聚。本章用实际的公共财政支出占实际 GDP 的比重表示一个地区公共财政支出的规模，表示为 Public；其中，实际公共财政支出由公共财政支出经居民消费价格指数平减得到，公共财政支出数据来自中国区域统计年鉴。

(7)海外市场接近程度(Oversea)。用海外市场接近程度反映一个地区的贸易条件，越接近海外大市场，运输成本越低，越有利于企业集聚。企业贸易条件用各地级市到最近的港口或口岸的距离(Oversea)来衡量，并对其取对数，表示为 Oversea。自改革开放以来，中国一直发展出口为导向的外向型经济，越接近海外市场，贸易条件越好，运输成本越低。这里选取上海港和深圳港两个大的沿海口岸，以及广西防城港东兴口岸、新疆伊犁州霍尔果斯口岸、内蒙古呼伦贝尔市满洲里口岸和云南德宏州瑞丽口岸四个大的陆路沿边口岸，取各地级市到这六个口岸的最近距离，口岸所在市到口岸的距离取该市的内部距离。

表 5－1　相关变量的描述性统计

变量名	样本量	均值	标准差	最小值	最大值
城市化经济(Urban)	99870	11.94	1.128	0	15.92
行业竞争程度(Comp)	99870	1.623	1.192	0	7.218
地方化经济(Local)	99870	7.673	1.798	2.197	14.69
国内市场规模(HMS，HMS_pgdp)	99870	9.037	0.507	7.458	10.43
国内市场规模(HMS，HMS_pcomsumption)	99870	7.595	0.5728	5.842	8.922
国内市场规模(HMS，HMS_light)	99870	2.414	1.224	0.416	8.331

续 表

变量名	样本量	均值	标准差	最小值	最大值
对外开放(Open)	99870	6. 240	10. 69	0. 0007	96. 46
出口依存度(Export)	99870	10. 45	18. 24	0. 0004	138. 8
进口依存度(Import)	99870	7. 963	17. 47	0	175. 9
外资开放度(Fdi)	99870	1. 790	2. 84	0	113. 07
区际开放(Integ)	99870	0. 262	0. 137	0. 0147	0. 913
资本流动($move_{capital}$)	99870	14544	12452	990. 3	70532
人口流动($move_{pop}$)	99870	0. 105	0. 583	-25. 62	4. 000
商品流动($move_{product}$)	99870	10. 52	7. 441	0. 394	59. 14
城镇单位在岗职工平均工资(wage)	99870	21401	10224	1877	143395
工资水平(Wage)	99870	9. 864	0. 468	7. 538	11. 87
产业结构(Structure)	99870	1. 73	1. 74	0. 22	28. 62
第一产业就业比重(First)	99870	41. 96	12. 12	3. 376	82. 22
第二产业就业比重(Second)	99870	26. 531	8. 957	3. 65	50. 96
第三产业就业比重(Third)	99870	31. 5	5. 827	14. 13	76. 66
出口企业参与程度(EX)	99870	0. 250	0. 367	0	1
市场化程度(MD)	99870	0. 828	0. 288	0	1
劳动密集度(LI)	99870	-4. 306	1. 150	-12. 50	6. 527
政府公共财政支出(Public)	99870	33. 81	55. 67	0. 060	476. 0
省会城市虚拟变量(Capital)	99870	0. 124	0. 329	0	1
海外市场接近程度(Oversea)	99870	6. 510	0. 797	2. 822	7. 739

5.2 实证结果分析

5.2.1 二重开放与企业集聚：基准回归

作为分析的起点，首先聚焦对外开放、区际开放及国内市场规模分别对企业集聚效应的影响。表 5 – 2 为全样本的基准回归结果。模型(1) – (3)的被解释变量分别为企业集聚的行业竞争效应、城市化经济(行业间外部性)、地方化经济(行业内外部性)，采用面板数据模型进行估计，通过豪斯曼检验选择是采用固定效应模型还是随机效应模型。结果显示，国内市场规模、对外开放和区际开放的系数估计值均在 1% 显著性水平下显著为正，均能显著增强同行业竞争强度、行业间外部性和地方经济的专业化水平，增强企业集聚效应。地方化经济表现为同一区域同一产业企业间的外部性。地方化经济越强的地区，同类行业企业集聚越明显；城市化经济则表现为同一区域内其他行业企业间的外部性。城市化经济越明显的地区，在利润最大化的驱使下上下游企业集聚越明显。行业竞争强度指数用以衡量行业内来自其他企业的竞争压力的强度，随着企业集聚程度的持续扩大，来自同行业企业的竞争压力也会随之增强。国内市场规模的扩大以及区域二重开放程度的加深，不仅会促进同类行业企业在本地区集中，还会吸引上下游行业企业向本地区集聚，增强地区专业化水平和多样化水平，同业竞争强度也会不断增加。本章中关于开放、交易成本和本地市场效应对集聚的影响机制，与大多数学者的研究结果基本一致(黄玖立和黄俊立，2008；李新等，2010[131])。开放程度越高，市场规模越大，越容易产生集聚效应(王丽娟，2005；冼国明，2006；刘军、徐康宁，2010)。

为了得到更为稳健的估计结果，本研究引入了可能影响企业集聚的七个控制变量，结果显示，地区工资水平会显著增强同区域内其他行业间的外部性，有助于延伸并完善上下游产业链，而对同行业竞争程度和地方经济的专业化水平的影响并不显著；市场化程度、地方政府公共财政支出、产业结构以及省会城市虚拟变量对企业集聚的影响均显著为正，即在开放水平及国内市场规模等因素一样的情况下，市场机制完善、政府用于公共设施建设的公共财政支出的比例大以及产业结构的优化对于增强企业集聚效应有显著的正效应，并且相对于非省会城市，省会城市更有利于企业的集聚；出口企业的参与程度对行业竞争性和地方化经济的影响显著为正，对城市化经济的影响显著为负，即一个地区出口企业的比例越高，就越有利于同行业企业的集聚，增强同业竞争程度，但不利于其他行业企业的聚集；企业的劳动密集度高、同行业竞争程度大、上下游行业企业间的外部性强，则地方经济专业化水平会减弱；海外市场接近程度的系数估计值显著为负，说明到港口或口岸的距离越近，越有利于企业集聚。

表 5-2　全样本基准回归结果

	模型(1)	模型(2)	模型(3)	模型(4)	模型(5)	模型(6)
	Comp	Comp	Urban	Urban	Local	Local
HMS_pgdp	0.393***	0.383***	1.112***	1.199***	0.797***	0.871***
	(0.058)	(0.023)	(0.043)	(0.017)	(0.092)	(0.036)
Open	0.006***	0.005***	0.015***	0.015***	0.012***	0.012***
	(0.001)	(0.000)	(0.001)	(0.000)	(0.002)	(0.001)
Integ	1.199***	1.094***	0.418***	0.477***	0.929***	0.912***
	(0.152)	(0.059)	(0.112)	(0.045)	(0.241)	(0.094)
Wage	-0.083**	-0.023	0.532***	0.558***	0.068	0.114***
	(0.041)	(0.016)	(0.030)	(0.012)	(0.064)	(0.025)
Public	0.002***	0.001***	0.002***	0.002***	0.003***	0.002***
	(0.000)	(0.000)	(0.000)	(0.000)	(0.000)	(0.000)
MD	0.505***	0.457***	0.062**	0.048***	0.219***	0.125***
	(0.035)	(0.014)	(0.026)	(0.010)	(0.056)	(0.022)
EX	0.233***	0.153***	-0.241***	-0.269***	0.589***	0.514***
	(0.037)	(0.014)	(0.027)	(0.011)	(0.058)	(0.023)

续　表

	模型(1)	模型(2)	模型(3)	模型(4)	模型(5)	模型(6)
	Comp	Comp	Urban	Urban	Local	Local
LI	0. 010	0. 018***	0. 073***	0. 105***	-0. 064***	-0. 028***
	(0. 008)	(0. 003)	(0. 006)	(0. 002)	(0. 013)	(0. 005)
Structure	0. 061***	0. 060***	0. 070***	0. 077***	0. 111***	0. 106***
	(0. 013)	(0. 005)	(0. 010)	(0. 004)	(0. 021)	(0. 008)
Oversea	-0. 120***	-0. 104***	-0. 030*	-0. 018**	-0. 065*	-0. 002
	(0. 024)	(0. 009)	(0. 018)	(0. 007)	(0. 038)	(0. 014)
Capital	0. 419***	0. 408***	0. 710***	0. 709***	0. 896***	0. 866***
	(0. 029)	(0. 011)	(0. 021)	(0. 008)	(0. 046)	(0. 018)
Dum_cic	YES	YES	YES	YES	YES	YES
Dum_year	YES	YES	YES	YES	YES	YES
Dum_prov	YES	YES	YES	YES	YES	YES
Constant	-0. 801	-2. 052***	-3. 472***	-4. 391***	0. 105	-1. 043***
	(0. 669)	(0. 253)	(0. 490)	(0. 191)	(1. 059)	(0. 403)
Hausman 检验	98. 30		124. 53		111. 21	
	Prob > chi2 = 0. 2347		Prob > chi2 = 0. 0077		Prob > chi2 = 0. 0557	
	固定效应	随机效应	固定效应	随机效应	固定效应	随机效应
N	99870	99870	99870	99870	99870	99870
R^2	0. 451	0. 451	0. 651	0. 651	0. 388	0. 388

注：圆括号内为标准误，*、**、*** 分别表示在 10%、5%、1% 的水平上显著。根据 Hausman 检验结果，城市化经济(Urban)采用随机效应模型的估计结果，行业竞争程度(Comp)和地方化经济(Local)采用固定效应模型的估计结果。

进一步分析对外开放、区际开放与市场规模的交互效应对企业集聚的影响。表 5-3 为对外开放、区际开放与市场规模之间交互效应的估计结果。结果显示，国内市场规模与区际开放交互项的系数估计值均显著为正，表现为显著的互补效应，即随着区际开放程度的加深，国内市场规模的企业集聚效应更强，主要表现为同行业企业不断集聚，上下游产业链的不断延伸和完善，同时也加剧了同业竞争程度；国内市场规模与对外开放之间互补性的交互效应主要表现在城市化经济和地方化经济两个方面，两者表现为相互强化的过程；此外，随着对外开放进程的深入，国内市场一体化的逐步实现会导致更大的同业竞争。对外开放能够降低国际间贸易壁垒，降低贸易成本，扩大外部市场规模，吸引外商直接投资，放大“本地市场效应”，促进集聚的形成。对外开放使得距离海外市场越近的地区，运输成本和贸易成本越低，国内市场规模的放大效应越大，能够更大限度地促进企业集聚。区际开放通过逐步实现国内市场一体化打破区域间市场分割，缩小由市场分割产生的影响，加速人口、资本、商品流动，放大国内市场效应，推动产业集聚，发挥累积循环机制作用。

表 5-3　对外开放、区际开放与市场规模的交互效应估计结果

	模型(1) Comp	模型(2) Urban	模型(3) Local
HMS_pgdp	0.295***	1.071***	0.667***
	(0.031)	(0.024)	(0.050)
Open	0.006	-0.017***	-0.025**
	(0.007)	(0.005)	(0.011)
Integ	-2.751***	-2.261***	-5.057***
	(0.697)	(0.527)	(1.111)
HMS_pgdp * Integ	0.397***	0.286***	0.628***
	(0.073)	(0.055)	(0.117)
HMS_pgdp * Open	-0.000	0.003***	0.004***
	(0.001)	(0.001)	(0.001)

续　表

	模型(1)	模型(2)	模型(3)
	Comp	Urban	Local
Open * Integ	0.008***	0.003	0.003
	(0.003)	(0.002)	(0.004)
Wage	-0.018	0.568***	0.121***
	(0.016)	(0.012)	(0.026)
Public	0.001***	0.002***	0.002***
	(0.000)	(0.000)	(0.000)
MD	0.456***	0.052***	0.126***
	(0.014)	(0.011)	(0.023)
EX	0.171***	-0.249***	0.554***
	(0.015)	(0.011)	(0.024)
LI	0.017***	0.104***	-0.029***
	(0.003)	(0.002)	(0.005)
Structure	0.047***	0.057***	0.073***
	(0.006)	(0.005)	(0.010)
Capital	0.412***	0.722***	0.884***
	(0.012)	(0.009)	(0.019)
Oversea	-0.105***	-0.007	0.015
	(0.010)	(0.007)	(0.015)
Dum_cic	YES	YES	YES
Dum_year	YES	YES	YES
Dum_prov	YES	YES	YES
Constant	-1.027***	-3.121***	1.223**
	(0.352)	(0.266)	(0.561)
N	99870	99870	99870
R^2	0.451	0.651	0.388

注：圆括号内为标准误，*、**、*** 分别表示在 10%、5%、1% 的水平上显著。模型(1)－(3)均为面板数据固定效应模型的估计结果。

5.2.2 二重开放与企业集聚：空间差异

考虑到二重开放的企业集聚效应可能存在区域间的空间差异，本章继续沿用前文的划分标准，将中国276个地级市分为沿边地区、沿海地区和内陆地区三个子样本区域进行估计，比较分析企业集聚效应的空间差异。表5-4为沿边地区企业集聚效应的估计结果。模型(1)-(3)的估计结果显示，国内市场规模和区际开放对于促进沿边地区企业集聚的影响显著为正，而单纯的对外开放政策并不能促进企业集聚。之所以会导致这样的结果，可能是因为沿边地区的国内市场规模相对较小，单纯的对外开放无法形成集聚，甚至会产生阻碍作用；此外，沿边地区相邻国家均为欠发达国家，国家间的边界效应大，国外市场难以打开，贸易成本相对较大，对外的投资贸易规模较小，影响企业集聚的是来自对外开放与区际开放和国内市场规模的交互效应。模型(4)-(6)的估计结果正好验证了国内市场规模与对外开放、区际开放之间的交互效应对企业集聚的影响，国内市场规模与区际开放、对外开放之间表现为显著的替代效应，这种替代性的“交互效应”的存在使得沿边地区本身较小的国内市场规模可能对企业集聚产生的不利影响弱化，区际开放和对外开放可以有效弥补国内市场规模较小产生的问题，在长期“循环累积”的作用机制下，国内市场规模不断扩大，慢慢对企业集聚产生“锁定的路径依赖”。对于完善上下游产业链的完整性，区际开放和对外开放之间表现为显著的互补效应，可以达到相互增强的效果。

表5-4 沿边地区企业集聚效应的估计结果

	模型(1)	模型(2)	模型(3)	模型(4)	模型(5)	模型(6)
	Comp	Urban	Local	Comp	Urban	Local
HMS_pgdp	0.389***	0.974***	0.909***	0.655***	1.292***	1.148***
	(0.050)	(0.046)	(0.092)	(0.074)	(0.067)	(0.136)

续　表

	模型(1)	模型(2)	模型(3)	模型(4)	模型(5)	模型(6)
	Comp	Urban	Local	Comp	Urban	Local
Open	-0.010***	-0.001	-0.014***	0.090*	0.087*	0.095
	(0.002)	(0.002)	(0.004)	(0.050)	(0.045)	(0.091)
Integ	1.486***	0.397**	0.705*	13.907***	13.176***	10.870**
	(0.210)	(0.190)	(0.384)	(2.711)	(2.448)	(4.963)
HMS_pgdp * Integ				-1.334***	-1.388***	-1.097**
				(0.290)	(0.262)	(0.531)
HMS_pgdp * Open				-0.012**	-0.013**	-0.014
				(0.006)	(0.005)	(0.010)
Open * Integ				-0.027	0.108***	0.017
				(0.029)	(0.026)	(0.054)
Wage	0.023	0.683***	0.059	0.027	0.677***	0.060
	(0.034)	(0.031)	(0.063)	(0.034)	(0.031)	(0.063)
Public	0.001***	0.004***	0.004***	0.001***	0.004***	0.004***
	(0.000)	(0.000)	(0.000)	(0.000)	(0.000)	(0.000)
MD	0.309***	0.028	0.188***	0.310***	0.030	0.189***
	(0.029)	(0.027)	(0.054)	(0.029)	(0.027)	(0.054)
EX	0.119**	-0.056	0.660***	0.123***	-0.057	0.660***
	(0.047)	(0.042)	(0.086)	(0.047)	(0.042)	(0.086)
LI	-0.055***	0.009	-0.200***	-0.055***	0.009	-0.201***
	(0.008)	(0.007)	(0.014)	(0.008)	(0.007)	(0.014)
Structure	0.244***	0.289***	-0.059	0.309***	0.342***	-0.015
	(0.090)	(0.081)	(0.164)	(0.091)	(0.082)	(0.167)

续 表

	模型(1) Comp	模型(2) Urban	模型(3) Local	模型(4) Comp	模型(5) Urban	模型(6) Local
Capital	0.361***	0.551***	0.711***	0.377***	0.572***	0.727***
	(0.029)	(0.026)	(0.053)	(0.029)	(0.026)	(0.054)
Oversea	-0.029	-0.025	0.055	-0.003	0.017	0.083**
	(0.020)	(0.018)	(0.037)	(0.021)	(0.019)	(0.038)
Dum_cic	YES	YES	YES	YES	YES	YES
Dum_year	YES	YES	YES	YES	YES	YES
Dum_prov	YES	YES	YES	YES	YES	YES
Constant	-3.396***	-3.352***	-1.188	-6.262***	-6.676***	-3.730***
	(0.401)	(0.363)	(0.733)	(0.711)	(0.642)	(1.302)
N	16819	16819	16819	16819	16819	16819
R^2	0.369	0.534	0.361	0.370	0.537	0.361

注：圆括号内为标准误，*、**、*** 分别表示在10%、5%、1%的水平上显著。模型(1)-(6)均为面板数据固定效应模型的估计结果。

表5-5为沿海地区企业集聚效应的估计结果。估计结果显示，国内市场规模、区际开放和对外开放均能显著促进沿海地区企业集聚。中国改革开放以来，沿海地区是最大的受益者。在当时的时代背景下，中国国内经济发展较为落后，迫切需要开放，引进国外先进的技术和机器，把外资企业“引进来”，帮助中国企业“走出去”。当时的国际贸易是以成本低廉的海洋集装箱运输为主导，这使得沿海地区企业集聚更加容易。随着中国加入WTO，对外开放程度进一步深入，经过二十来年的积累，沿海地区的国内市场规模已经初具规模，具备吸纳劳动力、资本等生产要素的能力，沿边地区和内陆地区的生产要素向沿海地区聚集，也显著促进了企业不断地集聚。模型(4)-(6)的估计结果显示，国内市场规模分别与区际开放和对外开放之间存在显著的交互效应，均表现为显著的替代效

应，再一次验证了对外开放和区际开放程度的加深会放大“国内市场规模”，促进企业集聚。

表 5－5　沿海地区企业集聚效应的估计结果

	模型(1)	模型(2)	模型(3)	模型(4)	模型(5)	模型(6)
	Comp	Urban	Local	Comp	Urban	Local
HMS_pgdp	0.254***	0.999***	0.509***	0.566***	1.473***	0.978***
	(0.046)	(0.033)	(0.068)	(0.072)	(0.051)	(0.106)
Open	0.006***	0.016***	0.013***	0.111***	0.092***	0.102***
	(0.001)	(0.000)	(0.001)	(0.010)	(0.007)	(0.014)
Integ	0.493***	0.014	0.168	3.771***	9.031***	8.535***
	(0.089)	(0.063)	(0.132)	(1.361)	(0.959)	(2.011)
HMS_pgdp * Integ				−0.372**	−0.978***	−0.909***
				(0.145)	(0.103)	(0.215)
HMS_pgdp * Open				−0.011***	−0.008***	−0.010***
				(0.001)	(0.001)	(0.001)
Open * Integ				0.003	0.003	0.001
				(0.004)	(0.003)	(0.005)
Wage	0.040	0.208***	0.248***	0.032	0.212***	0.251***
	(0.032)	(0.022)	(0.047)	(0.032)	(0.022)	(0.047)
Public	0.001***	0.002***	0.002***	0.001***	0.002***	0.002***
	(0.000)	(0.000)	(0.000)	(0.000)	(0.000)	(0.000)
MD	0.574***	0.119***	0.075*	0.550***	0.097***	0.051
	(0.030)	(0.021)	(0.044)	(0.030)	(0.021)	(0.044)
EX	0.102***	−0.291***	0.449***	0.069***	−0.327***	0.411***
	(0.025)	(0.018)	(0.037)	(0.025)	(0.018)	(0.037)

续 表

	模型(1)	模型(2)	模型(3)	模型(4)	模型(5)	模型(6)
	Comp	Urban	Local	Comp	Urban	Local
LI	0.062***	0.121***	0.034***	0.065***	0.123***	0.036***
	(0.006)	(0.004)	(0.009)	(0.006)	(0.004)	(0.009)
Structure	0.018***	0.012***	0.025**	0.046***	0.048***	0.062***
	(0.007)	(0.005)	(0.010)	(0.008)	(0.005)	(0.011)
Capital	0.423***	0.630***	0.798***	0.390***	0.604***	0.769***
	(0.021)	(0.015)	(0.032)	(0.022)	(0.015)	(0.032)
Oversea	-0.277***	-0.301***	-0.263***	-0.326***	-0.336***	-0.304***
	(0.019)	(0.013)	(0.027)	(0.019)	(0.013)	(0.028)
Dum_cic	YES	YES	YES	YES	YES	YES
Dum_year	YES	YES	YES	YES	YES	YES
Dum_prov	YES	YES	YES	YES	YES	YES
Constant	-0.250	4.042***	3.589***	-2.938***	-0.602	-0.925
	(0.533)	(0.376)	(0.786)	(0.787)	(0.554)	(1.162)
N	41624	41624	41624	41624	41624	41624
R^2	0.484	0.648	0.424	0.486	0.650	0.425

注：圆括号内为标准误，*、**、*** 分别表示在10%、5%、1%的水平上显著。模型(1)-(6)均为面板数据固定效应模型的估计结果。

表5-6为内陆地区企业集聚效应的估计结果。模型(1)-(3)的估计结果显示，国内市场规模和区际开放对于促进内陆地区企业集聚的影响显著为正，而单纯的对外开放政策并不能导致企业在该地区集聚。对外开放使得内陆地区的生产要素向沿海地区集聚，降低了本地区的企业集聚效应。与沿边地区和沿海地区不同的是，在强化行业间外部性方面，内陆地区国内市场规模和区际开放之间的交互效应表现为显著的互补效应，是个相互增强的过程；而国内市场规模与对外开

放之间的交互效应对企业集聚的影响始终表现为显著的替代效应，即对外开放可以弥补国内市场规模约束。

表 5－6　内陆地区企业集聚效应的估计结果

	模型(1)	模型(2)	模型(3)	模型(4)	模型(5)	模型(6)
	Comp	Urban	Local	Comp	Urban	Local
HMS_pgdp	0.129***	0.903***	0.683***	0.092	0.835***	0.675***
	(0.049)	(0.038)	(0.084)	(0.063)	(0.049)	(0.107)
Open	-0.031***	-0.001	-0.007*	0.047	0.598***	0.382***
	(0.002)	(0.002)	(0.004)	(0.039)	(0.030)	(0.066)
Integ	1.184***	0.842***	1.339***	-1.420	-9.118***	-3.184
	(0.136)	(0.106)	(0.231)	(1.881)	(1.459)	(3.204)
HMS_pgdp * Integ				0.284	1.042***	0.488
				(0.197)	(0.153)	(0.336)
HMS_pgdp * Open				-0.008*	-0.065***	-0.041***
				(0.004)	(0.003)	(0.007)
Open * Integ				-0.031	0.025*	-0.022
				(0.019)	(0.015)	(0.033)
Wage	-0.074***	0.821***	0.086*	-0.075***	0.820***	0.082*
	(0.026)	(0.020)	(0.045)	(0.026)	(0.020)	(0.045)
Public	0.003***	0.002***	0.003***	0.003***	0.002***	0.003***
	(0.000)	(0.000)	(0.000)	(0.000)	(0.000)	(0.000)
MD	0.407***	0.058***	0.079**	0.405***	0.045***	0.071**
	(0.021)	(0.016)	(0.035)	(0.021)	(0.016)	(0.035)
EX	-0.012	-0.163***	0.279***	-0.014	-0.166***	0.268***
	(0.026)	(0.020)	(0.044)	(0.026)	(0.020)	(0.045)

续 表

	模型(1)	模型(2)	模型(3)	模型(4)	模型(5)	模型(6)
	Comp	Urban	Local	Comp	Urban	Local
LI	-0.011**	0.099***	-0.073***	-0.011**	0.101***	-0.072***
	(0.005)	(0.004)	(0.008)	(0.005)	(0.004)	(0.008)
Structure	0.450***	0.430***	0.574***	0.457***	0.459***	0.606***
	(0.042)	(0.033)	(0.072)	(0.043)	(0.033)	(0.073)
Capital	0.534***	0.832***	1.056***	0.530***	0.788***	1.030***
	(0.021)	(0.016)	(0.035)	(0.021)	(0.016)	(0.036)
Oversea	-0.240***	0.057**	-0.136***	-0.240***	0.066***	-0.134***
	(0.029)	(0.022)	(0.049)	(0.029)	(0.022)	(0.049)
Dum_cic	YES	YES	YES	YES	YES	YES
Dum_year	YES	YES	YES	YES	YES	YES
Dum_prov	YES	YES	YES	YES	YES	YES
Constant	1.289**	-4.268***	2.081**	1.650**	-3.592***	2.183*
	(0.544)	(0.425)	(0.928)	(0.656)	(0.509)	(1.118)
N	41427	41427	41427	41427	41427	41427
R^2	0.377	0.495	0.342	0.377	0.501	0.342

注：圆括号内为标准误，*、**、*** 分别表示在10%、5%、1%的水平上显著。模型(1)-(6)均为面板数据固定效应模型的估计结果。

从表5-4、表5-5和表5-6的估计结果可以看出，沿边地区同行业企业集聚效应和竞争效应最大，行业间的外部性仅次于内陆地区；区际开放给内陆地区带来的企业集聚效应最大，其次是沿边地区；在国内市场规模和区际开放条件一致的条件下，对外开放政策仅对沿海地区的企业集聚有效。国内市场规模与对外开放交互效应没有区域差异，均表现为显著的替代效应，即对外开放会通过国内市场规模促进企业集聚；而与区际开放之间的交互效应存在明显的区域差异，在沿海地区和沿边地区，国内市场规模与区际开放之间的交互效应表现为显著的替代效应，而内陆地区国内市场规模与区际开放在影响城市化经济过程中表现为显著的互补效应，国内市场一体化对完善内陆地区上下游产业链的完整性具有显著的正效应，而在同行业企业集聚过程中，国内市场规模与区际开放的交互效应并不显著。

5.2.3　稳健性检验

尽管前面已经对市场规模和二重开放的企业集聚效应的影响做了较为详细的分析，并取得了较为一致的估计结果，但仍难以确定被解释变量及核心解释变量中关于企业集聚和国内市场规模的不同的衡量方式是否会影响估计结果的稳健性。此外，实证研究还可能存在内生性问题，比如遗漏变量或者被解释变量与解释变量之间互为因果的关系。互为因果关系主要表现在：一方面，国内市场规模所形成的规模经济效益有利于企业集聚；当集聚的企业越来越多，经济发展水平也会随着提高，市场规模也随着扩大。另一方面，对外开放通过降低国际贸易壁垒，扩大出口贸易规模，促进企业集聚；区际开放通过打破省际市场分割，加速生产要素流动，减少企业运输和交易成本，促进企业集聚。当企业集聚扩大到一定程度，企业在集聚中的受益会越来越多，从而吸引更多从事出口贸易的企业和外资企业，使得对外开放程度越来越大。为此，采取以下两种方案进行稳健性检验，以期能够最大限度地解决可能存在的内生性问题并得到最为稳健的估计结果：方案一，考虑到可能存在遗漏变量，并且上一期的企业集聚水平可能对当期的企业集聚产生影响，在估计模型中引入滞后一期的被解释变量作为解释变量；方案二，以地区平均灯光亮度和人均全社会实际消费品零售总额为基础来构建国内市场规模指标。

表 5 - 7 为不考虑区际开放、对外开放和国内市场规模之间存在的交互效应的估计结果。模型(1) - (6)的解释变量中分别引入了滞后一期的行业竞争程度、城市化经济和地方化经济，模型(1) - (3)和(4) - (6)分别用以地区平均灯光亮度和人均全社会实际消费品总额为基础度量的国内市场规模代替以人均实际 GDP

度量的国内市场规模。结果显示，国内市场规模、对外开放和区际开放的系数估计值显著为正，均能显著促进企业集聚；滞后一期的被解释变量均显著为负，说明上一期的企业集聚效应会对本期的企业集聚效应产生阻碍作用。从稳健性检验估计结果(I)(见表5-7)可以看出，前面得到的关于国内市场规模、对外开放和区际开放的企业集聚效应估计结果是稳健的。

表5-7 稳健性检验估计结果(I)

	模型(1)	模型(2)	模型(3)	模型(4)	模型(5)	模型(6)
	Comp	Urban	Local	Comp	Urban	Local
HMS_light	0.120***	0.264***	0.210***			
	(0.007)	(0.005)	(0.011)			
HMS_pcomsumption				0.456***	1.106***	0.922***
				(0.026)	(0.020)	(0.041)
Open	0.004***	0.016***	0.012***	0.005***	0.018***	0.013***
	(0.001)	(0.000)	(0.001)	(0.000)	(0.000)	(0.001)
Integ	1.318***	0.980***	1.376***	1.163***	0.636***	1.101***
	(0.067)	(0.052)	(0.107)	(0.067)	(0.051)	(0.106)
L. Comp	-0.052***			-0.052***		
	(0.003)			(0.003)		
L. Urban		-0.038***			-0.038***	
		(0.002)			(0.002)	
L. Local			-0.058***			-0.058***
			(0.003)			(0.003)
控制变量	YES	YES	YES	YES	YES	YES
Dum_cic	YES	YES	YES	YES	YES	YES
Dum_year	YES	YES	YES	YES	YES	YES

续　表

	模型(1)	模型(2)	模型(3)	模型(4)	模型(5)	模型(6)
	Comp	Urban	Local	Comp	Urban	Local
Dum_prov	YES	YES	YES	YES	YES	YES
Constant	0.192	3.061***	4.600***	-2.049***	-2.541***	-0.143
	(0.218)	(0.169)	(0.347)	(0.275)	(0.212)	(0.437)
N	89489	89489	89489	89489	89489	89489
R^2	0.453	0.647	0.391	0.453	0.648	0.392

注：圆括号内为标准误，*、**、*** 分别表示在 10%、5%、1% 的水平上显著。模型(1)-(6)均为面板数据固定效应模型的估计结果。控制变量同前文一致，包括工资水平、政府公共财政支出、产业结构、市场化程度、出口企业参与程度、劳动密集度、省会城市虚拟变量和海外市场接近程度。

表 5-8 为区际开放、对外开放和国内市场规模之间存在的交互效应的估计结果。模型(1)-(6)的解释变量中分别引入了滞后一期的行业竞争程度、城市化经济和地方化经济，模型(1)-(3)和(4)-(6)分别用地区平均灯光亮度和人均全社会实际消费品总额度量的国内市场规模代替以人均实际 GDP 度量的国内市场规模。模型(1)-(3)的结果显示，在影响城市化经济和地方化经济时，国内市场规模与对外开放、区际开放表现为显著的替代效应；模型(4)-(6)的结果显示，国内市场规模与对外开放、国内市场规模与区际开放以及对外开放和区际开放之间在影响企业集聚时表现为显著的互补效应，三者是相互增强的过程。稳健性结果说明以人均全社会实际消费品总额为基础度量的国内市场规模与以人均实际 GDP 度量的国内市场规模的估计结果最为一致，说明用全社会消费品零售总额来度量国内市场规模也是个较为不错的替代变量，并且本章的估计结果也是稳健的。

表 5-8　稳健性检验估计结果(Ⅱ)

	模型(1)	模型(2)	模型(3)	模型(4)	模型(5)	模型(6)
	Comp	Urban	Local	Comp	Urban	Local
HMS_light	0.173***	0.397***	0.348***			
	(0.012)	(0.009)	(0.019)			
Open	-0.006***	0.009***	0.006**	-0.007	-0.043***	-0.048***
	(0.001)	(0.001)	(0.002)	(0.006)	(0.005)	(0.010)
Integ	1.553***	1.562***	1.921***	-1.447**	-1.712***	-3.276***
	(0.088)	(0.067)	(0.139)	(0.596)	(0.455)	(0.947)
HMS_light * Open	0.001***	-0.000***	-0.001***			
	(0.000)	(0.000)	(0.000)			
HMS_light * Integ	-0.232***	-0.424***	-0.413***			
	(0.033)	(0.026)	(0.053)			
HMS_pcomsumption				0.366***	0.964***	0.715***
				(0.033)	(0.025)	(0.052)
HMS_pcomsumption * Integ				0.308***	0.283***	0.529***
				(0.073)	(0.055)	(0.115)
HMS_pcomsumption * Open				0.001	0.007***	0.007***
				(0.001)	(0.001)	(0.001)
Open * Integ	0.022***	0.030***	0.034***	0.012***	0.011***	0.013***
	(0.003)	(0.003)	(0.005)	(0.003)	(0.002)	(0.005)
L. Comp	-0.052***			-0.052***		
	(0.003)			(0.003)		
L. Urban		-0.037***			-0.038***	
		(0.002)			(0.002)	

续　表

	模型(1)	模型(2)	模型(3)	模型(4)	模型(5)	模型(6)
	Comp	Urban	Local	Comp	Urban	Local
L. Local			-0.058***			-0.058***
			(0.003)			(0.003)
控制变量	YES	YES	YES	YES	YES	YES
Dum_cic	YES	YES	YES	YES	YES	YES
Dum_year	YES	YES	YES	YES	YES	YES
Dum_prov	YES	YES	YES	YES	YES	YES
Constant	0.320	3.189***	4.654***	-1.203***	-1.258***	1.819***
	(0.222)	(0.171)	(0.353)	(0.346)	(0.266)	(0.550)
N	89489	89489	89489	89489	89489	89489
R^2	0.454	0.648	0.391	0.453	0.649	0.392

注：圆括号内为标准误，*、**、*** 分别表示在 10%、5%、1% 的水平上显著。模型(1)-(6)均为面板数据固定效应模型的估计结果。控制变量同上文一致，包括工资水平、政府公共财政支出、产业结构、市场化程度、出口企业参与程度、劳动密集度、省会城市虚拟变量和海外市场接近程度。

稳健性估计结果(Ⅲ)(见表 5-9)中进一步考虑了企业集聚另一种度量方式，用企业生产总值计算得到地级市行业的企业集聚度(LE，Location Entropy)指标，依然分别采用以地区平均灯光亮度和人均全社会实际消费品总额为基础度量的国内市场规模代替以人均实际 GDP 度量的国内市场规模，并在模型中引入滞后一期的企业集聚作为解释变量。结果再一次验证了国内市场规模、对外开放和区际开放对企业集聚的显著正效应，以及在企业集聚过程中，国内市场规模、对外开放和区际开放三者之间显著的互补效应，说明本章的估计结果是稳健的。

表 5-9 稳健性检验估计结果(III)

	模型(1)	模型(2)	模型(3)	模型(4)
HMS_pcomsumption	0.284***		0.138***	
	(0.034)		(0.044)	
HMS_light		0.072***		0.110***
		(0.009)		(0.016)
Open	0.016***	0.015***	-0.081***	-0.002
	(0.001)	(0.001)	(0.008)	(0.002)
Integ	0.363***	0.456***	-1.733**	0.360***
	(0.088)	(0.089)	(0.787)	(0.116)
HMS_pcomsumption * Integ			0.223**	
			(0.096)	
HMS_pcomsumption * Open			0.011***	
			(0.001)	
Open * Integ			0.042***	0.046***
			(0.004)	(0.004)
HMS_light * Open				0.001*
				(0.000)
HMS_light * Integ				-0.158***
				(0.044)
L.E	-0.064***	-0.064***	-0.064***	-0.064***
	(0.003)	(0.003)	(0.003)	(0.003)
控制变量	YES	YES	YES	YES
Dum_cic	YES	YES	YES	YES
Dum_year	YES	YES	YES	YES
Dum_prov	YES	YES	YES	YES

续　表

	模型(1)	模型(2)	模型(3)	模型(4)
Constant	-3.728***	-2.312***	-2.644***	-2.470***
	(0.363)	(0.288)	(0.457)	(0.293)
N	89489	89489	89489	89489
R^2	0.110	0.133	0.111	0.134

注：圆括号内为标准误，*、**、*** 分别表示在 10%、5%、1% 的水平上显著。模型(1)-(4)均为面板数据固定效应模型的估计结果。控制变量同上文一致，包括工资水平、政府公共财政支出、产业结构、市场化程度、出口企业参与程度、劳动密集度、省会城市虚拟变量和海外市场接近程度。

5.3　本章小结

本章基于 2001—2013 年中国 276 个地级市 39 类两位数工业行业的面板数据，比较分析全国、沿海地区、沿边地区和内陆地区二重开放、国内市场规模及其交互效应对企业集聚的影响。根据上述实证分析结果得出以下结论：第一，国内市场规模的扩大会显著促进企业集聚，但这种集聚效应存在显著的空间差异。沿边地区国内市场规模的同行业企业集聚效应和竞争效应最大，行业间的外部性仅次于内陆地区。第二，二重开放确实能够促进企业集聚，但开放带来的企业集聚效应具有明显的空间差异。区际开放给内陆地区带来的企业集聚效应最大，其次是沿边地区；在国内市场规模和区际开放条件一致的条件下，对外开放政策仅对沿海地区的企业集聚有效。第三，开放政策与市场规模之间的交互效应会对企业集聚产生影响。国内市场规模与对外开放交互效应没有区域差异，均表现为显著的替代效应，即对外开放会通过扩大国内市场规模促进企业集聚。然而，国内市场规模与区际开放之间的交互效应存在明显的区域差异：在沿海地区和沿边地区，国内市场规模与区际开放之间的交互效应表现为显著的替代效应，而对于延伸并完善内陆地区上下游产业链，国内市场规模与区际开放是相互增强的过程，在同行业企业集聚过程中，这种交互效应并不显著。

笔者针对实证研究结论，提出两点相关的政策建议：首先，刺激国内市场需求，并加速沿边开放进程，对于沿边地区企业集聚有重要作用。中国改革开放以来，沿海地区是最大的受益者。在当时时代背景下，国际贸易以成本低廉的海洋运输为主导，中国对外开放的政策使得生产要素向沿海地区聚集，沿海地区经济快速发展。虽然目前大部分中国沿边地区都面临着市场规模约束的问题，但是随着沿边开放进程的深入，会弱化这种约束作用，代替市场促进企业不断向沿边地区集聚，随着集聚规模的不断壮大，在“循环累积”机制的作用下，国内市场规模也会扩大。其次，逐步打破省际市场分割，扩大区际开放程度。要扩大区际开放程度就需要持续扩大交通基础设施投资来提升商品流动性，最大限度地为劳动力流动和资本流动提供保障，创造更健康的市场环境和有效的金融体系以及政府宏观调控机制，提高资本在地区间的流动性。

第 6 章

区位导向性产业政策、市场规模与企业生产率

区位导向政策是基于目标区域的政策类型，是国家通过政策优惠和补贴等方式降低企业生产及运输成本，长期推动地区经济发展的重要政策手段，通过与具体区位“绑定”，强调与地方自身优势和经济发展水平相吻合，比如公共投资、政策优惠和用以推动地区发展的补贴、基础设施投资建设、特定区域内的税费减免、开发区建设及配套政策等。其中，开发区建设是中国很重要的一种区位导向性产业政策，在经济发展过程中扮演着重要角色。第二章的理论模型结果表明市场规模和交易成本对企业生产率提升的影响是一个相互增强的过程。本章基于2001—2013年中国工业企业数据库，分别使用面板数据分析方法和PSM分析法验证中国开发区政策的企业生产率效应。

6.1　特征事实

6.1.1　区位导向性产业政策的概述

改革开放以来，中国实施了一系列大规模的区位导向性产业政策，比如建立保税区、边境经济合作、出口加工区、保税港区、自由贸易区、综合保税区等各种形式的开发区。本章论证区位导向性产业政策能否显著提升企业的全要素生产率，主要选取保税区、出口加工区和边境经济合作区作为政策评估的对象。这主要出于以下两点考虑：一是保税区、出口加工区和边境经济合作区有着明确的鼓励出口的优惠政策，有助于开拓地区的外部市场规模，对于促进边缘经济增长中心的形成有直接影响。二是之所以不选保税港区、综合保税区和自由贸易区作为政策评估的对象，是因为除了天津东疆保税港区、大连大窑湾保税港区和上海洋山保税港区、海南洋浦保税港区，其他 10 个国家级保税港区均在 2008 年以后成立，并且保税区和保税港区在县级区域上是重叠的，无法明确区分区内企业，加之保税港区是叠加了保税区和出口加工区税收和外汇政策，在政策上也有一定的重叠；中国自由贸易区虽然也具有明确出口导向政策，但均在 2013 年上海自贸区成立后集中成立；综合保税区是整合了原来的保税区、保税物流园区、出口加工区等多种外向型开发区后形成的更为开放的开发区实体，2015 年升级为镇江综合保护区的大部分综合保税区成立较晚，所以在本章的研究中不予考虑。根据中国开发区网站统计以及《中国开发区审核公告目录(2006 年版)》整理，截至目前，中国国家级出口加工区共计 63 个，国家级保税区共计 15 个，边境经济合作区共计 17 个，其他以出口导向型的开发区共计 9 个(详见表 6－1)。其中，出口加工区(export processing zone)是国家为利用外资，开拓国际市场而开辟的特殊区域。出口加工区以出口导向为目标，为外商投资企业提供土地、降低关税、减免进口配额等多种优惠政策，以及完善的水、电及仓储等配套基础设施。保税区的功能定位是保税仓储、出口加工和转口贸易，享有“免证、免税、保税”政策，实行“境内关外”运作方式，是中国对外开放程度最高、运作机制最便捷、政策最优惠的经济区域之一。边境经济合作区是国家为沿边开放城市发展边境贸易和加工出口而开辟的特殊区域之一，是我国中西部地区对外开放的重要形式。自1992年以来，经国务院批准的边境经济合作区有17个，对发展我国与周边国家(地区)的经济贸易往来发挥了积极作用。

表6-1 部分国家级开发区统计

地名(县级)	开发区名称	成立时间	地名(县级)	开发区名称	成立时间
顺义区	天竺出口加工区	2000	郫都区	成都出口加工区	2000
滨海新区	天津出口加工区	2000	涪城区	绵阳出口加工区	2005
山海关区	秦皇岛出口加工区	2002	官渡区	昆明出口加工区	2005
广阳区	廊坊出口加工区	2005	未央区	西安出口加工区	2002
土默特左旗	呼和浩特出口加工区	2002	长安区	西安出口加工区B区	2002
浑南区	沈阳出口加工区	2003	新市区	乌鲁木齐出口加工区	2003
浑南区	沈阳张士出口加工区	2005	滨湖区	无锡出口加工区	2002
金州区	大连出口加工区	2000	滨海新区	天津保税物流园区	2004
珲春市	珲春出口加工区	2000	浦东新区	洋山保税港区	2005
闵行区	漕河泾出口加工区	1992	张家港市	张家港保税物流园区	2004
松江区	松江出口加工区	2000	宁波市	宁波保税物流园区	2004
浦东新区	金桥出口加工区	2001	湖里区	厦门象屿保税物流园区	2004
青浦区	青浦出口加工区	2003	青岛市	青岛保税物流园区	2004
闵行区	闵行出口加工区	2003	盐田区	深圳盐田保税物流园区	2004
嘉定区	嘉定出口加工区	2005	满洲里市	满洲里中俄互市贸易区	1992
栖霞区	南京出口加工区	2003	牡丹江市	东宁—波尔塔夫卡互市贸易区	2000
滨湖区	无锡出口加工区	2002	福清市	福州元洪投资区	2002

续　表

地名（县级）	开发区名称	成立时间	地名（县级）	开发区名称	成立时间
武进区	常州出口加工区	2005	马尾区	福州台商投资区	1989
吴中区	苏州出口加工区	2000	金湾区	珠澳跨境工业区	2003
虎丘区	苏州出口加工区	2003	海沧区	集美台商投资区	1992
吴中区	吴中出口加工区	2005	霍尔果斯市	霍尔果斯经济开发区	2011
常熟市	常熟出口加工区	2005	满洲里市	满洲里边境经济合作区	1992
昆山市	昆山出口加工区	2000	二连浩特市	二连浩特边境经济合作区	1992
吴江区	吴江出口加工区	2005	振兴区	丹东边境经济合作区	1992
通州区	南通出口加工区	2002	珲春市	珲春边境经济合作区	1992
连云区	连云港出口加工区	2003	和龙市	和龙边境经济合作区	1993
邗江区	扬州出口加工区	2005	爱辉区	黑河边境经济合作区	1992
京口区	镇江出口加工区	2003	绥芬河市	绥芬河边境经济合作区	1992
江干区	杭州出口加工区	2000	凭祥市	凭祥边境经济合作区	1992
北仑区	宁波出口加工区	2002	东兴市	东兴边境经济合作区	1992
慈溪市	慈溪出口加工区	2005	瑞丽市	畹町边境经济合作区	1992
平湖市	嘉兴出口加工区	2003	耿马县	临沧边境经济合作区	1992
嘉善县	嘉兴出口加工区 B 区	2003	河口县	河口边境经济合作区	1992
鸠江区	芜湖出口加工区	2002	瑞丽市	瑞丽边境经济合作区	1992
马尾区	福州出口加工区	2005	伊宁市	伊宁边境经济合作区	1992
福清市	福清出口加工区	2005	吉木乃县	吉木乃边境经济合作区	2011
海沧区	厦门出口加工区	2000	博乐市	博乐边境经济合作区	1992
晋江市	泉州出口加工区	2005	塔城市	塔城边境经济合作区	1992
柴桑区	九江出口加工区	2005	滨海新区	天津港保税区	1991
历城区	济南出口加工区	2003	金州区	大连保税区	1992

续 表

地名（县级）	开发区名称	成立时间	地名（县级）	开发区名称	成立时间
城阳区	青岛出口加工区	2003	浦东新区	上海外高桥保税区	1990
芝罘区	烟台出口加工区	2000	张家港市	张家港保税区	1992
奎文区	潍坊出口加工区	2003	北仑区	宁波保税区	1992
环翠区	威海出口加工区	2000	福清市	福建福州保税区	1992
管城区	郑州出口加工区	2002	湖里区	厦门象屿保税区	1992
蔡甸区	武汉出口加工区	2000	黄岛区	青岛保税区	1992
苏仙区	郴州出口加工区	2005	黄埔区	广州保税区	1992
黄埔区	广州出口加工区	2000	盐田区	沙头角保税区	1987
南沙区	南沙出口加工区	2005	福田区	福田保税区	1991
龙岗区	深圳出口加工区	2000	盐田区	盐田港保税区	1996
惠阳区	惠州出口加工区	2005	香洲区	珠海保税区	1996
海城区	北海出口加工区	2003	濠江区	汕头经济特区保税区	1993
渝北区	重庆出口加工区	2001	龙华区	海南海口保税区	1992

6.1.2 企业全要素生产率的演进分析

1. 全要素生产率的估计方法

全要素生产率（TFP）是指总产出中不能由要素投入解释的那部分剩余，用以反映投入减去产出的总体效率。也有很多研究用企业 TFP 来反映企业的技术水平，但这并不全面，TFP 与企业内部管理及制度环境等有关。本章用全要素生产率反映企业生产率，是促进生产活动空间集聚的重要因素。最早全要素生产率的估算源于索洛的生产函数，一般被用于宏观经济层面的研究。随着数据的可获得性，逐渐发展到微观层面。现有文献中对企业全要素生产率测算主要有 OLS 法、固定效应估计技术、OP法(Olley and Pakes, 1996)、LP法(Levinsohn and Petrin, 2003)和GMM法(Blundell and Bond, 1998)五种，其中OP法、LP法和GMM法对估计偏误进行了处理，使用频率较高。对全要素生产率的估计首先是基于对生产函数的设定，其次才是对生产函数的估计。最常用的生产函数形式是柯布道格拉斯(C-D)生产函数，结构简单，使用频率最高，表达式为：

$$Y_{it} = AL_{it}^{\alpha} K\beta_{it} \tag{6.1}$$

其中，Y、L和K分别表示产出、劳动和资本，A就是通常所说的全要素生产率(TFP)，能够使得生产函数外生移动。C-D函数的线性对数函数表达式为：

$$y_{it} = \alpha l_{it} + \beta k_{it} + \mu_{it} \tag{6.2}$$

其中，全要素生产率即是残差项的估计值，但如果简单应用线性估计方法(OLS估计方法)，可能会产生同时性偏差和样本选择性偏差。其中同时性问题最为突出，即企业生产率提升在当期被决策者观测到，并据此调整生产要素投入组合以达到利润最大化，那么就会导致这一部分残差与回归项相关，使得OLS的估计结果产生偏误。这一偏误的表现形式被Marschak和Andrews(1944)描述为以下形式：

$$y_{it} = \alpha l_{it} + \beta k_{it} + \theta_{it} + \varepsilon_{it} \tag{3}$$

其中，θ_{it}作为可被观测到并影响当期决策的要素投入组合的那部分残差项，ε_{it}表示不可观察的技术、管理、政策等的冲击和测量误差形成的残差项。样本选择性偏误问题主要是由企业资本存量、生产率冲击与企业下一期是否退出市场之间的相关性所导致。一般而言，资本存量较大的企业在受到低生产率冲击时，较不轻易退出市场，这就会使得资本项的估计系数被低估。为了解决这些估计偏误问题，提出了对TFP的多种估计方法，即前文所述的FE法、OP法、LP法和GMM法等。

(1)FE法。固定效应估计方法是在(6.2)式的基础上引入企业个体特征的虚拟变量，从而解决θ_{it}带来不随时间而变的遗漏变量问题，但无法解决不随个体而变的遗漏变量问题。在本章估计中，不管是OLS法还是FE法，均同时控制了年度、省份及行业的虚拟变量，在最大程度上控制了模型不随时间而变和不随个体而变的遗漏变量所引致的内生性问题。

(2)OP 法。OP 法是 Olley 和 Pakes(1996)提出的，是一种半参数估计方法。该方法假定决策者根据当期企业生产率做出了调整，用企业当期投资作为不可观测生产率冲击的代理变量解决同时性偏误。本章主要以 OP 法为基础进行实证研究，同时在稳健性研究中尝试检验不同估计方法可能带来差异。OP 法强调企业当期投资与生产率冲击预期和资本存量有关，那么最优投资函数可以表示为：$i_{it} = i(\theta_{it}, k_{it})$，即当期预期的生产率越高，那么当期的投资额也越高。求得该最优投资函数的反函数为：

$$\theta_{it} = h(i_{it}, k_{it}) \tag{6.4}$$

将(6.4)式带入(6.3)式得到新的生产函数方程为：

$$y_{it} = \alpha \cdot l_{it} + \beta \cdot k_{it} + h(i_{it}, k_{it}) + \varepsilon_{it} \tag{6.5}$$

令 $\phi_{it} = \beta \cdot k_{it} + h(i_{it}, k_{it})$，进一步整理生产函数(6.5)式得到：

$$y_{it} = \alpha \cdot l_{it} + \phi_{it} + \varepsilon_{it} \tag{6.6}$$

其中，前一项表示劳动贡献，后一项表示资本贡献。对(6.6)式进行估计，就可以得到劳动项的一致无偏估计系数。然后用估计系数来拟合 ϕ_{it} 的估计值。假定 $h(i_{it}, k_{it}) = i^{-1}(\theta_{it-1}, k_{it-1})$，令 $V_{it} = y_{it} - \widetilde{\alpha} \cdot l_{it}$，结合(6.4)式可以得到以下估计方程：

$$\begin{aligned} V_{it} &= \phi_{it} + \varepsilon_{it} \\ &= \beta \cdot k_{it} + h(i_{it}, k_{it}) + \varepsilon_{it} \\ &= \beta \cdot k_{it} + g(\phi_{t-1} - \beta \cdot k_{t-1}) + \mu_{it} + \varepsilon_{it} \end{aligned} \tag{6.7}$$

其中，(6.7)式包含了资本存量的滞后期和当期值，使得估计变得复杂得多。为了得到有效估计值，这就要求非线性的最小二乘估计。当(6.7)式被估计完成，可以利用该结果来拟合(6.1)式，获得残差项的对数值，即 TFP 的对数值。

(3)LP 法。OP 法要求当期投资额与总产出始终保持单调关系，才能得到 TFP 的一致估计值。这就使得投资额为 0 的企业样本无法被估计。然而，在实际生活中，确实存在企业在有些年份投资额为 0 的情况，而在 OP 法估计中，这些样本将被剔除。Levinsohn 和 Petrin (2003)针对这一问题提出新的估计方法，即

LP 法。LP 法使用中间投入品作为生产率冲击的代理变量。LP 法和 OP 法都属于半参数的估计方法，均处理了前文所说的估计偏误问题。

(4)GMM 法。GMM 法是 Blundell 和 Bond(1998)提出的一种广义矩估计法，通过加入工具变量来解决模型中的内生性问题。其中，工具变量为被解释变量的滞后值，由前期决定，从而与当期的生产效率冲击无关。GMM 估计方法要求样本具有足够长的时间跨度，以满足大量的差分和滞后值处理，来构造合适的工具变量。本章对中国工业企业的 TFP 估计参照鲁晓东和连玉君(2012[132])对中国工业企业全要素生产率的估计方法，分别用 OLS 法、FE 法、OP 法、LP 法和 GMM 法五种方法进行估计。

2. 全要素生产率的演进规律

本章中对工业企业 TFP 的估算得到的估计值均在 300 万以上，绘制了不同方法估计得到的 TFP 值的核密度函数图，叠加到一起进行比较分析 TFP 的分布特征和动态变化(如图 6－1)。五种方法得到的 TFP 值均在偏度—峰度检验①中拒绝了分布的正态性假设②。OLS 法和 FE 法两种方法估计的 TFP 值得到的核密度函数基本重合，TFP 均值最小，均值为 5.42；而 OP 方法估计的 TFP 均值最大，达到 8.357，其他依次为 GMM 法和 LP 法，TFP 均值分别为 7.908 和 6.152。虽然这五种方法估计得到 TFP 核密度函数图形状相似，但在统计量对比中仍存在一定差异。首先，OP 法和 GMM 法两种方法估计的 TFP 值得核函数图的偏度均大于 0，呈正偏态分布，偏度值分别为 0.098 和 0.049；而其他三种方法估计的 TFP 值得偏度均小于 0，呈负偏态分布；其中 LP 方法估计的 TFP 偏度绝对值最大，达到了 0.272，OLS 法和 FE 法两种方法估计的 TFP 偏度绝对值分别为 0.266 和 0.270，这三种方法下有更多的值落在众数的左侧。其次，OLS 方法和 FE 方法估计的 TFP 值的峰度值最大，达到 5.002，说明该分布最为陡峭；而 GMM 法、LP

① 由于本章使用的样本足够大，因此通过计算偏度和峰度来进行比较分析，相对较为可靠。一般而言，当观测数据数量 N > 200 时，偏度统计量才较可靠；当 N > 1000 时，计算出的峰度统计量才较可靠。

② 通过 stata13 的 sktest 命令实现，结果均拒绝正态性假设。

法和 OP 法三种方法估计的 TFP 值的峰度值分别为 4.868、4.831 和 4.786，其中 OP 方法估计的 TFP 值分布最为平缓。因此，本章后续的研究以 OP 法估计的 TFP 值为基础展开，但在稳健性检验中同时也参考 LP 法和 GMM 法估计的 TFP 值。

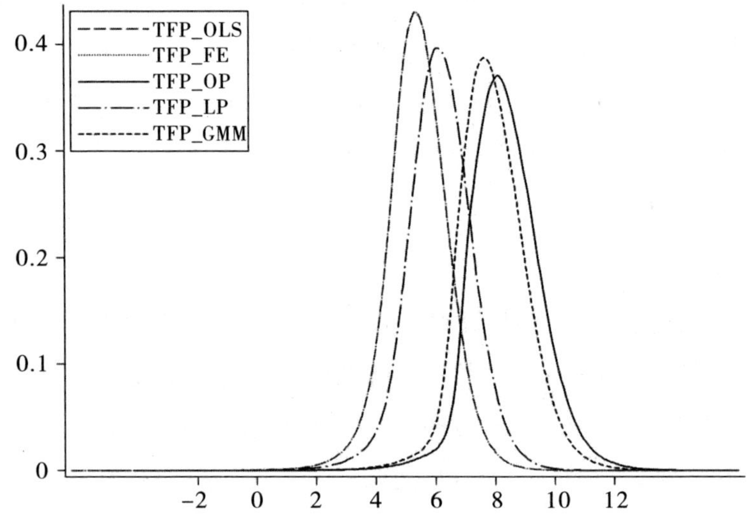

图 6－1　中国工业企业的全要素生产率(TFP)的核密度图

此外，表 6－2 列出了五种方法估计的 TFP 估计值，为了考察它们与劳动和资本两种投入要素生产率的相关性，还在矩阵中同时加入劳动生产率和资本生产率两个指标。参数估计方法和非参数估计方法的 TFP 估计结果之间的相关性很高，而 TFP 与资本生产率及劳动生产率的相关性却很低。不同估计方法得到的 TFP 值及其与资本和劳动要素生产率的相关性说明工业企业生产率提升过程中资本和劳动单要素投入的作用并不大，重要的是其他要素投入的作用。

表 6 - 2　各种方法下的 TFP 估计值的相关系数矩阵

	tfp_ols	tfp_fe	tfp_op	tfp_lp	tfp_gmm	劳动生产率	资本生产率
tfp_ols	1						
tfp_fe	0.9999	1					
tfp_op	0.8693	0.87	1				
tfp_lp	0.9522	0.9555	0.905	1			
tfp_gmm	0.9012	0.9011	0.9954	0.9089	1		
劳动生产率	0.1537	0.1526	0.1391	0.122	0.1495	1	
资本生产率	0.0204	0.0206	0.0114	0.0234	0.0115	0.0129	1

图 6 - 2 呈现了 2001—2013 年中国工业企业不同方法估计的 TFP 的变化趋势。五种方法估计的 TFP 值呈现基本较为一致的趋势：2001—2009 年间，中国工业企业 TFP 稳步上升，2010 年稍有回落，这可能是源于国际金融危机带来的滞后效应，2011—2013 年又出现 TFP 回升的现状。从图中不难看出，OLS 法和 FE 法估计的 TFP 值最小，OP 法估计的 TFP 值最大；OLS 法与 FE 法估计的 TFP 值的趋势线重合，OP 法和 GMM 法两种方法估计的 TFP 值的趋势基本一致。

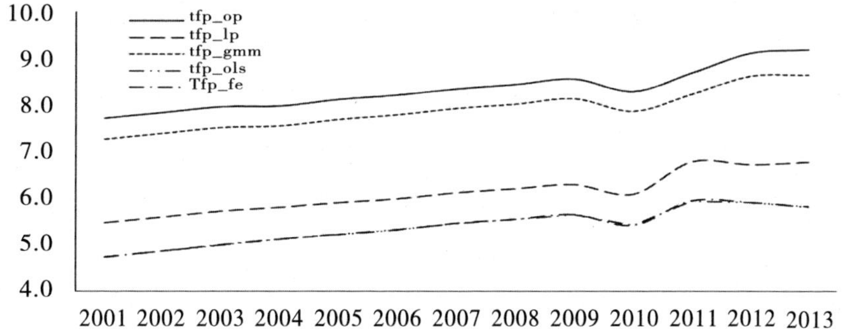

图 6 - 2　2001—2013 年中国工业企业 TFP 的变化趋势

在综合分析中国工业企业 TFP 变化趋势后，进一步对企业 TFP 进行分区域评价。图6－3 呈现了中国沿海、沿边及内陆地区工业企业 TFP(OP)的变化趋势。基本表现为沿海地区工业企业具有相对较高的 TFP 水平，高于内陆及沿边地区；沿边地区和内陆地区工业企业 TFP 水平相对较低，均低于全国平均水平。此外，沿海、沿边和内陆地区三个区域的工业企业 TFP 水平随着时间的推移呈现收敛趋势(谢千里等，2008[133])；内陆地区的 TFP 受经济环境冲击的敏感度最高，其次是沿边地区，而沿海地区受经济冲击的影响则相对较小。这也说明了前文所述的单纯依靠线性 OLS 估计 TFP 可能会产生的估计偏误问题。

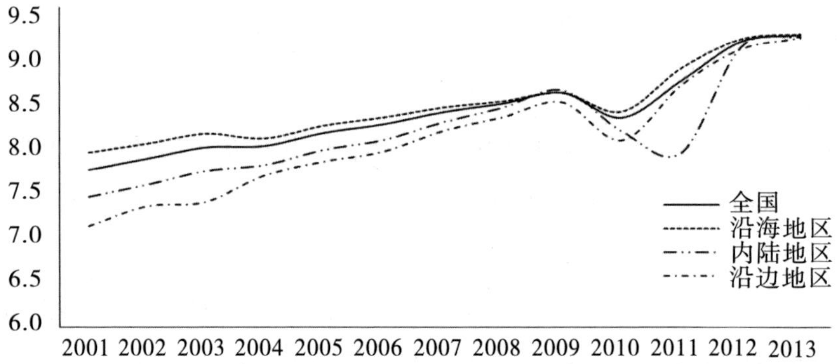

图6－3　2001—2013 年沿海、沿边及内陆地区企业 TFP(OP)的变化趋势

6.1.3　区位导向性产业政策与企业全要素生产率的分布特征

本章以出口导向性产业政策为主的开发区作为区位导向性产业政策的主要表现形式，并比较有无开发区政策下企业的全要素生产率特征的差异。图 6－4 呈现了有开发区政策支持的企业的 TFP(OP)和始终没有开发区政策支持的企业的 TFP(OP)核密度图。从图中可以看出，有开发区政策支持的企业全要素生产率的均值要略大于没有开发区政策支持的企业的全要素生产率，可以初步认为开发区政策能够提升企业生产率。

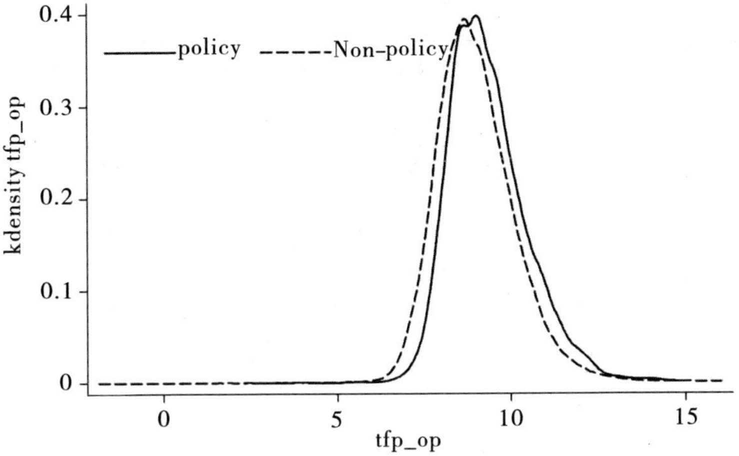

图 6－4　有无开发区政策支持的企业 TFP(OP)特征比较

表 6－3 进一步比较了有开发区政策和没有开发区政策支持的企业特征的差异，开发区内的企业平均水平要高于开发区外的企业平均水平。从均值和中位数统计来看，有开发区政策支持的企业平均 TFP 要明显高于没有开发区政策支持的企业 TFP 均值。此外，开发区内的企业平均市场规模、出口规模、外资、人力资本、资本密集度要明显高于没有开发区政策支持的企业。但开发区内企业的平均年龄要小于没有开发区政策支持的企业平均年龄（见表 6－3）。

表 6－3　有无开发区政策的企业特征比较

	tfp_op	tfp_lp	tfp_gmm	FDI	HC	CI	Age	Size_m	Size_e
				均值统计					
non-Policy	8.99	6.5	8.46	0.15	2.55	3.81	20.85	11.18	3.85
Policy	9.24	6.69	8.72	0.38	2.81	3.97	18.05	11.47	5.2
Total	9.03	6.53	8.5	0.19	2.59	3.84	20.41	11.23	4.06

续 表

	tfp_op	tfp_lp	tfp_gmm	FDI	HC	CI	Age	Size_m	Size_e
					中位数统计				
non-Policy	8.89	6.46	8.37	0	2.6	3.84	17	11.03	0
Policy	9.1	6.61	8.58	0	2.87	4	15	11.3	5.19
Total	8.92	6.49	8.41	0	2.65	3.86	16	11.07	0

6.2 研究设计

6.2.1 模型构建和估计方法

1. 模型设定

本章研究的是开发区政策、市场规模对企业生产率的影响，其中企业生产率通过企业全要素生产率表征。首先分析开发区政策对全要素生产率的影响；其次分析开发区政策与市场规模之间是否存在交互效应。因此，首先设定了仅包含开发区政策哑变量为解释变量的估计模型(1)；其次进一步构建估计模型(2)，即在模型(1)的基础上分别引入开发区与外部市场规模和国内市场规模的交互项，以考察伴随着市场规模扩大，开发区政策效应是否发生变化：

$$TFP_{ijkt} = \alpha + \beta Policy_{ijkt} + \gamma \sum Controls + \delta \sum Dum\_year + \varnothing \sum Dum\_prov + \theta \sum Dum\_cic + \varepsilon_{ijkt} \quad \text{模型(1)}$$

$$TFP_{ijkt} = \alpha + \beta_1 Policy_{ijkt} + \beta_2 Policy_{ijkt} \times HMS_{ijkt} + \beta_3 Policy_{ijkt} \times FMS_{ijkt} + \gamma \sum Controls + \delta \sum Dum\_year + \varnothing \sum Dum\_prov + \theta \sum Dum\_cic + \varepsilon_{ijkt} \quad \text{模型(2)}$$

其中，TFP 表示企业全要素生产率，本章分别应用五种方法对中国工业企业的 TFP 进行估计，在研究中以 OP 法估计的 TFP 为主，同时分别使用 LP 法和 GMM 法两种方法的 TFP 估计结果进行稳健性分析。Policy 表示开发区政策哑变量，HMS 和 FMS 分别表示国内市场规模和外部市场规模。Controls 表示一组可能影响企业 TFP 的控制变量集，包括外资参与程度(FDI)、人力资本水平(HC)、资本密集度(CI)、企业年龄(Age)、行业垄断程度(HHI)、国有企业哑变量(SOE)、创新型企业哑变量(RD)和出口企业哑变量(EX)。此外，为了尽可能解决随个体而异的遗漏变量问题以及随时间而变的遗漏变量问题，本章还构建了 31 个省(市区)(具体省份见前文)的地区虚拟变量(Dum_prov)、两位数行业虚拟变量(Dum_cic)和年份虚拟变量(Dum_year)。其中，地区虚拟变量可以控制省份个体特征差异对估计结果的影响，行业虚拟变量可以控制行业特征差异的影响，用年份虚拟变量来控制全国宏观经济发展环境的影响。

2. 估计方法

本章中开发区政策对企业生产率的影响研究分两步进行。

首先，使用普通面板数据模型的混合回归、固定效应和随机效应模型进行估计，作为政策效应的基准分析，并通过 hausman 检验来选择是使用固定效应模型还是随机效应模型，并在估计时引进个体固定效应和时间固定效应，尽可能解决不随个体而异和不随时间而变的遗漏变量问题(详细说明见第四章)。

其次，用倾向匹配评分(PSM)方法评估开发区的政策效应。在经济学中，评估某项政策实施后的效果，这种政策效应被称为“处理效应”(treatment effect)。享受政策的企业构成“处理组”，而未享受政策的企业则构成“控制组”。是否进入开发区是企业自我选择(self selection)的结果，进入开发区意味着企业能够获得开发区政策支持，比如税收减免、避免进出口税额限制等。此外，处理组和控制组的企业样本的初始条件不完全相同，故存在“选择偏差”。而本章关注的“处理效应”是实验组得到开发区政策支持的企业全要素生产率是否会比假如没有开发区政策支持的企业全要素生产率高。

因为企业无法同时进入开发区，无法解决企业样本选择问题，为此，Rubin(1974[134])提出了“反事实框架”，称为“鲁宾因果模型”(RCM)。用虚拟变量 D_i 表示个体 i 是否参加项目，0 为参与，1 为未参与。那么，对于个体 i 的未来收入就取决于是否参加此项目，即：

$$y_i = \begin{cases} y_{1i} \text{ 若 } D_i = 1 \\ y_{0i} \text{ 若 } D_i = 0 \end{cases}$$

其中，y_{1i} 表示个体 i 参与项目的未来收入，而 y_{0i} 表示个体 i 没有参与项目的未来收入。那么，个体 i 参与项目的处理效应，即实际参与者的平均处理效应（ATT），即：

$$ATT \equiv E(y_{1i} - y_{0i} \mid D_i = 1)$$

对于政策制定者，ATT 是至关重要的，因为它衡量的是项目参与者的毛收益。ATT 也是本章所关注的重点问题，即进入开发区后企业的 TFP 是否有提高。因为同一企业没办法同时观测到进入开发区和没有进入开发区企业未来的 TFP 结果，所以如果简单比较处理组和控制组的 TFP 差异会导致样本选择偏差，企业是否进入开发区的 TFP 差异表现为：

$$[E(y_{1i} \mid D_i = 1) - E(y_{0i} \mid D_i = 0)] = [E(y_{1i} \mid D_i = 1) - E(y_{0i} \mid D_i = 1)] - [E(y_{0i} \mid D_i = 1) - E(y_{0i} \mid D_i = 0)]$$

上式中，等号左侧表示未进入开发区企业和进入开发区企业的平均差异，等号右侧第一项表示政策参与企业的平均处理效应（ATT），第二项表示样本选择偏差。样本选择问题通常不考虑政策效应，故个体间的差异并不在于是否得到处理，而在于被解释变量是否可观测，通常 D＝1 意味着被解释变量可观测，而 D＝0意味着被解释变量不可观测。而处理效应模型中，无论 D 等于 1 还是 0，结果变量均可观测。样本选择难题并非不可克服，通过随机分组可以解决，当进入开发区与否是由电脑随机数决定时，政策变量就与未来企业平均 TFP 完全独立。因此，在随机分组情况下，只需计算样本中实验组和控制组的 TFP 差异，就可以得到一致估计平均处理效应。然而，随机分组并非完全可行，随机分组也能带来高额成本。企业是否进入开发区，可能受到多种可测变量和不可测变量的影响。实证中将这种影响企业选择的可测变量集称为“协变量”。在给定协变量的情况下，TFP 完全独立于政策变量，则可以认为模型满足“可忽略性”假定。而匹配估计量的基本思路就是假设个体 i 属于处理组，只要找到属于控制组中的某个个体 j，使得两个个体的可测变量取值尽可能相似匹配。此时对处理组和控制组的相似个体进行估计，可以得到较为一致的估计结果。而倾向得分匹配（PSM）是将倾向得分作为距离函数进行匹配，匹配方法包括最近邻匹配、核匹配、半径匹配。

本章在 PSM 分析部分采取的是最近邻匹配原则来评估开发区的政策效应。

6.2.2　变量选取和数据说明

1. 被解释变量

本章研究的是企业的生产效率，被解释变量是中国工业企业的全要素生产率(TFP)。研究数据来自 2001—2013 年的中国工业企业面板数据，为了得到更为一致的估计结果，将 2001—2013 年非平衡面板数据重塑为平衡面板数据，只保留在样本期内始终存在的企业样本。本章对中国工业企业的 TFP 估计参照鲁晓东和连玉君(2012)的估计方法，分别用 OLS 法、FE 法、OP 法、LP 法和 GMM 法五种方法进行估计。估算中国工业企业 TFP 的数据来自 2001—2013 年中国工业企业数据库，该数据库由国家统计局每年对规模以上非国有工业企业和全部国有企业进行统计整理而得。为了得到可靠的数据结果，对该数据库中数据进行异常值处理，异常值的处理方法跟前面几个章节的处理方法一致。在估算企业 TFP 过程中涉及劳动力(L)、资本存量(K)、中间品投入(M)、投资额(I)、总产出(Y)等指标，这些指标均由中国工业企业数据计算得到，在估算中还涉及一组国有企业、出口企业、年度、行业及地区虚拟变量。对工业企业 TFP 估计过程中，OLS 法、FE 法、OP 法和 LP 法估计中均同时控制了年度、地区和行业的虚拟变量，此外，OP 法估计还考虑了企业在下一年是否退出的哑变量。关于企业层面的固定资本存量(K)的核算，用工业企业实际固定资产合计来衡量，实际固定资产合计值通过固定资产价格指数(FPI)平减；TFP 估算的企业层面总产出(Y)用工业企业的总产出值来衡量，并通过生产者出厂价格指数(PPI)来平减；劳动力(L)用工业企业的职工人数来衡量；OP 法的代理变量投资额(I)用工业企业的每年的实收资本来衡量，实收资本通过生产者出厂价格指数(PPI)来平减；LP 法所需的代理变量中间品投入(M)也是来自工业企业的实际中间品投入额，同样通过生产者出厂价格指数(PPI)来平减。关于国有企业(SOE)哑变量的设定，首先根据企业登记形式来识别是否为国有企业，还可以根据企业资本构成中国有资本的比例来识别，把国有资本的比例大于 0.5 的企业标记为国有企业。对出口企业(EX)

哑变量的设定是依据企业的出口交货值占总产出比重来识别，将企业出口交货值比重大于0.2的企业标记为出口企业。关于企业退出的哑变量的设定，如果企业在下一年退出则标记为1，否则标记为0。

2. 解释变量

(1)开发区政策。开发区建设带来的政策效应可以降低企业生产和交易成本，从节约成本的角度提高企业生产率，同时开发区内企业集聚所形成的集聚经济效应能够显著提高企业生产率。构建开发区政策指标的数据来自2001—2013年中国工业企业数据库，是用保税区、出口加工区及边境经济合作区所在县级名称及其代码与《中国工业企业数据》中企业的地区代码匹配得到。去掉在县级单位上重复的开发区，保留成立时间较早的开发区，最后得到86个有保税区、出口加工区或边境经济合作区成立的县。根据匹配结果，生成一个开发区政策的哑变量(Policy)，将有开发区成立的县里所有的企业标记为1，始终没有开发区成立的县里的企业标记为0，并根据开发区成立的年份，还将企业调查期年份小于开发区成立年份的样本也标记为0，最后得到匹配的有开发区成立的企业样本有38212个，没有开发区成立的企业样本有207553个①。

(2)国内市场规模和国外市场规模。“熊彼特假说”指出企业市场规模小，创新动机不强，那么在创新中就不具有优势，企业规模越大技术创新就越有效率，企业生产率就越高。对企业国外市场规模扩大对企业生产率的影响仍需持谨慎的态度，出口的大规模扩张，可能使企业对国外市场形成依赖，导致企业的低效率。范剑勇和冯猛(2013)的研究认为出口企业生产率与企业出口规模有关。过去的40年，中国出口大规模扩张，以加工制造为主的出口企业，生产的研发和销售市场基本在外部，使得大部分企业生产技术含量较低，发展受到“低端锁定”的影响，生产效应没有与出口扩张同步提升，甚至企业生产率的提高还受到阻碍。本章分别用企业实际出口交货值和总产出来衡量企业外部市场规模和国内市

① 这些企业样本数均是处理过异常值后的样本数量。关于企业异常值处理，前面几个章节已经做了较为详细说明，后面也有相关补充。

场规模，其中实际出口交货值和实际总产出是通过生产者出厂价格指数(PPI)平减得到。

3. 控制变量

本章选取了企业可能影响开发区政策和企业全要素生产率的八个控制变量，包括外资参与程度、人力资本水平、资本密集度、企业年龄、行业垄断程度、国有企业哑变量、创新型企业哑变量和出口企业哑变量。

(1)外资参与程度(FDI)。本章用企业外商资本与港澳台资本的和占实收资本的比重来衡量企业外资参与程度，外资参与程度的提高能够促进 TFP 的提升。因为 FDI 不仅仅是资本流入，更是包含技术、管理、知识等一揽子特定要素的转移，所以 FDI 提高所带来的溢出效应，包括模仿示范效应和人力资本溢出，均能够显著提高企业的全要素生产率。

(2)人力资本(HC)。用企业人均的工资水平来衡量企业的人力资本水平，因为人均工资水平越高，说明这个企业职工的素质越高，那么企业人力资本水平就越高。企业的人力资本水平的提高有利于全要素生产率的提升。

(3)资本密集度(CI)。企业生产率的提高主要来自于生产规模的扩大和分工的深化，而资本密集度的提高是生产规模扩大和专业化分工的源泉。本章用企业固定资产合计与企业职工总人数比值的对数来衡量企业的资本密集度，资本密集度越高的企业可能更为重视企业设备购置、更新和研发投入，更容易从规模经济中受益，从而具有更高的企业生产率。

(4)企业年龄(Age)。根据中国工业企业数据库中工业企业的开业年份和样本当期年份来构建企业年龄指标。企业年龄指标构建的表达式为：企业年龄 = 当期年份 - 企业开业年份 + 1。之所以认为企业年龄会影响企业全要素生产率，不同年龄的企业“干中学”效应和研究创新效应对企业生产率的影响存在显著差异(周黎安等，2007；袁其刚等，2015)。一般来说，企业的年龄越大，资本积累越多，企业的生产效率越高。

(5)出口企业哑变量(EX)。异质性企业贸易理论认为高生产率企业选择进入出口市场，而低生产率企业只在国内销售，所以出口企业的生产率要显著高于内销企业(Melitz，2003；Bernard，et al.，2003[135])。但许多研究认为中国工业企业存在“出口—生产率悖论”之谜，认为出口企业生产率显著低于内销企业(汤二子、刘海洋，2011[136])。而范剑勇和冯勇(2013[137])的研究否认了这种生产率悖论现象。本章将企业出口交货值占企业总产出的比重大于0.2的企业标记为出口企业，设定为1；将该比重小于0.2的企业标记为内销企业，设定为0。

(6)行业垄断程度(HHI)。行业垄断程度对企业生产率的影响主要表现为垄断企业会获取巨额垄断租，导致企业创新活力降低，从而抑制企业生产率。所以，行业垄断程度越大，越不利于企业全要素生产率的提升。本章用赫芬达尔－赫希曼指数(Herfindahl－Hirschman Index，HHI)来衡量行业垄断程度，其表达式为：$HHI_k = \sum_{i=1}^{N}(y_{ik}/Y_k)^2$；式中，$y_{ik}$表示$k$行业$i$企业的总产出的对数，$Y_k$表示$k$行业的总产出的对数；HHI指数越大，市场垄断程度越高。

(7)国有企业哑变量(SOE)。许多研究认为相对于国有企业，非国有企业的企业生产率相对较高(余淼杰，2010[138]；刘斌，2013[139])，拥有较高的TFP水平。国有企业创新活动低，导致生产的低效率，逐渐锁定在“低效率陷阱”里。现有运用中国工业企业数据库的研究文献中，关于国有企业的识别，通常有两种方式：一是根据企业注册类型；二是根据实收资本中国有资本的占比。本章同时采用以上两种方法来识别国有企业，首先将注册类型为国有、国有联营、国有与集体联营、国有独资企业四种类型的企业识别为国有企业，其次将实收资本中国有资本占比大于0.5的企业标记为国有企业。

(8)创新型企业哑变量(RD)。本章根据中国工业企业数据库中企业的新产品产出来设定创新型企业哑变量，将有新产品产出的企业标记为创新型企业，相反则标记为非创新型企业。创新型企业具有较高的企业生产率，因为研发投入带来企业创新，创新是企业生产率提升的重要措施，而创新最直观的表现形式就是新产品的研发，新产品的产出反映了企业创新行为。

此外，为了尽可能地解决随个体而异的遗漏变量问题以及随时间而变的遗漏变量问题，本章还构建了30个省(市、自治区)的地区虚拟变量(Dum_prov)、38个两位数行业虚拟变量(Dum_cic)和12个年份虚拟变量(Dum_year)。其中，地区虚拟变量可以控制省份个体特征差异对估计结果的影响，行业虚拟变量用以控制行业特征差异的影响，最后用年份虚拟变量来控制全国宏观经济发展环境变化的影响。

主要变量的描述性统计如表 6 - 4 所示。

表 6 - 4　主要变量的描述性统计

变量名	均值	标准差	最小值	最大值	样本量
		全样本			
tfp_op	9.027	1.099	-1.868	16.040	245765
tfp_lp	6.532	0.935	-4.427	12.188	245765
tfp_gmm	8.504	1.047	-2.185	15.833	245765
Policy	0.155	0.362	0	1	245765
FDI	0.189	0.355	0	1	245765
HC	2.589	0.883	0.176	4.735	245765
CI	3.837	1.231	0.674	6.892	245765
Age	20.414	13.532	3	66	245765
SOE	0.076	0.266	0	1	245765
EX	0.375	0.484	0	1	245765
RD	0.153	0.360	0	1	245765
HHI	0.132	0.223	0.001	1	245765
		沿边地区			
tfp_op	8.846	1.202	1.594	14.043	7189
tfp_lp	6.214	1.054	-1.013	10.180	7189
tfp_gmm	8.305	1.151	1.161	13.224	7189
Policy	0.008	0.089	0	1	7189
FDI	0.060	0.211	0	1	7189

续 表

变量名	均值	标准差	最小值	最大值	样本量
HC	2. 386	0. 915	0. 176	4. 735	7189
CI	4. 119	1. 255	0. 674	6. 892	7189
Age	25. 300	17. 246	3	66	7189
SOE	0. 198	0. 399	0	1	7189
EX	0. 233	0. 423	0	1	7189
RD	0. 105	0. 307	0	1	7189
HHI	0. 382	0. 330	0. 007	1	7189
			沿海地区		
tfp_op	9. 058	1. 084	0. 033	16. 040	210872
tfp_lp	6. 578	0. 919	-2. 971	12. 188	210872
tfp_gmm	8. 537	1. 033	-0. 361	15. 833	210872
Policy	0. 178	0. 382	0	1	210872
FDI	0. 212	0. 371	0	1	210872
HC	2. 617	0. 891	0. 176	4. 735	210872
CI	3. 806	1. 234	0. 674	6. 892	210872
Age	19. 676	12. 995	3	66	210872
SOE	0. 063	0. 243	0	1	210872
EX	0. 397	0. 489	0	1	210872
RD	0. 157	0. 364	0	1	210872
HHI	0. 105	0. 192	0. 001	1	210872
			内陆地区		
tfp_op	8. 837	1. 154	-1. 868	14. 439	27704
tfp_lp	6. 262	0. 959	-4. 427	10. 305	27704
tfp_gmm	8. 303	1. 096	-2. 185	14. 151	27704

续　表

变量名	均值	标准差	最小值	最大值	样本量
Policy	0. 024	0. 153	0	1	27704
FDI	0. 051	0. 188	0	1	27704
HC	2. 424	0. 783	0. 176	4. 735	27704
CI	3. 998	1. 183	0. 674	6. 892	27704
Age	24. 764	15. 256	3	66	27704
SOE	0. 147	0. 354	0	1	27704
EX	0. 243	0. 429	0	1	27704
RD	0. 138	0. 345	0	1	27704
HHI	0. 271	0. 298	0. 004	1	27704

6. 3　实证结果分析

6. 3. 1　基准分析：开发区政策与企业全要素生产率

1. 开发区政策的生产率效应：基准回归

本章首先以计量模型(1)为基准进行估计。表 6 -5 为全样本下开发区政策生产率效应的估计结果，模型(1) -(3)的被解释变量均为中国工业企业全要素生产率(TFP_OP)，分别为混合效应、固定效应和随机效应模型的估计结果，并通过 Hausman 检验确定是选择随机效应模型还是固定效应模型，Hausman 统计量为 177. 41，显著拒绝使用随机效应模型进行估计。研究发现开发区政策能够显著提高企业全要素生产率，开发区政策的估计系数值在 1% 的显著性水平上拒绝原假设。这与很多学者的研究基本一致(Wang，2013；Duranton and Puga，2004；Gilbertet. al，2008；Siqi Zheng，et al.，2015；袁其刚，刘斌，朱学昌，2015)。中国开发区通过特殊的土地、财政、经济等优惠政策可以吸引高生产率企业在区内聚集，区内的企业和员工之间相互学习产生的溢出效应，可以显著提高企业全要素生产率，此外开发区建设带动了商品销售零售业、房地产等产业的发展，还会产生生产及消费的溢出效应，带动地区经济发展。开发区属于一揽子政府政策的集合，不仅仅是划定一个区域将企业聚集在一起，还包括配套基础设施建设、税收减免、进出口配额限制等政策，在循环累积因果效应作用下，逐渐提升企业的生产效率。对于企业而言，开发区政策可以降低企业的生产和交易成本，主要体现在开发区内的企业一般拥有较低的用工成本、土地使用成本、税收成本、行政审批成本、融资成本、原材料成本、搜集成本、签约成本和履约成本等。

表 6-5　开发区政策的生产率效应：基准回归结果

	模型(1)	模型(2)	模型(3)
	OLS	FE	RE
Policy	0.026***	0.031***	0.026***
	(0.006)	(0.006)	(0.006)
HHI	-0.572***	-0.582***	-0.572***
	(0.011)	(0.011)	(0.011)
HC	0.093***	0.088***	0.093***
	(0.003)	(0.003)	(0.003)
FDI	0.341***	0.343***	0.341***
	(0.006)	(0.007)	(0.006)
CI	0.216***	0.215***	0.216***
	(0.002)	(0.002)	(0.002)
Age	0.009***	0.009***	0.009***
	(0.000)	(0.000)	(0.000)
RD	0.439***	0.436***	0.439***
	(0.006)	(0.006)	(0.006)

续　表

	模型(1)	模型(2)	模型(3)
	OLS	FE	RE
EX	0.024***	0.024***	0.024***
	(0.005)	(0.005)	(0.005)
SOE	-0.024***	-0.031***	-0.024***
	(0.009)	(0.009)	(0.009)
Dum_cic	YES	YES	YES
Dum_prov	YES	YES	YES
Dum_year	YES	YES	YES
Contants	8.238***	8.245***	8.238***
	(0.026)	(0.027)	(0.026)
N	245765	245765	245765
R^2	0.243	0.244	0.243
Hausman 检验		177.41 Prob > chi2 = 0.0000	
	混合回归	固定效应	随机效应

注：圆括号内为标准误，*、**、*** 分别表示在 10%、5%、1% 的水平上显著。

在全样本的基准回归结果中，除控制行业特征差异、地区差异和年度中国经济环境差异的虚拟变量外，还控制了八个可能影响企业全要素生产率的控制变量，包括行业垄断程度、人力资本水平、外资参与度、资本密集度、企业年龄、国有企业哑变量、创新型企业哑变量和出口企业哑变量。结果显示，行业垄断程度越大，越不利于企业全要素生产率的提升。因为垄断企业会获得巨额垄断租，导致企业创新活力不断降低，抑制企业生产率的提升。人力资本水平越高、外资参与程度越高、资本密集度越高、企业年龄越大，越有利于提高企业全要素生产率。资本密集度高的企业更为重视企业设备购置、更新和研发投入，更容易从规模经济中受益，从而实现较高的企业生产率。外商直接投资不仅仅意味着资本流入，还包括技术、管理、知识等一揽子特定要素的转移，FDI 提高所带来的溢出效应能够显著提高企业的全要素生产率，所以外资参与程度越高，越有利于提升企业全要素生产率。此外，国有企业的全要素生产率较低，而出口企业和创新型企业则具有更高的企业全要素生产率。对于出口企业的较高生产率，新新贸易理论的解释是高生产率企业倾向于进入出口市场，而低生产率企业则留在国内市场，所以出口企业一般具有较高的 TFP 水平（Melitz，2003；Bernard el al.，2003）。

2. 开发区政策的生产率效应：空间差异

进一步比较沿海地区、内陆地区和沿边地区开发区的政策效应的空间差异。表6－6为分样本下开发区政策生产率效应的空间差异的估计结果，模型(1)－(6)的被解释变量均为企业全要素生产率（TFP_OP）。分别对三个分样本进行随机效应和固定效应回归，同样还是通过 Hausman 检验确定是使用随机效应的估计结果还是固定效应的估计结果。研究发现，沿海地区和内陆地区的开发区政策均能够显著提升企业的全要素生产率，而沿边地区的开发区政策对企业全要素生产率的影响并不显著。这在一定程度上可以说明沿海和内陆地区的开发区政策得到了有效发挥，而沿边地区遍地开花的开发区建设并没有带来企业生产率的提升，甚至可能造成土地、资本等资源的浪费。开发区政策是中国政策均衡发展策略下重要的手段，政府试图通过开发区来拉动地方经济增长，缩小地区差距。然而，在很多地方开发区建设是一种零散分割遍地开花的模式。截至目前，中国国家级出口加工区 63 个，边境经济合作区 17 个，保税区 15 个，经济技术开发区和高新技术开发区也很多，省级开发区更是不计其数。这种将企业集中起来的发展模式不是不好，而是过度建设可能导致投资过度，有些开发区建设可能并没有以周围的自然条件、资源禀赋以及基础设施条件为依托，导致资源的空间错配。此外，许多学者认为开发区建设必须以接近大市场为前提，如果远离大市场，就会导致物流、通勤、人员交流成本的增加。缺乏规模经济的开发区建设，并不能促进企业生产率的提升，同时也很难通过招商引资吸引企业投资建厂。

本章关于开发区政策效应研究选取的是出口加工区、保税区和边境经济合作区作为政策评估的对象。其中，边境经济合作区位于沿边地区，而大部分沿边地区自身市场规模很小，没有规模经济支撑的边境经济合作区，难以提升区内企业生产率。加之沿边地区所相临的周边国家基本为欠发达经济体，外部市场规模也很小，贸易便利化程度又低，由于国家间政治、经济、文化的非制度性差异，国家间边界效应大，导致企业承受很高的交易成本。因为企业地处边境地区，距离国内大市场距离较远，除了就地取材可以节约运输成本外，企业如果想要发展内销业务，就必须要承担很高的物流成本。以上的种种原因均可能导致沿边地区的开发区政策效应得不到发挥，企业生产率无法因开发区建设而得到提升。在空间差异的回归分析中，同样还是控制了一系列的控制变量以及影响地区差异、行业差异和国内宏观经济变动的虚拟变量。结果显示，不管是在沿海、沿边还是内陆地区，行业垄断程度越低、人力资本水平越高、外资参与程度越大、资本密集程度越高、企业年龄越大，越有利于企业全要素生产率的提升；创新型企业和国有企业的TFP水平更高；内陆地区国有企业的TFP要比非国有企业高。

表6-6 开发区政策的生产率效应空间差异估计结果

	FE(1)	**RE**(2)	**FE**(3)	**RE**(4)	**FE**(5)	**RE**(6)
	沿海地区		内陆地区		沿边地区	
Policy	0.027***	0.021***	0.360***	0.396***	-0.102	-0.178
	(0.006)	(0.006)	(0.061)	(0.041)	(0.420)	(0.136)
HHI	-0.623***	-0.609***	-0.547***	-0.547***	-0.587***	-0.539***
	(0.014)	(0.013)	(0.034)	(0.023)	(0.116)	(0.042)
HC	0.076***	0.084***	0.168***	0.153***	0.201***	0.220***
	(0.003)	(0.003)	(0.014)	(0.009)	(0.043)	(0.016)
FDI	0.343***	0.341***	0.418***	0.416***	1.022***	0.840***
	(0.007)	(0.007)	(0.049)	(0.033)	(0.165)	(0.061)

续　表

	FE(1)	RE(2)	FE(3)	RE(4)	FE(5)	RE(6)
	沿海地区		内陆地区		沿边地区	
CI	0.214***	0.215***	0.214***	0.211***	0.239***	0.193***
	(0.002)	(0.002)	(0.009)	(0.006)	(0.033)	(0.012)
Age	0.010***	0.009***	0.008***	0.007***	0.006***	0.002***
	(0.000)	(0.000)	(0.001)	(0.000)	(0.002)	(0.001)
RD	0.443***	0.445***	0.370***	0.391***	0.556***	0.572***
	(0.007)	(0.006)	(0.027)	(0.018)	(0.114)	(0.041)
EX	0.001	0.003	0.357***	0.347***	-0.042	0.036
	(0.005)	(0.005)	(0.026)	(0.018)	(0.106)	(0.039)
SOE	-0.050***	-0.044***	0.065**	0.085***	-0.174*	-0.114***
	(0.010)	(0.010)	(0.029)	(0.020)	(0.099)	(0.036)
Dum_cic	YES	YES	YES	YES	YES	YES
Dum_prov	YES	YES	YES	YES	YES	YES
Dum_year	YES	YES	YES	YES	YES	YES
Contants	8.501***	8.475***	7.257***	7.514***	6.126***	7.456***
	(0.039)	(0.037)	(0.389)	(0.280)	(1.086)	(0.295)
N	210872	210872	27704	27704	7189	7189
R^2	0.242	0.240	0.274	0.264	0.344	0.330
Hausman	258.16		60.69		42.16	
检验	Prob > chi2 =0.000		Prob > chi2 = 0.487		Prob > chi2 = 0.929	
	固定效应		随机效应		随机效应	

注：圆括号内为标准误，*、**、*** 分别表示在 10%、5%、1% 的水平上显著。

3. 开发区政策下市场规模的生产率效应

许多经济学家认为开发区政策无法发挥效应，是因为当地市场规模不够大或者距离大市场较远，无法从规模经济中获益。比如，陆铭教授在接受采访时也提到“空间错配”是开发区政策局限的重要原因，认为“开发区建设必须要以接近大市场为前提，远离大市场会带来成本加成，缺乏规模经济的开发区建设，不能给企业的发展带来有效的生产率促进作用，也不利于招商引资”。经济史学家Pollard(1981)提出这样一个观点：“要建立一个工业园，必须要有本地市场作为坚实的基础。”郑思齐教授也认为，区位导向性产业政策能否发挥有效作用，其中最重要的条件就是集聚经济，因为如果企业扎堆的话，集聚经济会带来高增长，逐渐形成累积的递增效应。

所以，为了探讨伴随着市场规模的扩大，开发区政策的生产率效应能否得到进一步提升，这里将从企业的国内市场规模和国外市场规模两个方面出发，试图解决这个问题，即随着市场规模的扩大，开发区政策生产率效应的差异，并比较这种效应的空间差异。表6-7为开发区政策下市场规模的生产率效应评估结果。同样的，还是根据Hausman检验来确定是采用固定效应模型还是随机效应模型进行估计。研究发现，全样本下随着国外市场规模(或出口规模)的持续扩大，开发区政策的生产率效应开始缩水。但随着国内市场规模的扩大，开发区政策的全要素生产率效应不断增加；与沿海地区不同的是，随着出口规模的扩大，沿边地区开发区政策效应逐渐增加，而对内陆地区开发区内企业出口规模扩大对企业全要素生产率的影响并不显著。范剑勇和冯猛(2013)基于出口密度差别论证了中国制造业出口企业的生产率悖论之谜，研究发现出口密度在0-25%的企业TFP最高，而出口密度为74%-100%的企业TFP最低，低于内销企业；他们用一般出口企业与加工出口企业的生产率差异来解释这一现象。开发区内，沿边地区企业出口密度均值为4.5%，内陆地区企业出口密度均值为4.3%，沿海地区企业出口密度均值为25.5%。相对于沿海地区，沿边地区企业的出口规模低得多。基于范剑勇等人的研究，出口规模较小的企业学习效应强度大、持续时间长，企业的TFP相对较高；而随着出口规模的持续扩大，企业逐渐丧失了学习效应，使得企业TFP相对降低。

表6-7 开发区政策下市场规模的生产率效应估计结果

	模型(1) 全样本	模型(3) 沿海地区	模型(5) 内陆地区	模型(8) 沿边地区
Policy	-7.396***	-7.425***	-7.501***	-7.240***
	(0.042)	(0.042)	(0.369)	(2.017)
Policy * FMS	-0.007***	-0.005***	-0.023	0.071 *
	(0.001)	(0.001)	(0.014)	(0.039)
Policy * HMS	0.653***	0.655***	0.668***	0.655***
	(0.004)	(0.004)	(0.032)	(0.189)
HHI	-0.566***	-0.599***	-0.544***	-0.536***
	(0.011)	(0.013)	(0.034)	(0.042)
HC	0.083***	0.070***	0.163***	0.221***
	(0.003)	(0.003)	(0.013)	(0.016)
FDI	0.263***	0.260***	0.376***	0.841***
	(0.006)	(0.006)	(0.049)	(0.061)
CI	0.182***	0.177***	0.205***	0.193***
	(0.002)	(0.002)	(0.009)	(0.012)
Age	0.008***	0.009***	0.008***	0.003***
	(0.000)	(0.000)	(0.001)	(0.001)
RD	0.383***	0.385***	0.347***	0.573***
	(0.006)	(0.006)	(0.027)	(0.041)
EX	0.024***	-0.005	0.349***	0.029
	(0.005)	(0.005)	(0.026)	(0.039)
SOE	-0.025***	-0.042***	0.072**	-0.114***
	(0.008)	(0.010)	(0.029)	(0.036)
Dum_cic	YES	YES	YES	YES

续　表

	模型(1) 全样本	模型(3) 沿海地区	模型(5) 内陆地区	模型(8) 沿边地区
Dum_prov	YES	YES	YES	YES
Dum_year	YES	YES	YES	YES
Contants	8.406***	8.683***	7.310***	7.452***
	(0.026)	(0.036)	(0.382)	(0.294)
N	245765	210872	27704	7189
R^2	0.340	0.352	0.300	0.331
Hausman 检验	160.22	244.20	98.43	41.16
	0.000	P = 0.000	P = 0.002	P = 0.963
	固定效应	固定效应	固定效应	随机效应

注：圆括号内为标准误，*、**、*** 分别表示在 10%、5%、1% 的水平上显著。全样本以及沿海地区和内陆地区的分样本回归采用的固定效应模型估计结果，而沿边地区分样本估计是采用随机效应模型的估计结果。

6.3.2　PSM 分析：开发区政策与企业全要素生产率

1. 开发区政策的倾向分析

为了控制样本选择偏差，本章采用倾向评分匹配(Propensity Score Matching, PSM)方法评估并验证开发区的政策效应，以期得到更为一致的估计结果，这种方法近似自然实验。检验开发区政策的企业全要素生产率效应，将样本分成控制组和处理组两个组。其中，控制组是始终没有进入开发区和进入开发区之前的企业，处理组是开发区成立之后进入开发区的企业。通过倾向评分匹配，可以得到一个倾向分值(PS)，通过这个 PS 值，可以在多维度范围内匹配处理组和控制组的企业样本，然后计算有开发区政策支持的企业的平均处理效应(ATT)。

在进行倾向评分匹配分析之前，首先是要估计倾向分值，需要确定可能影响企业是否选择进入开发区的“协变量”组。这一步必须尽可能地保证“协变量”组的准确性，以保证可忽略性假设得到满足。当然，如果选择不当，可忽略性假定将得不到满足，就可能引起偏差。本章使用 Logit 模型估计开发区政策与“协变量”的相关性，能够确定更恰当的“协变量”组。选择了八个可能影响企业是否进入开发区以及企业 TFP 的“协变量”，包括外资参与程度、人力资本水平、资本密集程度、企业年龄、行业垄断程度以及出口企业、创新型企业和国有企业哑变量，并通过逐步回归法确定用以控制地区差异、行业差异和年度宏观经济环境的虚拟变量。表 6－8 为开发区政策的 Logit 模型估计结果。从模型的估计结果来看，本章确定使用模型(5)的协变量组来估计 PS 值。估计结果显示，外资参与程度越高、人力资本水平越高、资本密集度越大、企业年龄越大、行业垄断程度越小，越倾向于进入开发区；相比而言，出口企业、国有企业、非创新型企业更倾向于进入开发区。

表 6－8　开发区政策的 Logit 模型估计结果

	模型(1)	模型(2)	模型(3)	模型(4)	模型(5)
FDI	1.099***	1.088***	1.137***	1.149***	1.089***
	(0.018)	(0.018)	(0.017)	(0.017)	(0.018)
HC		0.145***	0.134***		0.145***
		(0.009)	(0.009)		(0.009)
CI	0.146***	0.097***	0.090***	0.133***	0.097***
	(0.006)	(0.006)	(0.006)	(0.006)	(0.006)
Age	－0.005***	－0.006***	－0.008***	－0.008***	－0.005***
	(0.001)	(0.001)	(0.001)	(0.001)	(0.001)
SOE	0.293***	0.273***	0.135***	0.151***	0.267***
	(0.032)	(0.032)	(0.032)	(0.032)	(0.032)
EX	0.128***	0.078***	0.086***	0.131***	0.079***
	(0.015)	(0.015)	(0.015)	(0.015)	(0.015)

续 表

	模型(1)	模型(2)	模型(3)	模型(4)	模型(5)
RD	-0.062***		-0.057***	-0.073***	-0.045**
	(0.020)		(0.020)	(0.019)	(0.020)
HHI	-3.904***	-3.943***			-3.962***
	(0.080)	(0.081)			(0.081)
Dum_cic	YES	YES	YES	YES	YES
Dum_prov	YES	YES	YES	YES	YES
Dum_year	YES	YES	YES	YES	YES
Constant	-19.112	-19.276	-20.107	-19.935	-19.309
	(995.570)	(921.052)	(1131.988)	(1167.285)	(919.844)
N	245619	245619	245619	245619	245619
pseudoR^2	0.231	0.233	0.215	0.214	0.233

注：圆括号内为标准误，*、**、*** 分别表示在 10%、5%、1% 的水平上显著。模型(1)-(5)均是采用逐步回归的方法，保留会显著影响开发区政策哑变量的协变量。

2. 样本匹配结果

为了使倾向得分估计得更准确，就必须使“协变量”在匹配后的处理组和控制组之间分布较为均匀，即数据平衡(data balancing)。表 6-9 为主要协变量的平衡性检验结果。平衡性检验主要是考察变量的“标准化偏差”(standardized bias)，其表达式为：

$$\frac{|\bar{x}_{treat} - \bar{x}_{control}|}{\sqrt{(s_{x,treat}^2 + s_{x,control}^2)/2}}$$

其中，$s_{x,treat}^2$ 与 $s_{x,control}^2$ 分别表示处理组和控制组协变量 x 的样本方差。一般认为，如果此标准化偏差不超过 10%，则说明得到的倾向得分是可靠的。平衡性检验结果显示，除了行业垄断程度的标准化偏差超过 5%，其他协变量的标准化偏差均小于5%；匹配后外资参与程度、出口企业、企业年龄、资本密集程度、创新型企业和国有企业的标准化偏差分别为1.6%、0.5%、2.4%、4.6%、1.3%和2.4%。所以，可以认为匹配后的处理组和控制组通过了平衡性检验。

表6-9　主要协变量的平衡性检验结果

Variable		Treated	Control	%bias	%reduct bias	t-test
FDI	Unmatched	0.37741	0.15484	57.3		115.53
	Matched	0.37741	0.38368	-1.6	97.2	-1.96
HC	Unmatched	2.8076	2.5485	28.8		52.98
	Matched	2.8076	2.8395	-3.6	87.7	-4.87
RD	Unmatched	0.1409	0.15576	-4.2		-7.41
	Matched	0.1409	0.14556	-1.3	68.6	-1.84
EX	Unmatched	0.4212	0.36686	11.1		20.18
	Matched	0.4212	0.41883	0.5	95.6	0.66
Age	Unmatched	18.051	20.854	-22.2		-37.31
	Matched	18.051	18.354	-2.4	89.2	-3.56
SOE	Unmatched	0.05106	0.08108	-12.1		-20.32
	Matched	0.05106	0.05708	2.4	80	-3.68
CI	Unmatched	3.9726	3.8125	12.9		23.39
	Matched	3.9726	4.0297	-4.6	64.3	-6.3
HHI	Unmatched	0.05302	0.14663	-50.8		-76.53
	Matched	0.05302	0.06598	-7.0	86.2	-16.19
Dummys	YES	YES	YES	YES	YES	YES
Sample	pseudo R^2	LR chi2	MeanBias	MedBias	B	R
Unmatched	0.23	48898.54	8.9	4.7	119.6	0.73
Matched	0.005	554.02	1.2	0.8	17.1	0.93

注：if B>25%，R outside[0.5；2]。

本章是基于最近邻匹配原理，将处理组和控制组的企业样本进行匹配，并对匹配后的样本进行差异分析，以期得到开发区政策参与企业的平均处理效应（ATT）。图 6-5 为控制组和处理组匹配前后的核密度函数分布图。从图中可以清晰地看出，匹配前处理组和控制组存在显著差异，而匹配后处理组和控制组的核密度函数分布图就变得非常接近了，所有企业均在共同取值范围内（common suport），说明匹配效果较好。匹配后两组样本变量的特征非常接近，已经很难通过协变量来区分哪些企业倾向于进入开发区，哪些企业不倾向于进入开发区。匹配后的样本可以近似认为是一种自然实验，所以如果没有匹配就直接对处理组和控制组进行差异分析，得到的结果可能存在偏误。

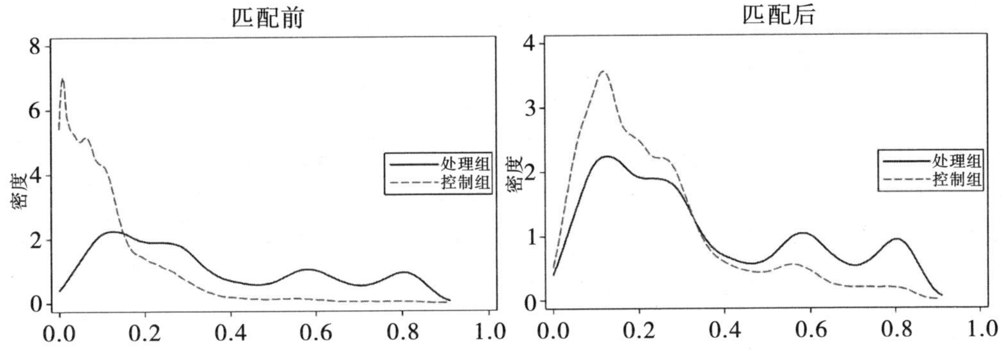

图 6-5　匹配前后处理组与控制组的核密度图

3. 开发区政策的生产率效应分析

表 6-10 为匹配前后全样本开发区政策的平均处理效应（ATT）。结果显示，基于 OP 法、LP 法和 GMM 法三种方法估计的 TFP 的 ATT 均显著为正，说明开发区政策可以有效促进企业的全要素生产率的提升。其中，匹配前开发区政策下 TFP 的平均处理效应为 0.256，匹配后平均处理效应降为 0.029（基于 OP 法估计的 TFP 值）。由于匹配前得到的 ATT 是没有控制任何变量时，开发区政策的平均处理效应，所以无法直接说明 OLS 估计方法是否会导致开发区政策效应被高估。但前文的基准分析与 PSM 分析控制了相同的控制变量，所以可以根据前文基准

回归结果进行比较，全样本 OLS 估计方法的开发区政策平均处理效应为 0.026，固定效应估计的开发区政策效应为 0.031。普通面板模型估计方法与 PSM 分析方法所得的开发区政策平均处理效应差异并不大，说明样本“自选择性误差”问题并不严重。

表 6－10　全样本下开发区政策的平均处理效应（最近邻匹配原则）

变量	样本	处理组	控制组	ATT	S. E.	t 值
tfp_op	匹配前	9.244	8.987	0.256	0.006	42.07***
	匹配后	9.244	9.215	0.029	0.009	3.06***
tfp_lp	匹配前	6.694	6.502	0.191	0.005	36.87***
	匹配后	6.694	6.672	0.021	0.008	2.69***
tfp_gmm	匹配前	8.717	8.465	0.252	0.006	43.34***
	匹配后	8.717	8.700	0.017	0.009	1.92*

注：匹配前表示样本还没经过处理组合控制组的匹配；匹配后表示控制协变量后，处理组与控制组已经没有显著差异，无法根据协变量进行区分，企业是否有开发区政策支持；*、**、*** 分别表示在 10%、5%、1% 的显著性水平。

为了更为细致地探讨开发区政策对企业生产率的影响，进一步根据企业所有制对全样本企业进行分类，将全样本分为国有企业和非国有企业两个分样本，并比较开发区政策的平均处理效应在国有企业和非国有企业之间的差异。表 6－11 为开发区政策的 ATT 处理效应在国有企业和非国有企业之间差异结果。估计结果显示，开发区政策仅对非国有企业有效，其开发区政策的平均处理效应为 0.026，在 1% 的水平上显著。

表 6-11　开发区政策的平均处理效应：国有与非国有企业的差异

变量	全样本		国有企业		非国有企业	
	ATT	t 值	ATT	t 值	ATT	t 值
tfp_op	0.029	3.06***	-0.061	-1.30	0.026	2.82***
tfp_lp	0.021	2.69***	0.014	0.35	0.008	1.03
tfp_gmm	0.017	1.92*	-0.040	-0.89	0.012	1.42

注：*、**、*** 分别表示在 10%、5%、1% 的显著性水平；ATT 表示处理组和控制组的平均处理效应。

进一步比较了不同区域内开发区政策的平均处理效应的空间差异（见表 6-12），发现开发区政策的生产率效应存在显著的空间差异；沿海地区和内陆地区的开发区政策均能够显著提升企业 TFP，而沿边地区的开发区政策却显著阻碍了企业 TFP 的提升。沿边地区远离国内大市场，且自身市场规模较小，交通基础设施薄弱，产业配套能力差，没有规模经济支撑的大规模开发区建设可能造成严重的"空间错配"问题，无法有效地提升企业全要素生产率。陆铭教授将这种"空间错配"现象解释为：人口流出地得到越来越多建设用地指标和土地供应，而人口流入地反而成为土地供应相对不足的地方，即土地受到了供给端的限制。要使开发区建设作用得到有效发挥就必须有规模经济、集聚经济、人力资本、基础设施条件以及足够的产业配套能力作为支撑。因此，是市场规模约束导致了沿边地区开发区政策不仅无法提升企业全要素生产率，甚至还可能产生阻碍作用。

表 6-12　开发区政策的平均处理效应：空间差异

变量	沿海地区		内陆地区		沿边地区	
	ATT	t 值	ATT	t 值	ATT	t 值
tfp_op	0.020	2.18**	0.248	3.40***	-0.300	-2.37**
tfp_lp	0.010	1.30	0.184	3.12***	-0.299	-2.32**

续 表

变量	沿海地区		内陆地区		沿边地区	
	ATT	t值	ATT	t值	ATT	t值
tfp_gmm	0.008	0.96	0.223	3.24***	-0.310	-2.55**

注：*、**、*** 分别表示在10%、5%、1%的显著性水平；ATT表示处理组和控制组的平均处理效应。

本章进一步将样本按企业总产出和出口交货值从小到大分成4个小组。表6-13为开发区政策下TFP的平均处理效应在不同国内市场规模和国外市场规模下的差异，其中表的上半部分是按总产出分的ATT处理效应估计结果，下半部分是按出口规模分的ATT处理效应估计结果。估计结果显示，随着国内市场规模和国外市场规模的扩大，开发区政策下的企业生产率效率开始提升。在企业市场规模较小的情况下，开发区政策不仅无法提升企业生产率，还阻碍企业TFP的提升，当企业市场规模足够大时，开发区政策能够显著提升企业TFP。同时还可以得出出口规模与企业生产率之间的"U"型关系：当出口规模大于75%时，出口企业的TFP的平均处理效应最大；当出口规模介于0和25%时，出口企业的TFP的平均处理效应较低；而当出口规模在25%和75%之间时，出口企业的TFP的平均处理效应并不显著。

表6-13 开发区政策的平均处理效应：规模差异

	Group1		Group2		Group3		Group4	
	ATT	t值	ATT	t值	ATT	t值	ATT	t值
				按总产出规模分				
tfp_op	0.008	1.10	-0.028	-6.08***	-0.024	-4.80***	0.039	3.12***
tfp_lp	-0.002	-0.15	-0.039	-4.75***	-0.025	-2.93***	0.029	2.52***
tfp_gmm	-0.001	-0.11	-0.038	-6.87***	-0.033	-5.64***	0.029	2.43***

续　表

	A. Group1		B. Group2		C. Group3		D. Group4	
	ATT	t 值	ATT	t 值	ATT	t 值	ATT	t 值
	按出口规模分							
	E. EX = 0		F. EX = 0 − 0.25		G. EX = 0.24 − 0.75		H. EX > = 0.75	
tfp_op	0.074	6.56***	0.043	1.78*	−0.021	−0.62	0.107	5.44***
tfp_lp	0.055	5.66***	0.022	1.14	−0.016	−0.60	0.076	4.74***
tfp_gmm	0.065	6.04***	0.036	1.55	−0.030	−0.93	0.089	4.80***

注：*、**、*** 分别表示在 10%、5%、1% 的显著性水平；ATT 表示处理组和控制组的平均处理效应；EX 表示企业出口密度规模(国外市场规模)，即企业出口交货值占总产出的比。

6.3.3　稳健性分析

因为简单应用 OLS 估计方法估计 TFP 可能会产生同时性偏差和样本选择性偏差问题。为了解决这些估计偏误问题，本章使用了 OP 法、LP 法和 GMM 法等多种方法。OP 法是假定企业根据当前企业生产率状况，做出相应的投资决策，用企业当期投资作为不可观测生产率冲击的代理变量来解决同时性偏误。OP 法要求当期投资额与总产出始终保持单调关系，才能得到 TFP 的一致估计值，这会使得投资额为 0 的企业样本无法被估计而被剔除①。LP 法选择使用中间投入品作为生产率冲击的代理变量以解决 OP 法的局限。GMM 法是一种广义矩估计法，通过使用被解释变量的滞后值作为工具变量来解决模型中的内生性问题。因此，本章分别应用 LP 法和 GMM 法估计的 TFP 值作为被解释变量进行稳健性分析(见表 6 − 14 和表 6 − 15)。估计结果同基准回归分析结果基本一致。第一，总体上，开

① 本章在用 OP 法估计 TFP 时，使用的是实收资本额作为投资额的代理变量，在对异常值处理时，已将实收资本为 0 的企业剔除。所以，本章 OP 法估计的 TFP 值并不存在该局限问题。

发区政策可以显著提升企业TFP；第二，开发区政策对企业TFP的影响具有显著的空间差异，沿海地区和内陆地区的开发区政策显著提升了企业TFP，而沿边地区的开发区政策对于企业TFP的作用并不明显；第三，伴随着市场规模的扩大，开发区政策的生产率效应逐渐增加；第四，沿边地区的开发区政策效应随着企业出口规模的扩大逐渐增加，而沿海和内陆地区却因为出口规模的持续扩大，开发区的政策对企业TFP的提升产生了阻碍作用。

表6-14 稳健性估计结果(I)

	模型(1) 全样本	模型(2) 沿海地区	模型(3) 内陆地区	模型(4) 沿边地区
	被解释变量为GMM法估计的TFP值			
Policy	0.018***	0.014**	0.361***	-0.186
	-0.006	-0.006	-0.038	-0.128
	被解释变量为LP法估计的TFP值			
Policy	0.002	-0.002	0.316***	-0.199*
	-0.006	-0.006	-0.035	-0.121
控制变量	YES	YES	YES	YES
Dum_cic	YES	YES	YES	YES
Dum_prov	YES	YES	YES	YES
Dum_year	YES	YES	YES	YES
常数项	YES	YES	YES	YES
N	245765	210872	27704	7189
Hausman检验	固定效应	固定效应	随机效应	随机效应

注：圆括号内为标准误，*、**、***分别表示在10%、5%、1%的水平上显著；控制变量包括外资参与程度、人力资本水平、资本密集度、企业年龄、行业垄断程度、国有企业哑变量、创新型企业哑变量和出口企业哑变量。

表 6 - 15　稳健性估计结果（II）

	模型（1） 全样本	模型（2） 沿海地区	模型（3） 内陆地区	模型（4） 沿边地区
被解释变量为 GMM 法估计的 TFP 值				
Policy	-6.836***	-6.864***	-6.875***	-6.793***
	-0.04	-0.04	-0.345	-1.907
Policy * Size_e	-0.008***	-0.006***	-0.025*	0.070*
	-0.001	-0.001	-0.013	-0.037
Policy * Size_m	0.603***	0.605***	0.612***	0.613***
	-0.004	-0.004	-0.029	-0.179
被解释变量为 LP 法估计的 TFP 值				
Policy	-6.072***	-6.099***	-6.034***	-6.206***
	-0.037	-0.037	-0.318	-1.79
Policy * Size_e	-0.009***	-0.007***	-0.026**	0.069**
	-0.001	-0.001	-0.012	-0.035
Policy * Size_m	0.535***	0.537***	0.538***	0.556***
	-0.003	-0.003	-0.027	-0.168
控制变量	YES	YES	YES	YES
Dum_cic	YES	YES	YES	YES
Dum_prov	YES	YES	YES	YES
Dum_year	YES	YES	YES	YES
常数项	YES	YES	YES	YES
N	245765	210872	27704	7189
Hausman 检验	固定效应	固定效应	固定效应	随机效应

6.4 本章小结

自改革开放以来，中国政府实施了一系列以开发区建设为主用以鼓励企业出口的区位导向性产业政策。本章用中国工业企业的全要素生产率(TFP)来考察企业生产率，选取出口导向性产业政策明显的出口加工区、保税区和沿边地区的边境经济合作区作为政策评估的对象，结合2001—2013年中国工业企业数据库，分别应用面板数据模型和PSM分析两种方法，分析开发区政策对企业全要素生产率的影响，以及在市场规模逐步扩大的情况下，开发区政策对企业生产效率的影响，并比较沿海地区、内陆地区和沿边地区开发区政策效应的空间差异。

根据上述实证分析结果得出以下结论：第一，总体上，开发区政策可以显著提升企业全要素生产率，但具有显著的空间差异。其中，沿海地区和内陆地区的开发区政策显著提升了企业全要素生产率，而沿边地区的开发区政策对企业全要素生产率的影响甚微。第二，随着国内市场规模的扩大，开发区政策的生产率效应逐渐增加。沿边地区的开发区政策效应随着企业出口规模的扩大也逐渐增加，而沿海地区的开发区政策效应却逐渐降低，内陆地区开发区政策效应并不显著。第三，出口规模与开发区政策的生产率效应基本呈现“U”型结构。出口规模大于75%时，出口企业的TFP的平均处理效应最大；当出口规模介于0～25%时，出口企业的TFP的平均处理效应较低；而当出口规模在25%～75%之间时，出口企业的TFP的平均处理效应并不显著。第四，企业人力资本水平越高、外资参与程度越高、资本密集度越大、企业存续时间越长，越有利于提高企业全要素生产率。相对而言，国有企业的全要素生产率相对较低，而出口企业和创新型企业则具有更高的企业全要素生产率。

根据上述研究结论提出相关政策建议：首先，沿边地区开发区建设是有必要的，但需要以当地市场规模为依托，并且不能离大市场太远。开发区属于一揽子政府政策的集合，不仅仅是划定一个区域将企业聚集在一起，还包括配套基础设施建设、税收减免、进出口配额限制等政策，只有在集聚经济和规模经济效应的良性循环累积因果效应作用下，才能逐步提升企业的生产效率。所以没有规模经济支撑的开发区建设，可能导致严重的“空间错配”问题，不仅无法提升企业生产率，甚至可能产生阻碍作用。其次，持续扩大沿边地区开放程度，尽可能地降低企业在对外贸易中的交易成本，扩大出口企业的外部市场规模，有助于发挥开发区的政策效应，提升企业生产率。最后，对于沿海地区，出口企业必须进一步提升出口产品质量，提升其在国际生产价值链中的位置，防止陷入“出口—生产率悖论”陷阱里。

第 7 章

主要结论、建议及展望

本书主要从理论规范研究和经验实证研究两个方面对市场规模与空间结构重塑之间的微观机制进行研究。在理论基础及理论模型构建部分，首先从五个理论“市场范围假说”“大推进理论”“基础—乘数”模型、“市场潜力函数”以及“本地市场效应”梳理了市场规模影响经济增长和集聚的理论基础，这些理论均肯定了市场规模的基础性作用；其次，在空间经济学理论框架下构建市场规模与企业区位选址、集聚和生产率提升的理论模型，分别将CP模型和LS模型扩展至两国三地区(沿边地区、内陆地区和国外地区)，来解释市场规模和交易成本如何通过微观企业区位选址、集聚和生产效率提升促进生产活动空间经济地理上的重新组织，并得到相关的研究结论。

本书的经验实证研究部分，主要基于2001—2013年全球夜间卫星灯光数据、中国工业企业数据和中国地级市数据三个层次的面板数据对理论命题进行检验。首先，验证市场规模对城市集聚中心形成的影响；然后，进一步引入影响交易成本的政策变量集，包括交通基础设施、二重开放和区位导向性的开发区政策，分别分析这些政策冲击下交易成本降低对沿边地区企业区位选址、集聚和生产率提升的影响，并考虑在此过程中这些政策因素与市场规模之间的交互效应。

下面分别总结理论研究和实证研究中得到的结论，然后在此基础上提出中国经济空间结构重塑系列政策建议，最后总结本书研究的一些不足，并提出未来深入研究的展望。

7.1 主要结论

7.1.1 理论规范研究的相关结论

(1)沿边地区存在显著的“本地市场效应”，即市场规模和企业区位之间同方向互动紧密。在对称均衡处，如果发生企业从内陆向沿边地区转移，就会促进沿边地区市场规模扩大，市场规模扩大又会进一步促进企业集中，这是一个自我强化的过程；并且，随着交易成本从低到高(区际交易成本和国际贸易成本)，市场规模的扩大使得沿边地区对企业的聚集力呈现先上升后下降的倒“U”型结构。

(2)交易成本降低更容易使企业在沿边地区选址和集聚。在区际贸易成本和国际贸易成本均非常高的情况下，经济家体始终只存在唯一的长期稳定的对称均衡结构；随着沿边开放程度的加深，对称均衡的稳定均衡点向右移动，即均衡时沿边地区企业份额逐渐增加；当区际贸易成本相对较低时，此时经济实体很容易受到政策影响，一旦受到沿边地区实施的政策影响，制造业企业就会向该地区迁移，这种迁移趋势会在本地市场效应和价格指数效应作用下被进一步强化，直至形成稳定的核心—边缘结构，并且沿边开放程度加深能够促进沿边地区成为生产和贸易的中心。

(3)对于提升沿边地区企业生产率，市场规模与交易成本是互补的，即随着对外开放和区际开放程度的加深，市场规模扩大对企业生产率的提升作用越来越大。但如果当地经济还相对欠发达时，区际交易成本或国际贸易成本很高，此时对外开放或区际大规模交通基础设施建设并不利于企业生产率的提升。也就是说，只有在市场规模逐步扩大的情况下，交易成本降低才对企业生产率的提升有效。

7.1.2 经验实证研究的相关结论

(1)市场规模对于城市集聚中心形成起到基础性作用。首先，本地市场规模和国外市场规模扩大均有利于城市集聚中心的形成，而来自邻近地区的市场需求则会削弱本地城市集聚水平；在本地市场规模相对较小的地区，来自国内其他地区或国外的市场需求能够弥补本地市场规模约束问题。其次，市场规模的城市集聚效应存在显著的地区差异：相比沿海地区和内陆地区，沿边地区的本地市场规模和邻近地区市场规模变化对该地区城市集聚的影响最大；虽然国外市场规模变化并不会对沿边地区城市集聚产生显著影响，自由贸易区的全面降税政策却能够显著提高沿边地区的城市集聚水平，同时对沿海地区和内陆地区造成一定的冲击；此外，沿边地区不同类型的市场规模之间的交互效应对城市集聚的影响也更为敏感。

(2)交通基础设施建设及市场规模对企业区位选址的影响。首先，总体上，市场规模越大，交通基础设施越发达，越有利于新企业选址进入。相比而言，沿海地区的本地市场效应要高于沿边地区，内陆地区对新企业的吸引力主要来自邻近地区的市场需求。中国大规模交通基础设施的建设和完善，对新企业能够产生非常大的吸引力，尤其是对于沿边地区的企业区位选址。沿海及内陆地区铁路的企业区位选址效应高于公路。虽然沿边地区的交通基础设施选址效应最大，但主要是来自于不断完善的公路网络，尤其是高速公路，逐渐成为吸引新企业的主要因素，薄弱的铁路交通网络并没对该地区企业区位选址产生显著影响。其次，在企业区位选址决策中，交通基础设施与市场规模之间存在显著的交互效应。总体上，当一个地区的本地市场规模和国外市场规模均较小时，政府可以通过大规模的交通基础设施建设来吸引新企业进入，逐步扩大本地市场规模和国外市场规模；如果邻近地区市场需求较大，交通基础设施的完善能够更大限度地吸引新企业选址落户。就沿边地区而言，交通基础设施的连通，尤其是重要节点城市之间高速公路的连通对于吸引新企业选址落户扩大本地市场规模具有重要作用。要让沿边地区企业充分利用来自邻近地区的市场需求，吸引新企业投资建厂，首先应重点建设铁路网和高速公路，再逐渐将重点转移到中小城市的连通上，比如乡村公路的普及和农村道路硬化率的提升，打破城乡市场分割，逐步实现国内市场一体化。沿边地区的边境贸易主要依靠公路交通设施，初期是沿边口岸与邻国等外公路的互通，随着国外市场逐步打开，在沿边地区的口岸城市修建与邻国之间连通的等级公路对于强化国外市场规模的企业区位选址效应具有重要作用。相比之下，沿海地区良好的铁路网络、内河航道网络和高速公路网络的建设有助于打破地区之间市场分割，扩大邻近地区市场规模；沿海地区国外市场规模较大，公路网络的完善和等级的提升使得该地区对新企业的吸引力逐渐增强。内陆地区的本地市场规模较小，良好的交通能够显著扩大本地市场规模；同时，铁路网的完善、内河航道的建设使得邻近地区的市场需求增加对新企业的吸引力越来越大。最后，交通基础设施对企业区位选址的影响存在显著的行业及空间差异。交通基础设施对制造业的影响较大，尤其是需要大量中间投入品和巨大产品销售市场的装备制造业；而采矿业、能源产业等资源型产业则对要素资源禀赋的要求更高，受交通基础设施的影响甚微。良好的交通基础设施有利于吸引沿边地区皮革及纺织工业、采矿业、矿业加工业、造纸印刷及文教体育用品制造业、能源产业和装备制造业的企业选址落户，而对沿海地区皮革及纺织工业、废品废料回收加工业、工艺品及其他制造业、食品制造及烟草加工、木材加工及家具制造业、化学工业、装备制造业的企业区位选址更有利。

(3)二重开放及市场规模对企业集聚的影响。总体上，国内市场规模的扩大能够显著促进企业集聚，沿边地区国内市场规模的同行业企业集聚效应和竞争效应最大，行业间的外部性仅次于内陆地区；区际开放给沿边地区带来的企业集聚效应略低于内陆地区，对外开放政策仅对沿海地区的企业集聚有效；总体上，对外开放能够通过扩大国内市场规模促进企业集聚；沿海及沿边地区的国内市场规模与区际开放之间的相互替代和弥补，而内陆地区的国内市场规模与区际开放则是相互增强的过程。

(4)开发区政策及市场规模对企业生产率的影响。首先，总体上，中国开发区政策可以显著提升企业全要素生产率。沿海地区和内陆地区的开发区政策显著提升了企业全要素生产率，而沿边地区的开发区政策对企业全要素生产率的影响甚微。其次，随着国内市场规模的扩大，开发区政策的生产率效应逐渐增加。沿边地区的开发区政策效应随着企业出口规模的扩大逐渐增加，而沿海地区的开发区政策效应却逐渐降低了，内陆地区开发区政策效应并不显著。出口规模与开发区政策的生产率效应基本呈现类似“U”型结构。出口规模大于75%时，出口企业的TFP的平均处理效应最大；当出口规模介于0～25%时，出口企业的TFP的平均处理效应较低；而当出口规模在25%～75%之间时，出口企业的TFP的平均处理效应并不明显。开发区政策仅可以显著提升非国有企业全要素生产率，且企业人力资本水平和外资参与程度越高，资本密集度和企业年龄越大，越有利于企业全要素生产率的提升；相对而言，国有企业的全要素生产率相对较低，而出口企业和创新型企业则具有更高的企业全要素生产率。

7.1.3　空间结构重塑的经验总结

中国经济经历了从“农业文明”到“工业文明”、从“沿江经济”到“沿海经济”、从“计划经济”向“市场经济”的转变，以此同时，“空间结构”也随之发生巨大变迁。而在“空间结构”变迁的背后不仅是市场机制的作用，更重要的是政策激励与市场规律相协调产生的协同效应。在廉价的海运成本以及巨大的外部市场等条件下，中央政府实施一系列对外开放的区位导向性政策使得沿海地区一度发展成为经济增长中心。沿海地区空间结构重塑的经验验证了《2009年世界银行发展报告》的核心观点，密度、距离和分割对于空间结构重塑的重要性。随着“陆桥经济”时代的到来，以及国家为重塑中国经济空间结构而提出的一系列区域均衡发展策略，沿边地区迎来前所未有的发展机遇。经过改革开放40多年来的经济建设，沿海地区已经形成了“先建优势”和“空间结构惯性”，以至于政策冲击很难打破这种“区位惯性”。但这么多年的区域均衡发展策略对于内陆沿边地区而言真的无效吗？本书从理论规范研究和经验实证研究两个方面回答了这个问题。

理论研究证明市场规模和交易成本是空间结构重塑的两个核心因素。交易成本降低能够促进生产活动在沿边地区集聚，但随着市场规模的扩大，集聚力呈现先上升后下降的倒“U”型结构。空间经济理论的解释是区位的长期稳定性取决于聚集力和分散力之间的权衡。这与经济发展规律也是相符的：在经济发展的中前期，规模经济的聚集力大于市场拥挤的分散力；而在经济发展的后期，市场规模过大会导致城市出现拥挤和规模不经济现象，导致分散力超过了聚集力。所以，政府制定的一系列刺激消费、鼓励出口、基础设施投资等扩大市场需求、降低成本的区域均衡发展策略对于沿边地区而言在理论上是有效的。历史经验数据也证实了理论研究得到的系列命题，即市场规模扩大是空间结构重塑的基础，而交易成本降低能够加速这个过程的实现。虽然对外开放政策导致的出口规模扩张并没有对沿边地区城市集聚产生显著影响，但自由贸易区的全面降税政策却能够显著提高沿边地区的城市集聚水平，证明了沿边开放引致国际贸易成本降低对于沿边地区空间结构重塑的重要作用和贸易便利化的作用。中国大规模的交通基础设施投资大大增强了一个地区对新企业的吸引力，尤其是沿边地区。总体而言，铁路网的政策效应要高于公路，高速公路的政策效应又要高于其他等级公路。但沿边地区的铁路网络覆盖程度低，引导生产要素空间集聚主要依靠公路网的覆盖和公路等级的提升。铁路网的覆盖以及高速公路的贯通能够加速国内市场一体化进程的实现，有助于一个地区增加来自其他地区的市场需求。所以，空间结构重塑不仅需要国际开放，还需要区际开放。改革开放 40 多年来，为了引导生产活动和生产要素的空间集聚，同时鼓励企业“走出去”和“引进来”，中央政府主导建立了包括保税区、出口加工区、边境经济合作区、综合保税区等在内的一系列开发区。这些遍地开花的开发区确实提高了沿海及内陆地区的企业生产率，但并没有显著提升沿边地区的企业生产率。这可能是因为沿边地区部分开发区建设没有以市场和区位为依托，造成了资源的“空间错配”。但是随着沿边开放程度加深以及市场规模的扩大，该地区的开发区政策效应也开始凸显。所以，对于沿边地区而言，交通基础设施投资、沿边开放以及开发区建设等多项区位导向性政策同时推进，或者交通基础设施投资和沿边开放先行于开发区建设，才是破解市场需求约束与空间结构重塑机遇并存困局的关键。

7.2　政策建议

根据本书研究的相关结论，笔者针对中国区域经济空间结构重塑提出几点政策建议。

(1)持续刺激国内市场需求对于沿边地区空间结构重塑是相当重要的。正如“扩内需、保增长”的所言，通过刺激国内市场需求，保证经济稳定增长。

(2)加速国内市场一体化的进程，打破省际的市场分割，扩大区际开放程度。这就要求政府最大限度地为劳动力流动提供保障，提升人口流动性，并为资本流动创造更健康的资本市场及宏观经济环境，为吸收其他地区市场需求创造条件。

(3)强化沿边开放的程度，提升沿边地区贸易便利化程度，扩大企业出口规模。对外开放40多年，沿海地区是最大的受益者。对外开放将中国的大市场面向国际，为中国经济创造了增长的奇迹，这样的经验现在依然适用，并适用于中国的沿边地区，正如“一带一路”倡议的提出，这对于沿边地区的空间结构重塑有重要的战略意义。虽然，目前大部分中国沿边地区面临着国内外市场需求小、边界效应高等问题，但是沿边开放进程的深入，会弱化这种约束作用，促进企业及生产要素在沿边地区集聚，使沿边地区有望成为中国对外开放的新门户，形成一批新的城市次中心。

(4)加强区域间的交通基础设施投资建设，完善交通网络，提升道路等级，提高区域的可达性，是实现国内市场一体化的重要基础。交通基础设施投资先行有助于区域经济空间结构重塑，正如我们常说的“要致富先修路”，逐步普及铁路交通网络，提升公路道路等级(尤其是高速公路建设)，实现国内市场一体化。沿边地区首先应在重要节点城市之间建设铁路网以及高速公路，通过重点城市的互联互通，吸引新企业投资建厂，实现初始集聚；然后再逐渐将重点转移到城市与乡村、乡村与乡村的道路连通上，比如乡村公路的普及和硬化率的提升；还要注重边境口岸城市与邻国之间等级公路的连通，扩大边境贸易。政策制定应针对不同地区有不同的交通基础设施投资重点，因地制宜的区域政策有助于引导宏观层面的产业转移与空间分布向更合理的方向优化。

(5)整合现有开发区资源，优化开发区结构，充分发挥开发区比较优势，让区内企业充分享受开发区带来的溢出效应、学习效益和规模经济效应，使开发区政策得到有效的发挥，助力中国空间结构重塑。沿边地区开发区建设是有必要的，但必须以当地市场规模为依托，并且不能离大市场太远。沿边开放程度的加深以及本地市场规模的扩大，也有助于发挥开发区的政策效应。开发区属于一揽子政府政策的集合，不仅仅是划定一个区域将企业聚集在一起，还包括配套基础设施建设、税收减免、进出口配额限制等政策，只有在集聚经济和规模经济效应的良性循环累积因果效应作用下，才能逐步提升企业的生产效率。没有规模经济支撑的开发区建设，可能会导致出现严重的“空间错配”问题，不仅无法提升企业生产率，甚至可能产生阻碍作用。沿海地区开发区内出口企业必须进一步提升出口产品质量，提升其在国际生产价值链中的位置，避免掉入“出口-生产率悖论”陷阱里。

7.3　研究不足与展望

本书在研究中可能存在一些不足，并对未来相应的研究展望。

第一，本书在空间经济学理论框架下，在同质性企业的假定下构建市场规模和运输成本影响企业区位以及企业生产率的理论模型，理论模型还有待进一步延伸。

第二，本书只将CP模型及LS模型扩展至两国三地区，只是将国内分为内陆及沿边地区，没有考虑沿海地区，也没有区分国外地区发达地区和欠发达地区。但基于空间经济学DCI框架下构建的一般均衡理论模型，均衡方程组并没有显性解，主要是依靠计算及模拟技术得到均衡方程组的一般结论，所以五个地区的扩展可能存在很大难度，但在未来的研究中需要克服。

第三，本书的理论模型只考虑了交易成本和市场规模及其交互效应对企业区位、集聚和生产率的影响。把所有政策冲击都当成是交易成本降低一种情况来考虑，把交通基础设施和区际开放均考虑为区际交易成本降低是可以的，把对外开放和国外市场规模扩大当成国际贸易成本降低的过程也是无可厚非的，但开发区政策统属于一揽子政府政策的集合，不仅仅是划定一个区域将企业聚集在一起，还包括配套基础设施建设、税收减免、进出口配额限制等政策，单方面用交易成本降低来反映，可能会产生一定的局限性，希望在以后的研究中不断完善。

第四，本书的研究数据主要来自全球夜间卫星灯光数据、中国地级市数据和中国工业企业数据，但因为部分指标数据的不可获得性，不得已采用省级数据进行匹配，可能会造成一定的偏差。

第五，关于以后研究的展望：希望能够进一步考虑异质性问题，包括空间异质性、消费异质性和企业异质性等，并结合经验实证研究对其进行验证。

参考文献

[1]Rosenstein - Rodan P N. Notes on the theory of the 'big push'[M]. Economic Development for Latin America. Springer. 1961: 57 -81.

[2]Murphy K M, Shleifer A, Vishny R W. Industrialization and the big push [M]. National Bureau of Economic Research Cambridge, Mass., USA. 1988.

[3]世界银行. 2009 年世界发展报告：重塑世界经济地理[M]. 北京：清华大学出版社，2009.

[4]Zhao H, Zhu G. Location factors and country - of - origin differences: An empirical analysis of FDI in China[J]. Multinational Business Review, 2000, 8(1): 60.

[5]Liu X, Wang C, Wei Y. Causal links between foreign direct investment and trade in China[J]. China Economic Review, 2001, 12(2): 190 -202.

[6]Coughlin C C, Segev E. Foreign direct investment in China: a spatial econometric study[J]. The World Economy, 2000, 23(1): 1 -23.

[7]Cheng L K, Kwan Y K. What are the determinants of the location of foreign direct investment? The Chinese experience[J]. Journal of International Economics, 2000, 51(2): 379 -400.

[8]梁双陆. 中国边境地区的一体化效应与边缘经济增长中心的形成——基于空间经济理论的解释[J]. 经济问题探索，2008(01)：31 -35.

[9]梁双陆，梁巧玲. 中国沿边开放中内陆边疆一体化效应研究[J]. 云南民族大学学报(哲学社会科学版)，2015(04)：103 -111.

[10] 朱显平，邹向阳. 中国—中亚新丝绸之路经济发展带构想[J]. 东北亚论坛，2006，15(5)：3 -6.

[11] 孙圆圆，李光辉．新时期沿边开放的问题及对策[J]．国际经济合作，2013(1)：85－86.

[12] 亚当·斯密．国民财富的性质和原因的研究 [M]．郭大力，王亚南，译．北京：商务印书馆，1972.

[13] Young A A. Increasing returns and economic progress[J]. The Economic Journal, 1928, 38(152): 527－542.

[14] Stigler G J. The Division of Labor is Limited by the Extent of the Market[J]. The Journal of Political Economy, 1951: 185－193.

[15] Garicano L, Hubbard T N. Firms Boundaries and the Division fo Labor: Empirical Strategies[J]. Journal of the European Economic Association, 2003, 1(2－3): 495－502.

[16] 唐东波．市场规模、交易成本与垂直专业化分工——来自中国工业行业的证据[J]．金融研究，2013(05)：181－193.

[17] Pred A R. The spatial dynamics of US urban－industrial growth, 1800－1914: interpretive and theoretical essays [M]. MIT press, 1966.

[18] Harris C D. The, Market as a Factor in the Localization of Industry in the United States[J]. Annals of the association of American geographers, 1954, 44(4): 315－348.

[19]约翰·冯·杜能．谢钟准校．孤立国同农业和国民经济的关系 [M]．吴衡康，译．北京：商务印书馆，1986.

[20] Krugman P: National Bureau of Economic Research, 1990.

[21] Krugman P R. Geography and trade [M]. MIT press, 1991.

[22] Krugman P, Venables A J: National Bureau of Economic Research, 1995.

[23] Ottaviano G I, Puga D. Agglomeration in the global economy: a survey of the 'new economic geography'[J]. The World Economy, 1998, 21(6): 707－731.

[24] Fujita M, Thisse J F. Does geographical agglomeration foster economic growth? And who gains and loses from it? [J]. Japanese Economic Review, 2003, 54

(2)：121－145.

［25］梁琦．分工、集聚与增长［M］．北京：商务印书馆，2009.

［26］梁琦．关于空间经济研究的若干认识［J］．广东社会科学，2010(04)：5－11.

［27］Baldwin R E，Martin P，Ottaviano G I. Global income divergence，trade，and industrialization：The geography of growth take－offs［J］．Journal of Economic Growth，2001，6(1)：5－37.

［28］Krugman P，Elizondo R L. Trade policy and the third world metropolis［J］．Journal of Development Economics，1996，49(1)：137－150.

［29］Behrens K，Gaigne C，Ottaviano G，et al.：CEPR Discussion Papers，2003.

［30］Monfort P，Nicolini R. Regional convergence and international integration［J］．Journal of Urban Economics，2000，48(2)：286－306.

［31］Paluzie E. Trade policy and regional inequalities［J］．Papers in Regional Science，2001，80(1)：67－85.

［32］Crozet M，Soubeyran P K. EU enlargement and the internal geography of countries［J］．Journal of Comparative Economics，2004，32(2)：265－279.

［33］吴三忙，李善同．国内市场一体化与制造业地理集聚演变研究［J］．山西财经大学学报，2011(8)：60－68.

［34］邓慧慧．贸易自由化、要素分布和制造业集聚［J］．经济研究，2009，11：118－129.

［35］邓慧慧．区域一体化、市场规模与制造业空间分布——理论模型与数值模拟［J］．西南民族大学学报(人文社会科学版)，2012(1)：90－94.

［36］安虎森，颜银根．贸易自由化、外商直接投资与出口贸易地区差异［J］．财经研究，2011(05)：36－46.

［37］安虎森，颜银根．贸易自由化、工业化与企业区位——新经济地理视角中国 FDI 流入的研究［J］．世界经济研究，2011(02)：54－58＋88.

[38] 黄玖立．对外贸易、地理优势与中国的地区差异［M］．北京：中国经济出版社，2009.

[39] 颜银根．论新经济地理学的理论脉络——从新经济地理到新新经济地理[J]．中南财经政法大学学报，2013(06)：3－12＋158.

[40] 段春锦，范爱军．CAFTA 边界地区的一体化效应——基于市场潜力变化的研究[J]．国际贸易问题，2014(3)：104－112.

[41] 朱希伟，金祥荣，罗德明．国内市场分割与中国的出口贸易扩张[J]．经济研究，2005，12(1).

[42] 黄玖立，李坤望．出口开放、地区市场规模和经济增长[J]．经济研究，2006(06)：27－38.

[43] 黄玖立，黄俊立．市场规模与中国省区的产业增长[J]．经济学，2008(04)：1317－1334.

[44] 陈健生，李文宇．市场规模、本地市场效应与空间经济结构演进——兼论中国不同空间尺度下的区域协调发展[J]．当代财经，2012(04)：79－89.

[45] 何雄浪，胡运禄，杨林．市场规模、要素禀赋与中国区域经济非均衡发展[J]．财贸研究，2013(01)：40－48.

[46] 张俊妮，陈玉宇．产业集聚、所有制结构与外商投资企业的区位选择[J]．经济学，2006，5(4)：1091－1108.

[47] 陈雪梅，李景海．预期、产业集聚演进与政府定位[J]．学术交流，2008，4：48－54.

[48] 丁建军．产业转移的新经济地理学解释[J]．财经科学，2011，1(35)：2.

[49] 金煜，陈钊，陆铭．中国的地区工业集聚：经济地理、新经济地理与经济政策[J]．经济研究，2006，4：79－89.

[50] 刘修岩．集聚经济、公共基础设施与劳动生产率——来自中国城市动态面板数据的证据[J]．财经研究，2010(05)：91－101.

[51] Klein A，Crafts N. Making sense of the manufacturing belt：determinants of

U. S. industrial location, 1880 - 1920[J]. Journal of Economic Geography, 2012, (No. 4): 775 - 807.

[52] Thisse J, Beckmann M. The location of production activities[J]. Handbook of Regional & Urban Economics, 1987 , 1 (00) : 21 - 95.

[53] 黄玖立，冼国明. 企业异质性与区域间贸易：中国企业市场进入的微观证据[J]. 世界经济，2012，4：3 - 22.

[54] Reinikka R, Svensson J. Coping with poor public capital[J]. Journal of Development Economics, 2002, 69(1): 51 - 69.

[55] Duggal V G, Saltzman C, Klein L R. Infrastructure and productivity: a nonlinear approach[J]. Journal of Econometrics, 1999, 92(1): 47 - 74.

[56] Hulten C R. Infrastructure, Externalities, and Economic Development: A Study of the Indian Manufacturing Industry[J]. The World Bank Economic Review, 2006, 20(2): 291 - 308.

[57] PR Agénor, Neanidis KC. Corruption Clubs: The Allocation of Public Expenditure and Economic Growth[J]. Centre for Growth and Business Cycle Research Piscussion Paper Series, 2006.

[58] 刘秉镰，武鹏，刘玉海. 交通基础设施与中国全要素生产率增长——基于省域数据的空间面板计量分析[J]. 中国工业经济，2010(03)：54 - 64.

[59] 刘峰，张忠军. 交通基础设施对制造业企业库存的降低效应研究——基于空间计量模型的实证分析[J]. 工业技术经济，2014，33(9)：79 - 87.

[60] 王自锋，孙浦阳，张伯伟. 基础设施规模与利用效率对技术进步的影响：基于中国区域的实证分析[J]. 南开经济研究，2014(02)：118 - 135.

[61] 赖永剑. 基础设施建设与企业创新绩效[J]. 贵州财经大学学报，2013(3)：70 - 6.

[62] 张学良. 中国交通基础设施促进了区域经济增长吗——兼论交通基础设施的空间溢出效应[J]. 中国社会科学，2012，3：60 - 77.

[63] Chandra A, Thompson E. Does public infrastructure affect economic activi-

ty：Evidence from the rural interstate highway system[J]. Regional Science and Urban Economics，2000，30(4)：457－490.

[64] 刘学华，张学良，彭明明. 交通基础设施投资与区域经济增长的互动关系——基于西部大开发的实证分析[J]. 地域研究与开发，2009(04)：57－61.

[65] 周浩，余壮雄，杨铮. 可达性、集聚和新建企业选址——来自中国制造业的微观证据[J]. 经济学，2015(3)：1393－1416.

[66] 胡鞍钢，刘生龙. 交通运输、经济增长及溢出效应——基于中国省际数据空间经济计量的结果[J]. 中国工业经济，2009(05)：5－14.

[67] 刘生龙，胡鞍钢. 交通基础设施与中国区域经济一体化[J]. 经济研究，2011(03)：72－82.

[68] 梁双陆，梁巧玲. 市场规模、交通基础设施与经济增长——来自外太空的经验证据[J]. 云南财经大学学报，2017(02)：44－60.

[69] 马歇尔. 经济学原理 [M]. 廉运杰，译. 华夏出版社，2005.

[70] 盛斌，毛其淋. 贸易开放、国内市场一体化与中国省际经济增长：1985～2008年[J]. 世界经济，2011(11)：44－66.

[71] 赵伟. 区际开放：左右未来中国区域经济差距的主要因素[J]. 经济学家，2001(5)：45－50.

[72] 赵伟. 中国区域经济开放：模式与趋势 [M]. 北京：经济科学出版社，2005.

[73] 赵伟，张萃. 市场一体化与中国制造业区域集聚变化趋势研究[J]. 数量经济技术经济研究，2009(2)：18－32.

[74] 袁冬梅，魏后凯. 对外开放促进产业集聚的机理及效应研究——基于中国的理论分析与实证检验[J]. 财贸经济，2011(12)：120－126.

[75] 王丽娟. 贸易自由化对中国区域经济差距的影响分析[J]. 世界经济研究，2005(9)：41－47.

[76] 冼国明，文东伟. FDI、地区专业化与产业集聚[J]. 管理世界，2006(12)：18－31.

［77］刘军，徐康宁．产业聚集、工业化水平与区域差异——基于中国省级面板数据的实证研究[J]．财经科学，2010(10)：65 －72.

［78］Hanson G H. Economic integration，intraindustry trade，and frontier regions[J]．European Economic Review，1996，40(3)：941 －949.

［79］Hanson G H. Regional adjustment to trade liberalization[J]．Regional Science and Urban Economics，1998，28(4)：419 －444.

［80］Krugman P，Hanson G. Mexico － US free trade and the location of production[J]．The Mexico － US Free Trade Agreement，PM Mark（ed），1993：163 －8.

［81］郑毓盛，李崇高．中国地方分割的效率损失[J]．中国社会科学，2003(1)：64 －72.

［82］陆铭，陈钊．分割市场的经济增长——为什么经济开放可能加剧地方保护？[J]．经济研究，2009(3)：42 －52.

［83］付强，乔岳．政府竞争如何促进了中国经济快速增长：市场分割与经济增长关系再探讨[J]．世界经济，2011(7)：43 －63.

［84］Young A：National bureau of economic research，2000.

［85］Poncet S. A fragmented China：measure and determinants of Chinese domestic market disintegration[J]．Review of International Economics，2005，13(3)：409 －430.

［86］Hausmann R，Rodrik D. Economic development as self － discovery[J]．Journal of Development Economics，2003，72(2)：603 －633.

［87］易先忠，欧阳晓，傅晓岚．国内市场规模与出口产品结构多元化：制度环境的门槛效应术[J]．经济研究，2014，3(6)：2014.

［88］安虎森，皮亚彬，薄文广．市场规模、贸易成本与出口企业生产率“悖论”[J]．财经研究，2013(05)：41 －50.

［89］Melitz M J. The impact of trade on intra － industry reallocations and aggregate industry productivity[J]．Econometrica，2003，71(6)：1695 －1725.

［90］Eaton J，Kortum S，Neiman B，et al.：National Bureau of Economic Research, 2011.

[91] 梁琦. 跨国公司海外投资与产业集聚[J]. 世界经济, 2003, 26(9): 29 -37.

[92] Martin P, Mayer T, Mayneris F. Spatial concentration and plant - level productivity in France[J]. Journal of Urban Economics, 2011, 69(2): 182 -95.

[93] Martin P, Mayer T, Mayneris F. Public support to clusters: A firm level study of French "Local Productive Systems"[J]. Regional Science and Urban Economics, 2011, 41(2): 108 -123.

[94] Ciccone A. Agglomeration effects in Europe[J]. European Economic Review, 2002, 46(2): 213 -227.

[95] 姜彩楼, 徐康宁. 区位条件、中央政策与高新区绩效的经验研究[J]. 世界经济, 2009(5): 56 -64.

[96] 袁其刚, 刘斌, 朱学昌. 经济功能区的"生产率效应"研究[J]. 世界经济, 2015(05): 81 -104.

[97] Wang J. The economic impact of special economic zones: Evidence from Chinese municipalities[J]. Journal of Development Economics, 2013, 101: 133 -47.

[98] 冯伟. 本土市场规模与产业生产率: 来自中国制造业的经验研究[J]. 财贸研究, 2015(05): 11 -18.

[99] Duranton G, Puga D. Micro - foundations of urban agglomeration economies [J]. Handbook of regional and urban economics, 2004(4): 2063 -2117.

[100] Gilbert B A, Mcdougall P P, Audretsch D B. Clusters, knowledge spillovers and new venture performance: An empirical examination[J]. Journal of business Venturing, 2008, 23(4): 405 -422.

[101] Zheng S, Sun W, Wu J, et al.: National Bureau of Economic Research, 2015.

[102] 陈钊, 熊瑞祥. 比较优势与产业政策效果——来自出口加工区准实验的证据[J]. 管理世界, 2015(08): 67 -80.

［103］毕占天，王万山．出口加工区经济效应及其绩效的经济学机理［J］．江西社会科学，2009(10)：83－86.

［104］兰勇，郑传均，杜红梅．出口加工区综合经济效应因果模型构建及检验［J］．国际贸易问题，2006(03)：32－39.

［105］Greenstone M，Hornbeck R，Moretti E. Identifying Agglomeration Spillovers：Evidence from Winners and Losers of Large Plant Openings［J］. Journal of Political Economy，2010(3)：536－598.

［106］Lu Y，Wang J，Zhu L. Do Place－Based Policies Work? Micro－Level Evidence from China's Economic Zone Program［J］. Micro－Level Evidence from China's Economic Zone Program，2015，7(03).

［107］郑东雅．市场规模、劳动分工和内生增长模型——兼论内生增长理论是否误解了Young?［J］．世界经济文汇，2015(05)：76－90.

［108］刘瑞明．国有企业、隐性补贴与市场分割：理论与经验证据［J］．管理世界，2012(04)：21－32.

［109］Alesina A，Spolaore E，Wacziarg R：National Bureau of Economic Research，1997.

［110］D. E C. Mapping City Lights with Nighttime Data from the DMSP Operational Linescan System，Photogramm［J］. Eng & Remote Sens，1997(06)：727－734.

［111］Elvidge C D，Safran J，Tuttle B，et al. Potential for global mapping of development via a nightsat mission［J］. GeoJournal，2007(01－02)：45－53.

［112］Amaral S，Monteiro A M V，Camara G，et al. DMSP/OLS night－time light imagery for urban population estimates in the Brazilian Amazon［J］. International Journal of Remote Sensing，2006(05)：855－870.

［113］曹丽琴，李平湘，张良培．基于DMSP/OLS夜间灯光数据的城市人口估算——以湖北省各县市为例［J］．遥感信息，2009(01)：83－87.

［114］刘修岩，刘茜．对外贸易开放是否影响了区域的城市集中——来自中国省级层面数据的证据［J］．财贸研究，2015(03)：69－78.

[115] Liu Z, He C, Zhang Q, et al. Extracting the dynamics of urban expansion in China using DMSP - OLS nighttime light data from 1992 to 2008[J]. Landscape and Urban Planning, 2012(01): 62 - 72.

[116] 范子英，彭飞，刘冲. 政治关联与经济增长——基于卫星灯光数据的研究[J]. 经济研究，2016(1)：114 - 126.

[117] 徐康宁，陈丰龙，刘修岩. 中国经济增长的真实性：基于全球夜间灯光数据的检验[J]. 经济研究，2015(09)：17 - 29 + 57.

[118] Davis J C, Henderson J V. Evidence on the political economy of the urbanization process[J]. Journal of Urban Economics, 2003(01): 98 - 125.

[119] Boarnet M G. Spillovers and the locational effects of public infrastructure [J]. Journal of Regional Science, 1998(03).

[120] 刘修岩，张学良. 集聚经济与企业区位选择：基于中国地级区域企业数据的实证研究[J]. 财经研究，2010(11)：83 - 92.

[121] List J A, Mchone W W. Measuring the effects of air quality regulations on "dirty" firm births: Evidence from the neo - and mature - regulatory periods[J]. Papers in Regional Science, 2000(02): 177 - 190.

[122] Paulo Guimaraes O F, Woodward D. A Tractable Approach to the Firm Location Decision Problem[J]. The Review of Economics and Statistics, 2003(01): 201 - 4.

[123] 世界银行. 1994 年世界发展报告：为发展提供基础设施(中文版)[M]. 北京：中国财政经济出版社，1994.

[124] Demurger S. Infrastructure development and economic growth: an explanation for regional disparities in China? [J]. Journal of Comparative economics, 2001, 29(1): 95 - 117.

[125] 周浩，陈益. FDI 外溢对新建企业选址的影响[J]. 管理世界，2013(12)：78 - 88.

[126] 徐康宁，陈健. 跨国公司价值链的区位选择及其决定因素[J]. 经济研究，2008(03)：138 - 149.

[127] 刘秉镰，刘玉海．交通基础设施建设与中国制造业企业库存成本降低[J]．中国工业经济，2011(05)：69－79.

[128] 李涵，黎志刚．交通基础设施投资对企业库存的影响——基于我国制造业企业面板数据的实证研究[J]．管理世界，2009(08)：73－80.

[129] 赵伟，徐朝晖．测度中国省域经济“二重”开放[J]．中国软科学，2005(8)：81－90.

[130] 梁双陆，梁巧玲．交通基础设施的产业创新效应研究——基于中国省域空间面板模型的分析[J]．山西财经大学学报，2016(07)：60－72.

[131] 李新，苏兆国，史本山．基于区位选择的中国工业生产企业空间集聚研究[J]．科学学研究，2010，28(4)：549－557.

[132] 鲁晓东，连玉君．中国工业企业全要素生产率估计：1999—2007[J]．经济学，2012，2(10).

[133] 谢千里，罗斯基，张轶凡．中国工业生产率的增长与收敛[J]．经济学，2008(03)：809－826.

[134] Rubin D B. Estimating causal effects of treatments in randomized and non-randomized studies[J]. Journal of educational Psychology，1974，66(5)：688.

[135] Bernard A B，Eaton J，Jensen J B，et al. Plants and productivity in international trade[J]. The American Economic Review，2003，93(4)：1268－1290.

[136] 汤二子，刘海洋．中国出口企业的“生产率悖论”与“生产率陷阱”：基于2008年中国制造业企业数据实证分析[J]．国际贸易问题，2011(09)：34－47.

[137]范剑勇，冯猛．中国制造业出口企业生产率悖论之谜：基于出口密度差别上的检验[J]．管理世界，2013(8)：16－29.

[138] 余淼杰．中国的贸易自由化与制造业企业生产率[J]．经济研究，2010(12)：97－110.

[139] 刘斌．贸易自由化、契约环境与全要素生产率[D]．天津：南开大学，2013.

后 记

不忘初心，方得始终；

初心易得，始终难守；

不拒本心，是谓自在；

若忘初心，有始无终。

本书起源于我的博士论文。六年一梦，一梦六年。2011 年，懵懵懂懂的我走进美丽的七彩云南，金秋的校园，一片金灿灿的黄色，美过曾经所有的记忆。然而，光阴似箭，岁月如梭。六年的硕博时光一晃而过，回首走过的岁月，心中倍感充实。六年后的十月金秋，天高云淡，爽风拂面，怀揣着激动的心情，终于完成了博士论文写作，内心感慨颇多，默默地告诉自己“我可以毕业了”。六年间，有过辛苦的科研，有过投稿成功的喜悦，亦有过被拒稿失败的沮丧，还有很多人和事，有的值得记忆，有的值得珍藏。珍藏曾经的所有，扬起最美的裙摆，走向另一段青春。虽然校园的青春时光走到了尽头，但于我而言，却还有更大天空等待着我去自由翱翔和拼搏。

作为一名博士生，我的初心始终是做好科研，写好论文，行好事，做好人。在满满当当的博士生涯中，我不仅收获了学术和科研，更收获了友情和恩情，感恩所有的鼓励和帮助，让我始终坚持本心，让我不断取得进步与成功，让我坚定不移走完学生生涯。

这里我需要衷心地感谢所有给予我帮助、支持和肯定的诸多良师益友，是他们帮助我成长。特别感谢我的恩师对我的谆谆教诲和悉心关怀。六年来，他亦师、亦父般耐心指导、倾听和鼓励，让我从懵懂无知到初识本心。学术上，他以全面系统的专业知识和高超的专业研究水平对我毫无保留地倾囊相授，并在本论文的选题、开题和写作的全过程给予番心指导。他常说：“师者，传道授业解惑也。”是这样的言传身教让我成长。生活和为人处事上，衷心感谢恩师孜孜不倦的指导、无微不至的关怀和帮助，他以礼待人、举止儒雅、涵养崇高等优点让我受益终身。是他让我在远离家乡的校园感受到家的温暖，是他让我懂得科研路上的社会责任感和生活、为人处事上的原则。六年的师门时光，给我留下了许多欢乐与回忆，忘不了科研课题上细心的指导，忘不了办公室里他对我在科研与人生困惑时的悉心疏导，忘不了调研路上的点滴教导，更忘不了曾经的那些学习进程中的信念和目标——“团结与分享、光荣与梦想、感恩与自信”“细节决定成败”“不耻下问，方能拓展一片天空”“不积跬步，无以至千里”。

受于汝，恩于汝，深感激于汝；
学于斯，长于斯，当感恩于斯。

梁巧玲
2021 年冬修订，上海